人工智能与司法现代化

——"以审判为中心的诉讼制度改革：上海刑事案件
智能辅助办案系统"的实践与思考

崔亚东　著

上海人民出版社

习近平总书记：

要遵循司法规律，把深化司法体制改革和现代科技应用结合起来，不断完善和发展中国特色社会主义司法制度。

—— 2017 年 7 月，对全国司法体制改革推进会作出重要指示

人工智能是新一轮科技革命和产业变革的重要驱动力量，加快发展新一代人工智能是事关我国能否抓住新一轮科技革命和产业变革机遇的战略问题。

加快发展新一代人工智能是我们赢得全球科技竞争主动权的重要战略抓手，是推动我国科技跨越发展、产业优化升级、生产力整体跃升的重要战略资源。

——2018 年 10 月 31 日，在中央政治局就人工智能发展现状和趋势举行第九次集体学习会上的讲话

韩正同志：

上海按照以习近平同志为核心的党中央的要求，建设具有全球影响力的科技创新中心是一项国家战略，要努力打造国家的人工智能发展高地。

——2017 年 6 月 20 日，在中共上海市委常委学习会上的讲话

郭声琨同志：

要认真学习借鉴，应用好上海刑事案件智能辅助办案系统软件，构建适应实际需要的刑事司法新模式，防止另起炉灶、重复建设。

——2018 年 1 月 22 日，在中央政法工作会议上的讲话

要善于运用现代科技创新刑事司法模式，加快推进跨部门大数据办案平台建设，在全国推广应用刑事案件智能辅助办案系统，实现数据互联互通、人机互动互补，走出一条中国特色刑事司法文明发展新路。

——2018 年 7 月 24 日，在全面深化司法体制改革推进会上的讲话

孟建柱同志：

　　把现代科技创新与司法体制改革融合起来，特别是在推进以审判为中心的诉讼制度改革中，通过强化大数据深度应用，把统一的证据标准镶嵌到数据化的程序中，减少司法任意性，既提高审判效率，又促进司法公正。

　　——2016 年 9 月，在贵州调研时的讲话

　　要运用大数据技术，形成操作性强、可数据化的统一法定证明标准，确保侦查、起诉、审判的案件事实证据经得起法律检验。

　　——2017 年 1 月，在中央政法工作会议上的讲话

　　上海高院在时间紧、任务重、要求高的情况下，积极推进以审判为中心的刑事诉讼制度改革，把基本证据标准指引转化为数据模型，嵌入智能办案辅助系统，开启了人工智能在司法领域深度应用的先河，蹚出了刑事司法文明发展的新路子。

　　——2017 年 10 月 13 日，给《上海法院司法体制改革的探索与实践》题写的序言

周强同志：

　　上海高院刑事案件智能辅助办案系统将证据指引、程序规范等嵌入办案系统，实现了司法改革与现代信息科技的深度融合，取得重大阶段性成效，对于推进以审判为中心的刑事诉讼制度改革具有深远意义。

——2018 年 6 月 19 日，在最高人民法院司法改革领导小组 2018 年第二次全体会议上的讲话

　　充分运用现代科技推进刑事司法模式创新，积极推进跨部门大数据办案平台建设，完善常见刑事案件基本证据标准指引，推广上海刑事案件智能辅助办案系统的应用。

——2018 年 7 月 25 日，在最高人民法院贯彻落实全面深化司法体制改革推进会精神专题视频会议上的讲话

◆ 人工智能已上升为国家战略，是新一轮科技革命的核心竞争力。

◆ 谁拥有人工智能，谁拥有未来。

◆ 科技是第一生产力。

◆ 人工智能等现代科技是助力司法改革、破解司法难题的动力和利器。

◆ 推进人工智能等现代科技与司法的深度融合，是实现司法现代化的必由之路。

◆ 司法是维护社会公平正义的最后一道防线。

◆ 推进以审判为中心的诉讼制度改革，目的是促使办案人员树立办案必须经得起法律检验的理念，确保侦查、审查起诉的案件事实证据经得起法律检验，保证庭审在查明事实、认定证据、保护诉权、公正裁判中发挥决定性作用。

◆ 研发"推进以审判为中心的诉讼制度改革软件"，是中央政法委作出的重大决策部署，目的是运用现代科技手段，促使以审判为中心的诉讼制度改革落地见效，减少司法任意性，防范冤假错案发生，确保公正司法，维护社会公平正义。

◆ 研发"推进以审判为中心的诉讼制度改革软件"，前无古人，是一项具有历史意义、战略意义、里程碑式的重大决策，是一项立科技前沿、与时代同步的伟大工程，标志着我国司法公正、司法文明、保障人权的进步与提升，开创了人工智能在司法领域深度应用历史先河。

◆ 上海高院承担研发"推进以审判为中心的诉讼制度改革软件"的任务，责任重大，任务艰巨，使命光荣。

◆ 改革创新没有现成的路可走。要有敢为人先、敢于担当、敢于攻坚、勇于攀登的精神，为改革创新披荆斩棘。

◆ "以审判为中心的诉讼制度改革软件——上海刑事案件智能辅助办案系统"的研发成功，在专业上和技术上实现了两大突破。一是制定出证据标准、证据规则指引，为办案人员收集、固定证据，提供了统一适用、标准化、规范化、数据化、清单式的指引，解决了公检法各机关证据标准适用不统一、办案行为不规范等问题，丰富完善了刑事诉讼理论体系和刑事证据体系（历史性的贡献）；二是系统运用人工智能现代技术，实现了对证据的校验、把关、监督和对全案证据链的审查判断等功能，能及时发现证据中存在的瑕疵和证据之间的矛盾，及时提示给办案人员，由办案人员决定是否补正或者作出说明，确保了侦查、审查起诉的案件事实证据经得起法律检验。"206 系统"是人工智能在司法领域应用 0 到 1 的突破，是科技理性、法律理性、人类理性深度融合的创新，标志着人工智能在司法领域应用从初级应用迈向高级应用，为司法改革与现代科技深度融合应用蹚出一条新路子。

◆ 梦想的实现，需要一代又一代人的接力奋斗。

◆ 运用现代科技手段，推进司法与科技的结合，让司法成为真正的科学，实现司法现代化之梦，是科学家和法学家一直以来不懈追求的梦想。

◆ 机遇成就未来。人工智能时代的到来，为实现司法现代化提供了千载难逢的机遇。要有强烈的战略意识、机遇意识、先机意识，紧紧抓住这一重大历史机遇和战略制高点，真正用好人工智能这一新技术，实现司法现代化的梦想。

◆ 推进人工智能在司法领域的深度应用，既要主动拥抱新科技，紧盯人工智能技术发展前沿，又要准确把握司法规律和人工智能发展阶段性特征，将二者紧密结合起来，推进人机协同，让人工智能更好地服务司法。

◆ 司法活动具有其自身的规律和特点，如司法的公正性、独立性、公开性、亲历性以及法官、检察官、侦查人员的经历、经验、理性判断等，这些都决定了法官、检察官、侦查人员是办案主体。同时，现阶段人工智能发展尚处于初级阶段，具有不确定性和局限性。因此，人工智能只能是辅助办案，其定位是 AI 法官助理、AI 检察官助理、AI 侦查助理，不能替代法官、检察官、侦查人员办案。

◆ 人工智能是一把双刃剑。

◆ 人工智能具有技术属性和社会属性高度融合的特征。一方面人工智能推动经济社会发生巨大变革，并已上升为国家战略，成为新的核心竞争力；另一方面人工智能可能带来风险与挑战，一旦管理失控将会造成重大危害。对待人工智能既不能夸大，更不能排斥；要趋利避害，让人工智能做其能做、又能做好的事情。

◆ 处理好人工智能在法律、安全、就业、道德伦理、社会治理等方面的问题，有效防范风险与挑战，已经成为社会的重要关切，是摆在我们面前的新课题。我们要树立忧患意识、风险意识、前瞻意识、法治意识，站在未来的高度积极开展前瞻思考、前瞻研究、前瞻布局。

◆ 防范和应对人工智能发展可能带来的风险和挑战与人工智能的发展与应用相比相对滞后，存在着系统性、针对性、权威性不够；研究的方向、研究重点、研究成果应用等缺乏统一规划、布局、指导问题，应当尽快改变这种局面。

◆ 构建人工智能未来法治。将人工智能发展纳入法治轨道，用法治促进、规范、保障人工智能安全、可靠、可控发展，让其更好地造福人类。

　　在这一新课题面前，司法任务是双重的：一方面要抓住机遇，推动人工智能与司法深度融合应用，推进司法智能化，实现司法现代化；另一方面要积极推动构建人工智能未来法治体系，在应对未来风险和挑战上发挥司法独特的不可替代的作用。

　　◆ 改革永无止境，科技发展永无止境，"206系统"没有止步之时。

立改革开放前沿阵地　书司法改革恢宏篇章

孟建柱

当前，我国正处于一个改革创新的时代，也是一个创造奇迹的时代，正经历着中华民族历史上广泛而深刻的社会变革，正进行着世界历史上独特而壮观的实践创新。在以习近平同志为核心的党中央坚强领导下，全国政法机关怀着无比执着的热情投身改革实践，坚持以变应变、以新应新，主动创新理念思路、体制机制、方法手段，谱写了一曲曲雄壮的改革乐章，使中国特色社会主义政法事业充满生机活力。

　　司法体制改革作为全面深化改革、全面依法治国的重要组成部分，是波澜壮阔的变革大潮中一道亮丽的风景线。党的十八大以来，全国政法机关认真贯彻落实习近平总书记系列重要讲话精神和党中央治国理政新理念新思想新战略，坚定不移走中国特色社会主义法治道路，坚持不懈全面深化司法体制改革，战胜了一个又一个挑战，破解了一道又一道难题，走过了不平凡的历程，取得了来之不易的成效。回望五年改革进程，从顶层设计到基层试点，从司法责任制改革到综合配套改革，从加强人权司法保障到推出便民利民举措，司法体制改革一步一个脚印向前推进，朝着公正高效权威的社会主义司法制度的目标不断迈进。习近平总书记对司法体制改革给予充分肯定，明确指出政法战线坚持正确改革方向，敢于啃硬骨头、涉险滩、闯难关，做成了想了很多年、讲了很多年但没有做成的改革，司法公信力不断提升，对维护社会公平正义发挥了重要作用。

　　勇于探索、大胆创新、敢于超越的精神，是大变革时代最具特色、最为宝贵的品格。近年来，上海勇当改革开放排头兵、敢为创新发展先行者，在自由贸易试验区试点、科技创新中心建设、社会治理创新等领域取得重大进展，社会主义现代化国际大都市建设迈上新台阶。司法体制改革方面，上海市政法机关主动承担起先行先试、破冰探路的重任，率先在全国开展司法责任制改革和司法体制综合配套改革试点，攻坚克难、砥砺奋进，走出了一条具有上海特色的司法体制改革之路。其中，上海法院解放思想、敢闯敢试，善于把中央精神和上海实际有机结合起来，创造了一批可复制、可推广的经验。上海法院的司法体制改革具有以下突出特点：一是始终坚持正确的政治方向，把党对司法工作的领导贯穿于改革方案设计和改革措施落实各方面，不走邪路，也不走回头路。二是始终坚持以人民为中心的发展思想，把群众利益放在心上，把百姓福祉抓在手上，着力解决立案难、诉讼难、执行难等顽疾，让人民群众成为改革的最大受益者。三是始终坚持敢于担当、敢于碰硬，以自我革命之精神，守正出新之定力、担难不怯之作为，在荆棘丛生的改革路上勇往直前，改手中之权、动部门之利、去制度之弊，确保实现预期目标。四是始终坚持体制机制改革和现代科技运用深度融合，积极运用大数据、人工智能等现代科技破解司法工作难题，努力让司法变得更智能、更精准、更高效。特别是在时间紧、任务重、要求高的情况下，积极推进以审判为中心的刑事诉讼制度改革，把基本证据标准指引转化为数据模型，嵌入智能办案辅助系统，开启了人工智能在司法领域深度应用的先河，蹚出了刑事司法文明发展的新路子。五是始终坚持做实做细思想政治工作，深入扎实开展谈心谈话、释疑解惑、教育培训，激发深化改革的内生动力，点燃干事创业的澎湃激情，推动改革平稳有序推进。实践证明，上海法院的改革探索是成功的，效果是明显的。全市法院法官人均结案数从 2013 年的 131 件提高到 2016 年的 228 件，名列全国第一。审判质量和效率稳步提升，2016 年结案率 91.3%，一审服判息诉率92.4%，二审服判息诉率 98.9%。根据中国政法大学《司法文明指数报告》，2014 年至 2016 年，上海司法文明指数连续三年位居各省区市首位。

毛泽东同志曾指出，"我是靠总结经验吃饭的"。在探索实践中前进，在总结反思中提高，是我们党的优良传统。为总结好上海法院的改革经验，上海市高级人民法院组织编撰了《上海法院司法体制改革系列丛书》，共 10 册。这套丛书，既突出了司法责任制改革、以审判为中心的刑事诉讼制度改革、跨行政区划法院、知识产权法院等重大改革，又涵盖了深化司法公开、完善多元化纠纷解决机制、加强诉讼服务中心建设、推进法院信息化建设等配套改革，全方位、全景式展现了上海法院司法体制改革的火热场景和生动实践。总的看，这套丛书具有三个鲜明特色：一是理论性强。立足全面依法治国的伟大实践，对司法体制改革的理论和实际问题作了深度的理性思考，提炼出了有学理性的新观点，概括出了有规律性的新认识。二是创新性强。着眼于破解司法工作面临的新问题、新挑战，提出了一系列符合时代潮流、遵循司法规律的新理念、新举措、新办法，为推动司法体制改革不断向纵深发展提供了有益借鉴和参考。三是操作性强。善于发现、挖掘基层的好经验、好做法，总结出了一批经过实践检验的硬招实招，有利于让微创新、小革新释放大能量，让一地经验变成各地共同财富。

惟其艰难，方显勇毅；惟其笃行，才足珍贵。司法体制改革是司法领域一场深刻的自我革命，必须矢志不渝地坚持一张蓝图干到底。希望上海法院进一步强化改革创新思维、挖掘改革创新潜能、提高改革创新能力，不动摇、不退却、不懈怠，继续当好全面深化法院改革的排头兵，审判事业创新发展的先行者，作出无愧于时代、无愧于人民、无愧于历史的新业绩，为创造更高水平的社会主义司法文明贡献智慧和力量！

应丛书编委会之邀，特作此序，与同志们共勉！

孟建柱

2017 年 10 月 13 日

　　此文是孟建柱同志为《上海法院司法体制改革的探索与实践》所作的序。建柱同志在序中对上海法院"206 系统"给予高度评价和充分肯定。

立科技前沿　与时代同步

——人工智能助力司法改革　推进司法现代化

习近平总书记指出："要遵循司法规律，把深化司法体制改革和现代科技应用结合起来，不断完善和发展中国特色社会主义司法制度。"[1]

现代科技的迅猛发展，正在深刻地影响人类社会。尤其人工智能作为一项颠覆性技术，正广泛应用于社会生活的方方面面。人工智能发展已上升为国家战略。**谁拥有人工智能，谁拥有未来世界**。

2017 年 2 月 6 日，这一天是应该记入上海法院历史的一天。

当天下午 4 时许，时任中央政治局委员、中央政法委书记孟建柱与时任中央政治局委员、上海市委书记韩正等领导同志来到上海市高级人民法院（以下简称上海高院）调研。在上海高院，孟建柱同志主持召开了上海市政法系统负责同志座谈会。会上，建柱同志

1　2017 年 7 月，习近平总书记对全国司法体制改革推进会作出的重要指示。

对上海全面深化司法体制改革部署了新的三项任务¹，其中一项即：由上海高院承担研发"推进以审判为中心的诉讼制度改革软件"任务（以下简称"206 工程"）。孟建柱同志要求：要"把现代科技创新与司法体制改革融合起来，特别是在推进以审判为中心的诉讼制度改革中，通过强化大数据深度应用，把统一的证据标准镶嵌到数据化的程序中，减少司法任意性，既提高审判效率，又促进司法公正"。孟建柱同志强调："以审判为中心的诉讼制度改革是一个核心的改革。上海有条件在法院、检察院、公安以及相关司法、安全部门把证据标准体系建立起来。通过运用大数据的方法和技术，从海量司法数据中将以审判为中心的证据标准体系挖掘出来，并提炼出相关规则。再通过数据法院、智慧法院的建设，运用大数据等技术方法，研究制定证据标准体系，并结合庭审实质化的改革内容，推动以审判为中心的诉讼制度改革落地。这样改革就跳出来了，开辟出一条新的道路。"

这项光荣而艰巨的任务，历史性地落在了上海高院的肩上。

我当时担任上海高院院长，在即将退休的有限工作时间里（年底退休），能够领受并参加到这项重大任务中来，既感到光荣，更感到责任的重大（不禁让我想起初入警时参与重大案件侦破时的心情）。

重大决策都会有着深刻背景。中央政法委之所以作出研发"推

1　新的三项任务包括：一是确定上海为司法体制综合配套改革试点地区；二是由上海市委政法委牵头起草全面实施司法责任制改革的文件；三是由上海高院牵头，其他政法机关配合，开发推进以审判为中心的诉讼制度改革的大数据管理软件。

进以审判为中心的诉讼制度改革软件"这一重大决策，是有着深刻的背景和非凡的意义。我的理解：**第一**，在全面深化改革的大背景下，党的十八届四中全会作出推进以审判为中心的诉讼制度改革的重要部署。关于这项改革，**习近平总书记深刻地指出："推进以审判为中心的诉讼制度改革，目的是促使办案人员树立办案必须经得起法律检验的理念，确保侦查、审查起诉的案件事实证据经得起法律检验……有效防范冤假错案产生。"**[1] 党的十八大以来，至 2018 年 3 月，在全面依法治国、全面推进司法体制改革的大背景下，人民法院依法纠正了呼格吉勒图案、聂树斌案等 39 起重大冤假错案，提振了全社会对司法公正的信心。但冤假错案的发生，对法治的冲击和破坏是致命性的。习近平总书记曾深刻地指出："我曾经引用过英国哲学家培根的一段话，他说：'一次不公正的审判，其恶果甚至超过十次犯罪。因为犯罪虽是无视法律——好比污染了水流，而不公正的审判则毁坏法律——好比污染了水源。'这其中的道理是深刻的。如果司法这道防线缺乏公信力，社会公正就会受到普遍质疑，社会和谐稳定就难以保障。"[2] 为了从根本上防范冤假错案的发生，党的十八届四中全会作出推进以审判为中心的诉讼制度改革的重大决策。**第二**，如何使以审判为中心的诉讼制度改革落地呢？冤假错案的发生，原因是多方面的，而案件事实不清、证据不够确实充分，是其中很重要的原因（几乎无一例外）。**科技是破解难题的利器**。为此，中央政法委作出了研发"推进以审判为中心的诉讼制

1　习近平总书记就《中共中央关于全面推进依法治国若干重大问题的决定》所作的说明。

2　习近平总书记就《中共中央关于全面推进依法治国若干重大问题的决定》所作的说明。

度改革软件"的决策部署，运用现代科技解决刑事诉讼制度改革中的难题。大数据、人工智能、司法改革、司法公正，现代科技与司法紧紧地连在了一起。可以说，这一决策具有历史性、战略性的重大意义，是一项里程碑式的重大决策；是一项立科技前沿、与时代同步的重大工程，标志着我国司法制度的自我完善与提升，标志着我国司法公正、司法文明、保障人权的进步与提升，开创了人工智能在司法领域深度应用的历史先河。

最高人民法院院长周强同志曾经说过：司法改革和信息化建设是人民司法事业发展的车之两轮、鸟之双翼。而这两件大事，上海高院都承担了为全国破冰探路的重任。记得 2013 年 4 月来上海高院任职之初，建柱同志见面的第一句话就是：**抓改革**。而当时，我对这句话的深刻含义的理解是不够的。 2014 年年初，上海高院被确定为全国司法体制改革试点单位，第一个在全国拉开了司法体制改革的大幕，为全国创造了可复制可推广的"上海经验"。 2015 年 7 月，全国司法体制改革试点推进会在上海召开，全国的司法体制改革由此推开。而这一次，上海高院又一次承担了研发"推进以审判为中心的诉讼制度改革软件"的重任，为司法改革、攀登司法科技高峰蹚路。

为改革蹚路。蹚出一条新路子，也就是说原本没有路，需要披荆探路。正如鲁迅所说：什么是路？就是从没有路的地方践踏出来的，从只有荆棘的地方开辟出来的。运用人工智能等现代科技手段，破解刑事办案中搜集、固定、认定证据等难题，以减少司法任意性，防范冤假错案，保证公正司法。可以说，这是一项前无古人，没有先例、经验可循的重任。上海高院承担了为改革蹚路的重任，而这其中的艰巨程度是难以估量的。**第一，难度非常**。一是要制定证据标准指引、证据规则指引并嵌入大数据系统，为办案人员提供统一的证据标准、证据规则指引；二是要运用人工智能等现代科技手段，实现对刑事案件证据的审查、校验、提示、把关、监督，以达到防范冤假错案的目的。这些都是前人没有做过的事，需要攻克业务和技术上的两大难关来实现这0到1的突破。**第二，责任重大**。"206工程"不只是单纯的科技创新，而是关系到党中央提出的推进以审判为中心的诉讼制度改革任务落地见效。**第三，时间紧迫**。2月6日交办任务，要求5月初完成开发并上线试运行，7月在全国司法体制改革推进会上作经验交流。这中间只有五个月的时间，当时几乎所有人都认为很难做到，起码在要求的时间内做不到。风险与挑战，困难与压力前所未有。真正让我们感到什么是任务艰巨、什么是责任重大、什么是使命光荣。需要有极大的勇气和智慧来完成。曾经有好几位同志问过我，当时你有没有想过，不成功怎么办？我说，没有退路，只能前行。改革就是攻坚克难，敢为人先、敢于担当、敢于攀登。

全力攻坚。我们在市委及市委政法委的领导下，在最高人民法院的指导下，在市公安局、检察院、司法局以及市发改委、经信委、财政局等部门的全力支持配合下，与科大讯飞股份有限公司合作、建立研发基地，组建研发队伍，开启攻坚之路。事非经过不知难。我们抽调集中了700余名精兵强将，组成"206"研发队伍〔截至2018年10月底，直接参与研发工作的人员有700余人（不包括后勤保障人员），从法、检、公抽调的业务骨干 400 余人，[1] 科大讯飞公司确定的技术人员 300 余人，其中集中在上海法院基地技术人员 79 人，在公司本部后台的技术人员 226 人］，他们发扬迎难而上、奋力拼搏、锲而不舍、钉钉子的改革精神，在 600 多个日日夜夜里，攻克一个又一个难关，如期完成了研发任务。2017 年 2 月 6 日领受任务至 5 月 3 日上线试运行；7 月 10 日贵阳会议汇报演示；2018 年 3 月在全市全面推广应用；2018 年 12 月，将实现三个 100%，即：证据标准指引覆盖常涉罪名达到 100%；本市常涉罪名案件录入系统达到 100%；一线办案干警检察官法官运用系统办案达到 100%。在这个过程中，系统不断得到改进、完善、提升，运行情况良好，功能作用逐步显现，一线办案人员从一开始的不理解、不适应到如今已成为离不开的智能助手。据统计："206"研发团队共攻克 5 大类难关，突破了 4 类技术瓶颈问题，解决了 800 多个具体问题，创造了 6 项知识产权。短短的 600 多个日夜，谈何容易。这里凝聚着研发团队全体人员的智慧和汗水，承载着他们的精神与奉献。

韩正同志指出：从"206 工程"可以看到将作为简单符号的数据，迅速转变为宝贵资源的能力，所以"206 工程"意义重大。这个系统如应用到全国，司法水平会显著提高。

孟建柱同志指出：上海高院在时间紧、任务重、要求高的情况下，积极推进以审判为中心的刑事诉讼制度改革，把基本证据标准

1　其中：法院 220 余人、检察院 80 余人、公安机关 100 余人、司法机关 10 余人。

指引转化为数据模型，嵌入智能办案辅助系统，开启了人工智能在司法领域深度应用的先河，蹚出了刑事司法文明发展的新路子。

郭声琨同志指出："要认真学习借鉴，应用好上海刑事案件智能辅助办案系统软件，构建适应实际需要的刑事司法新模式，防止另起炉灶、重复建设"。

多家媒体给予了广泛的报道，自 2017 年 7 月以来，截至 2018 年 10 月底，上海高院已接待中央国家机关、各地政法机关、人大、政府、政协相关部门前来专题学习考察的 100 余批次 2100 余人，其中接待国外司法交流 11 批次 142 人。

"206 工程"是在上海市委政法委的领导下，集全市法、检、公、司及相关部门和科大讯飞公司之力完成的。各级领导、社会各界给予的充分肯定和高度评价，系统在实践中的运用，坚定了我们的信心，使我们更加深刻地感受到国家人工智能战略的重要性，更加深刻地感受到中央决策的高瞻远瞩，只要我们抓住机遇、抢占先机、紧盯前沿，就一定能从跟跑者、并跑者成为领跑者。

如果说，AlphaGo 在与李世石的人机大战中，显示了 AI 的神奇，将人工智能推向一个新高度；"206 系统"的研发与应用，AI 在司法领域同样显示了它的神奇。"上海刑事案件智能辅助办案系统"实现了 AI 司法深度应用 0 到 1 的突破，是科技理性、法律理性、人类理性深度融合的创新，标志着 AI 在司法领域应用由初级应用向高级应用的迈进，将会把 AI 在司法领域的应用推向一个新的高度。

上海刑事案件智能辅助办案系统是运用现代高科技推进司法

体制改革的新生产物。全程参与上海刑事案件智能辅助办案系统的研发，使我更进一步地体会到：思路决定出路，理念决定思路。科技是第一生产力。要让司法真正成为科学，司法与科技深度融合是必由之路。要有强烈的战略意识，主动运用人工智能等现代科技，破解司法难题，推进司法进步。要有强烈的机遇意识。机遇稍纵即逝，抓住机遇即抓住未来。尤其是人工智能时代到来，必须紧紧抓住这一个战略制高点，谁拥有人工智能，谁就拥有未来。要把握司法规律，紧盯科技前沿，形成协同合力。任何事物都有其内在规律，违背了事物发展的内在规律，必然会失败。司法有其特有规律，而科技同样既有其神奇之力，又有其自身发展的局限性、不确定性。必须将二者有机结合，才能真正发挥科技的神奇作用。要有攻坚意识，改革就是攻坚，攻坚不畏难。要有敢于担当、敢为人先、勇攀高峰的精神。要攻克难关，涉险滩、啃硬骨头。改革一路走来，闯过了多少关隘，渡过了多少险滩，顶住了多少压力。事非经过不知难。但山高人为峰，当我们回望攀登之路时，每个人内心都会有一番感慨。毛泽东曾经说过："一张白纸，没有负担，好写最新最美的文字，好画最新最美的画图。"[1]"206 系统"就是这最新最美的文字、最新最美的画图。

梦想的实现，需要一代又一代人的接力奋斗。科技与司法紧密结合，让司法成为真正的科学，是法学家和科学家一直以来不懈追求的梦想。

1　毛泽东：《介绍一个合作社》，载《人民日报》1958 年 4 月 15 日。

马克思曾说："一种科学只有在成功地运用数学时，才算达到了真正完善的地步。"

早在 1979 年 10 月，著名科学家钱学森教授就提出：要"建立法治系统工程"，并列出：法治系统工程 = 系统科学 + 马列主义法学 + 数学 + 电子计算机技术（公式）。这是我国首次提出法治系统工程的概念。1985 年钱学森教授又提出在法律事务中运用人工智能、知识工程和专家系统的具体设想，这应该是我国最早提出"人工智能 + 法治"。 1986 年华东政法学院的苏惠渔、张国全、史建三等老师提出通过电脑来辅助量刑的问题，并形成最终研究成果——《量刑与电脑——量刑公正合理应用论》(1989 年)，其集合专家经验形成的电脑量刑系统与人工判断的结果相差无几，得到了司法实务界的重视和认可。因受当时条件的限制（互联网、大数据、人工智能等没有发展到这一步），这些成果没有被广泛推广应用，但他们不畏艰险、勇攀科技高峰的精神，鼓舞和激励着后人。

1983 年李克强同志在《法律工作的计算机化》一文中指出："计算机技术和法律相结合的历史虽然不长，目前也只处于试验阶段，但是它的出现和发展却给法律工作和法学研究展现了崭新的广阔前景。""计算机技术在法律方面的运用及其发展，使法律工作正在发生根本性的变化。法律工作和法学研究既要顺应科学技术的发展，也要现代化。""法律工作的计算机化已是这一新纪元的必然产物。"这一预判，正在成为现实。

今天，人工智能时代到来，为我们这代人运用科技手段实现司法现代化的梦想提供了重大历史机遇，上海刑事案件智能辅助办案系统的研发与应用就是最好的例证。

改革永无止境，科技发展永无止境，"206 工程"没有止步时。我们清醒地认识到，"206 系统"实现了三个 100% 之后，也只是万里长征的第一步。改革永无止境，新情况、新问题、新需求将不断出现；科技发展永无止境，新发明、新技术将不断涌现。就"206 系统"本身而言，还存在许多需要完善的地方，需要解决、攻克的难题，"206 工程"没有止步之时。这就需要我们接力改革，接力奋斗不止。我们应以习近平新时代中国特色社会主义思想为指引，立科技前沿、与时代同步，紧紧抓住新一轮科技竞争这一难得的历史机遇，主动作为，积极作为，真正用好人工智能这一新技术，推进司法现代化梦想的实现。

本书是对上海高院研发"206 系统"的记录。全书共分为三大部分：**第一部分是理论篇**，主要试论了人工智能与司法应用有关理论问题。**第二部分是实践篇**，主要记录了"206 系统"的研发的过程、应用成效，攻坚克难，在业务、技术上的重大突破等。**第三部分是展望篇**，主要是体会与思考。特别是有关应对人工智能可能带来的风险与挑战，"构建人工智能未来法治"的思考。在这一新课题面前，我认为，司法的任务是双重的，一方面是要抓住机遇，积极推动 AI 与司法的深度融合与应用，推进司法智能化，实现司法的现代化；另一方面是积极推动构建人工智能未来法治体系，在应对未来风险与挑战上发挥司法的作用，将人工智能发展纳入法治的轨道，用法治促进、规范、保障人工智能安全、可靠、可控发展。

在成书过程中，陈树森、蔡一博、吴海崟、赵春学、潘庸鲁、张凡、蒋骅、高佳运、吴涛、胡逸娴等同志参与了部分章节的撰写工作；王涛、白宁、刘江、张新、刘玉伟、胡荣鑫、孙莉、杨菲、赵春建、吴艳燕、金泽蒙等同志参与了书稿的研究、策划，并提出了宝贵的意见和建议。可以说，本书是集大家智慧而完成的。感谢北京高高国际文化传媒有限责任公司、浙江清华长三角研究院法治与社会治理研究中心的帮助和支持。

毛泽东主席曾经说过："世间一切事物中，人是第一个可宝贵的。在共产党领导下，只要有了人，什么人间奇迹也可以造出来。"[1]

历史是由人来书写的，但并非每一个人都能被写进历史。

本书奉献给参与、见证"206系统"研发的每一位同志。同时也以此纪念改革开放40周年。

科技发展永无止境。谁拥有科技，谁就拥有未来。

崔玉东

2018年10月31日

1　毛泽东：《唯心历史观的破产》（1949年9月16日），载《毛泽东选集》第四卷，人民出版社1991年第2版。

目 录

理论篇　人工智能与司法
——实现司法现代化的必由之路

实践篇　人工智能助力司法改革
——以审判为中心的诉讼制度改革软件 0-1 的突破

展望篇 人工智能 机遇与挑战
——构建人工智能未来法治

理论篇

AI 人工智能与司法
——实现司法现代化的必由之路

人工智能已上升为国家战略，是新一轮科技革命和产业变革的重要驱动力量。

人工智能已广泛地应用于人类社会方方面面，正深刻地影响和改变着世界，同时也在向司法领域渗透。人工智能在司法领域的应用实践及成果表明，人工智能等现代科技与司法的深度融合是实现司法现代化的必由之路，对构建司法文明、推进司法进步、完善和发展中国特色社会主义司法制度将发挥重大作用。

第一章

人工智能——司法现代化的历史机遇

一、神奇的人工智能

1. 人机大战——昭示人工智能新时代

2016 年 3 月 15 日，美国谷歌公司研发的围棋人工智能 AlphaGo 在与世界顶尖棋手韩国李世石的对局中获胜。这场轰动全球的"人

2016 年 3 月 15 日，AlphaGo 在与韩国棋手李世石进行对弈

机大战"最终比分定格在 4∶1。而在与 AlphaGo 对弈前，李世石曾公开表示，AlphaGo 实力难与自己相争，自己将 4∶1 或者 5∶0 取胜。如不出现失误，将 100% 获胜。

2017 年 5 月，人类围棋世界排名第一的中国棋手柯洁与 AlphaGo 再次对决，柯洁三番棋全败。

一战激起千层浪。

这不禁让人想起，1997 年国际象棋世界冠军卡斯帕罗夫在与 IBM 研发的"深蓝"电脑对决时，以 1 胜 2 负 3 平的成绩落败。此事同样震动了全世界，一时间"AI 战胜人类""未来机器将奴役人类"之类的话题不绝于耳。

1997 年 5 月 11 日，国际象棋世界冠军卡斯帕罗夫与"深蓝"机器人对弈

在今天看来，"深蓝"远算不上足够智能。它主要依靠强大的计算能力穷举所有路数来选择最佳策略："深蓝"靠硬算可以预判 12 步，卡斯帕罗夫可以预判 10 步，二者高下立现。当时，德国人工智

能研究中心负责人登格尔在接受新华社采访时说，"深蓝"是人工智能发展史上的一个里程碑[1]。而当时一位从事人工智能的研究者却对开发者说："你去做围棋吧，等下赢我的时候再来找我。"可见在当时，人们无论在认识上还是在感情上都认为围棋是不可战胜的。

围棋是人类智慧的结晶。与国际象棋相比，围棋一直被看做是人类最后的智力竞技高地。因为，围棋和国际象棋在复杂程度上不属于一个量级。围棋是一种变数极多、充满不确定性的竞技，每一步棋的可能性都是一个几乎无法穷尽的量级。据估算，围棋的可能下法数量超越了可观测宇宙范围内的原子总数。显然，AlphaGo 是无法再以"深蓝"的方式获胜的，以蛮力"强记"，或者以"固定"程序逻辑决策，或者穷极所有可能进行筛选，在围棋世界里都是行不通的。

据谷歌公司旗下的人工智能公司"深度思维"介绍，该公司研发的 AlphaGo 是基于神经网络的深度学习：模拟人脑神经网络，通过大量数据分析学习了 3000 万职业棋手棋谱，再通过增强学习的方法自我博弈，寻找比基础棋谱更多的打点来击败人类。

AlphaGo 与李世石、柯洁的人机大战，打破了围棋是不可战胜的神话，再次彰显了人工智能的飞速发展：人工智能已经可以通过模仿人类大脑神经网络，让机器模拟人脑的机制进行记忆、学习、思维、创造……

人工智能——向人类展示它的神奇之处。

1　"从深蓝到 AlphaGo：那些年，那四场划时代人机大战"，载澎湃新闻网：https://www.thepaper.cn/newsDetail_forward_1441068，于 2018 年 5 月 30 日访问。

人机大战——昭示人工智能新时代的到来。

2．人工智能——叩响上海法院大门

2016 年 3 月 5 日至 16 日，我作为列席代表，列席十二届全国人大第四次会议。举世关注的李世石与 AlphaGo 的"人机大战"将于 3 月 9 日举行。

我是一名业余围棋爱好者，酷爱围棋（曾担任过两届全国围棋协会副主席）。记得应是 2016 年 3 月 1 日前后，我有幸在上海与参加第 17 届农心杯世界围棋赛的李世石会面，他当时的满满信心给我留下了强烈的印象，我也确实相信 AI 战胜不了李世石，机器人战胜不了围棋选手。我对这场大赛十分关注，也期待李世石完胜。

当时，我对人工智能的了解可以说几乎是空白，但 AlphaGo 的神奇表现让我震惊。惊奇之余，引发了我的深思，并有一种强烈的危机感、紧迫感——**人工智能将改变世界**。

比赛尚未结束，我即将上海市高级人民法院（以下简称上海高院）信息处长曹红星、研究室主任张新、办公室主任刘玉伟等同志约至上海代表团的住处京西宾馆，在我的房间里，开始研究如何运用大数据、人工智能等最新技术，提升上海法院信息化水平。我提出建设"数据法院""智慧法院"的设想，以此推动审判工作向智能化迈进。

随即，上海高院制定了《"数据法院"建设规划（2017–2019）》（新的三年规划，2014 年已制定了《上海市高级人民法院信息化建设三年规划（2014–2016）》），确立了实施"**一个战略、两个行动**"即大数据战略、"互联网+"行动、"人工智能+"行动,上海"数据法院""智慧法院"建设由此起步,从网络化向智能化迈进。

人工智能——叩响上海法院大门。

上海法院——向智能化迈进。

二、人工智能的兴起

1. 什么是人工智能?

人工智能(Artificial Intelligence),英文缩写为 AI。"人工智能"一词最初是在 1956 年达特茅斯(Dartmouth)学会上提出的。

许多学者和机构给出了不同的定义和解读。斯坦福大学尼尔斯·J. 尼尔森教授认为:"所谓人工智能,是指致力于让机器变得智能的活动,智能就是使实体在其环境中有远见、适当地实现功能性的能力。"[1] 美国麻省理工学院温斯顿教授提出:"人工智能就是研究如何使计算机去做过去只有人才能做的智能工作。"《人工智能——一种现代方法》中将人工智能分解为四种情形:"像人一样思考的系统、像人一样行动的系统、理性地思考的系统、理性地行

---

1 (美)Nils J. Nilsson, Artificial Intelligence: A New Synthesis, Morgan Kaufmann Publishers Inc. , 1 edition(April 15, 1998).

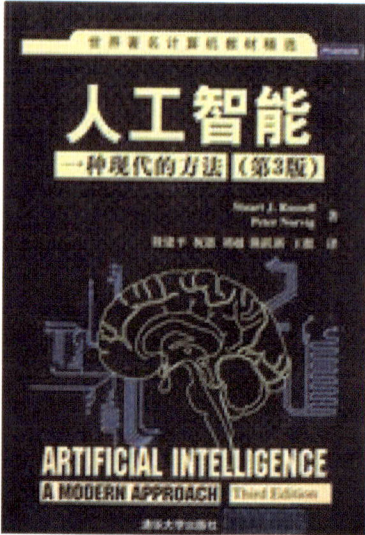

（美）拉塞尔，诺维格著：《人工智能：一种现代的方法（第3版）》，殷建平、祝恩等译

动的系统。"[1] 维基百科将人工智能定义为"机器展现出的智能"，即只要是某种机器，具有某种或某些"智能"的特征或表现，都应该算作"人工智能"。大英百科全书则限定人工智能是数字计算机或者数字计算机控制的机器人在执行智能生物体才有的一些任务上的能力。

2018 年 1 月，中国电子技术标准化研究院等单位编写的《人工智能标准化白皮书（2018 版）》中认为：人工智能是利用数字计算机或者数字计算机控制的机器模拟、延伸和扩展人的智能，感知环境、获取知识并使用知识获得最佳结果的理论、方法、技术及应用系统。实际上，人工智能是围绕智能活动而构造的人工系统，是知识的工程，是机器模仿人类利用知识完成一定行为的过程。

2. 人工智能的发展

说到人工智能，通常人们都以 1956 年达特茅斯学会为标记，已有 60 多年历史。

---

1 （美）拉塞尔，诺维格：《人工智能：一种现代的方法（第3版）》，殷建平、祝恩等译，清华大学出版社 2011 年版，第 4-5 页。

经对这 60 多年时间的梳理，我们发现，人工智能发展并不是一帆风顺的，历经了萌芽、初始阶段，经历了高潮、低谷、再高潮（发展、停滞、再发展）螺旋式[1]的发展过程。而每一次低谷之后，都会有一个新高潮，不断推动人工智能走向一个新时代。科技发展与时代同步，永无止境。

概括起来，人工智能的发展大致可归纳为以下几个阶段：

（1）萌芽阶段（17 世纪中期到 20 世纪 30 年代）

17 世纪中期，莱布尼茨、托马斯·霍布斯和笛卡儿提出形式符号的系统假设，为人工智能（AI）的研究打下了基础。这一阶段的标志性事件有：

19 世纪初，查尔斯·巴贝奇设计了一台机械式可编程计算机（"分析机"），但未能完成。

20 世纪，乔治·布尔的《思维规律的研究》、弗雷格的《概念文字》、伯特兰·罗素和怀特海的《数学原理》在数理逻辑研究上有了极大的突破，使得人工智能呼之欲出。

1936 年，数学家阿隆佐·邱奇和艾伦·图灵命名的邱奇 – 图灵论题，提出所有计算或算法都可以由一台图灵机来执行，该论题被誉为构建计算机科学的基础之一。

（2）人工智能的诞生（20 世纪 40—50 年代）

1950 年，著名的图灵测试诞生。按照"人工智能之父"艾

1　螺旋式的发展是对事物发展过程中必然出现的曲折性的形象概括，是否定之否定规律表现形态的哲学描述，是事物发展的前进性和回复性的辩证统一，表明事物从简单到复杂，从低级到高级的发展不是直线式的。

英国数学家艾伦·图灵，被称为"人工智能之父"   图灵故居说明语

伦·图灵的定义，如果一台机器能够与人类展开对话（通过电传设备），而不能被辨别出其机器身份，那么称这台机器具有智能。同一年，图灵还预言会创造出具有真正智能的机器的可能性。

1954年，美国人乔治·戴沃尔设计了世界上第一台可编程机器人。

1956年夏天，美国达特茅斯学院举行了历史上第一次人工智能研讨会，被认为是人工智能诞生的标志。会上，麦卡锡首次提出了"人工智能"这个概念，纽厄尔和西蒙则展示了编写的逻辑理论机器。

1956年达特茅斯会议上，约翰·麦卡锡首次提出了"人工智能"这个概念

（3）人工智能发展的繁荣期（20世纪50—70年代）

1966—1972年期间，美国斯坦福国际研究所研制出

机器人 Shakey，这是首台采用人工智
能的移动机器人。

1966 年，美国麻省理工学院的魏
泽鲍姆发布了世界上第一个聊天机器
人 ELIZA。ELIZA 的智能之处在于她
能通过脚本理解简单的自然语言，并
能产生类似人类的互动。

1968 年 12 月 9 日，美国加州斯
坦福研究所的道格·恩格勒巴特发明
计算机鼠标，构想出了超文本链接概
念，它在几十年后成了现代互联网的根基。

斯坦福国际研究所研制的首台采
用人工智能的移动机器人 Shakey

（4）人工智能发展的低谷期（20 世纪 70—80 年代）

20 世纪 70 年代初，人工智能发展遭遇了瓶颈。当时的计算机
有限的内存和处理速度不足以解决任何实际的人工智能问题。要求
程序对这个世界具有儿童水平的认识，研究者们很快发现这个要求
太高了：1970 年没人能够做出如此巨大的数据库，也没人知道一个程
序怎样才能学到如此丰富的信息。由于缺乏进展，对人工智能提供资
助的机构（如英国政府、美国国防部高级研究计划局和美国国家科
学委员会）对无方向的人工智能研究逐渐停止了资助。美国国家科
学委员会（NRC）在拨款二千万美元后停止资助。

（5）人工智能的再次繁荣期（1980—1987 年）

1981 年，日本经济产业省拨款 8.5 亿美元用以研发第五代计算
机项目，在当时被叫做人工智能计算机。随后，英国、美国纷纷响

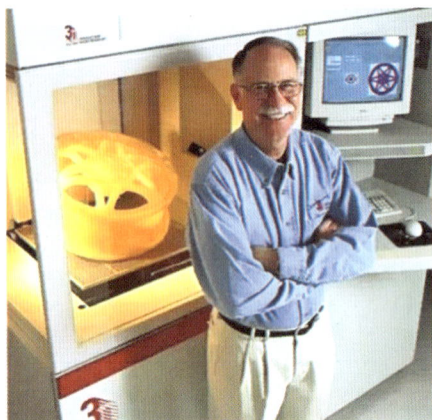

查尔斯·赫尔与其制造的世界第一台 3D 打印机

应，开始向信息技术领域的研究提供大量资金。

1984 年，在美国人道格拉斯·莱纳特的带领下，启动了 Cyc（大百科全书）项目，其目标是使人工智能的应用能够以类似人类推理的方式工作。

1986 年，美国发明家查尔斯·赫尔制造出人类历史上首个 3D 打印机。

（6）人工智能再次陷入低谷（冬天）（1987—1993 年）

"AI（人工智能）之冬"一词由经历过 1974 年经费削减的研究者们创造出来。他们注意到了对专家系统的狂热追捧，预计不久后人们将转向失望。事实被他们不幸言中，专家系统的实用性仅仅局限于某些特定情景。到了 20 世纪 80 年代晚期，美国国防部高级研究计划局（DARPA）的新任领导认为人工智能并非"下一个浪潮"，拨款将倾向于那些看起来更容易出成果的项目。

（7）人工智能迎来第三次繁荣期（1993 年至今）

这一阶段的标志性事件有：

1993 年，美国克林顿政府果断地提出《技术是经济增长的发动机》的报告，旨在建立新型信息网络——信息高速公路，描绘了互联网革命的蓝图，为人工智能爆发式的发展奠定了坚实的基础。

1997 年 5 月 11 日，IBM 公司的电脑"深蓝"战胜国际象棋世界冠军卡斯帕罗夫，成为首个在标准比赛时限内击败国际象棋世界冠军的电脑系统。

2011 年，Watson（沃森）作为 IBM 公司开发的使用自然语言回答问题的人工智能程序参加美国智力问答节目，打败两位人类冠军，赢得了 100 万美元的奖金。

2012 年，加拿大神经学家团队创造了一个具备简单认知能力、有 250 万个模拟"神经元"的虚拟大脑，命名为"Spaun"，并通过了最基本的智商测试。

2013 年，Facebook 人工智能实验室成立，探索深度学习领域，借此为 Facebook 用户提供更智能化的产品体验；Google 收购了语音和图像识别公司 DNNResearch，推广深度学习平台；百度创立了深度学习研究院等。

2015 年，Google 开发了利用大量数据直接就能训练计算机来完成任务的第二代机器学习平台 Tensor Flow；剑桥大学建立了人工智能研究所等。

（8）人机大战——昭示人工智能新时代（爆发期）

2016 年 3 月 15 日，Google 人工智能 AlphaGo 与围棋世界冠军李世石的人机大战最后一场落下了帷幕。人机大战第五场经过长达 5 个小时的搏杀，最终李世石与 AlphaGo 总比分定格在 1 比 4，以李世石失败而结束。人机大战的结果颠覆了传统观念，让人工智能被世人所认知熟知，整个人工智能市场也像是被引燃了导火线，**开始了新一轮爆发。**

人工智能——向人类展示它的神奇之处。

人机大战——昭示人工智能新时代的到来。

3. 人工智能新的态势

经过 60 多年的迅猛发展，当前人工智能在移动互联网、大数据、超级计算、传感网、脑科学等新理论、新技术以及经济社会发展强烈需求的共同驱动下，进入了新的发展阶段，呈现出深度学习、跨界融合、人机协同、群智开放、自主操控等新特征。和互联网一样，当前人工智能正逐渐成为人类社会生活中不可缺少的一部分，并深刻地改变着人类社会生活、改变着世界，推动经济社会各领域向数字化、网络化、智能化加速跃升。呈现出以下的发展态势：[1]

（1）人工智能成为国际竞争的新焦点

美国、英国、德国、日本等世界主要发达国家把发展人工智能作为提升国家竞争力、维护国家安全的重大战略，加紧出台规划和政策，围绕核心技术、顶尖人才、标准规范等强化部署，力图在新一轮国际科技竞争中掌握主导权。

---

[1] 相关内容参考国务院《新一代人工智能发展规划》。

（2）人工智能成为经济发展的新引擎

作为新一轮产业变革的核心驱动力，人工智能将进一步释放历次科技革命和产业变革积蓄的巨大能量，催生新技术、新产品、新产业、新业态、新模式，引发经济结构重大变革，深刻改变人类生产生活方式和思维模式，实现社会生产力的整体跃升。

（3）人工智能带来社会建设的新机遇

人工智能在教育、医疗、养老、环境保护、城市运行、司法服务等领域的广泛应用，将极大提高公共服务的精准化水平，全面提升人民的生活品质；可以及时把握群体认知及心理变化，主动决策反应，将显著提高社会治理的能力和水平，对有效维护社会稳定具有不可替代的作用。

（4）人工智能发展的不确定性带来新挑战

人工智能是影响面广的颠覆性技术，可能带来改变就业结构、冲击法律与社会伦理、侵犯个人隐私、挑战国际关系准则等问题，将对政府管理、经济安全和社会稳定乃至全球治理产生深远影响。

4. 人工智能与棋类，计算机、互联网与军事

在对人工智能发展梳理，并联系到计算机、互联网的发明与应用，我发现一个现象：即计算机、互联网的发明均与军事有关，而人工智能发展均与棋类有关，并有两次具有标志性的事件。

（1）计算机、互联网与军事

计算机、互联网的发明最初均与军事有直接关系。

世界首台通用电子数字计算机"埃尼阿克"主要帮助研究人员改良军用武器

　　1946 年 2 月 15 日，世界上第一台通用电子数字计算机"埃尼阿克"（ENIAC）在美国宾夕法尼亚大学研制成功。它是应美国军方要求（前国防部或陆军部）研制的，目的是用于弹道计算。当时美国科学家有进行军事上相关技术研发的需要。在第二次世界大战中，飞机、火炮等远程武器成为攻击敌方军事目标的主要武器，这对攻击的精度提出了更高要求，必须精确计算并绘制炮弹或者导弹运行的路径。"埃尼阿克"的问世，最初是用于军事，增强了军事实力。

　　互联网是美国早在军用计算机网 ARPANET（阿帕网）的基础上，经过不断发展变化而形成的。1969 年，美国国防部高级研究计划局（ARPA）开始建立一个名为 ARPANET 的网络。当时这个网络的目的是出于军事需要，计划建立一个计算机网络，当网络中的一部分被破坏时，其他网络部分会很快建立起新的联系。人们普遍认为这就是 Internet 的雏形。

我国长城边的烽火台用于传递军事消息，被人们称为是世界上最早的"互联网"

（2）人工智能与棋类

在人工智能发展过程中，均与棋类有关。而其中两次标志性事件，都涉及棋类。

图灵编写国际象棋程序。 1948 年图灵编写了一个国际象棋程序（**有的资料记载为** 1952 **年**）。可是当时没有一台计算机有足够运算能力去执行程序。他就模仿计算机，在纸上列出来每个步骤，被称为"纸上机器"。每走一步要用半小时。他与挚友钱珀瑙恩共同创造的这台下国际象棋的机器被起名为"图洛钱珀"，并向另一台名为"米基雅怀利"的机器发起挑战（纸上谈兵）。后来美国新墨西哥州洛斯阿拉莫斯国家实验室的研究群根据图灵的理论，在 MANIAC 上设计出世界上**第一个电脑程序的象棋**。

"深蓝"与国际象棋世界冠军卡斯帕罗夫的对弈。 1997 年 5 月 11 日，在人与计算机之间挑战赛的历史上可以说是历史性的一天。计算机在正常时限的比赛中首次击败了等级分排名世界第一的棋手。卡斯帕罗夫以 2.5∶3.5（1 胜 2 负 3 平）输给了 IBM 计算机程序"深蓝"。机器的胜利标志着国际象棋历史的新时代。

"AlphaGo"与世界围棋高手李世石的人机大战。2016 年 3 月 9 日至 15 日，在韩国首尔，"AlphaGo"与围棋世界冠军、职业九段棋手李世石进行五盘对局，结果"AlphaGo"以 4 比 1 的总比分获胜。围棋界公认"AlphaGo"围棋的棋力已经超过人类职业围棋顶尖水平。这场人机大战的结果颠覆了传统观念，人工智能进入了快速发展期。

棋类伴随着人工智能的发展。从图灵编写程序到"深蓝"战胜"国际象棋世界冠军卡斯帕罗夫"，用了 49 年；再从"深蓝"到"AlphaGo"战胜李世石，相隔 19 年，60 余年历程标志着人工智能快速发展、不断进步的事实。同时也让我们看到，棋类始终伴随着人工智能的研究与发展。

为什么"深蓝""AlphaGo"能成为人工智能发展的标志性事件呢？而棋类为什么会被人工智能作为研究的对象呢？我猜想：棋类是人的智力活动，尤其围棋是人类智慧的结晶。人工智能简单地说就是以人类智能相似的方式作出反应的智能机器，是受类脑科学研究成果的启发，专门研究类脑智能的科学。也是人们常说的，要让机器能听、会说，能思考、会判断。机器的胜利说明人工智能的发展与进步，更加接近人类的思维。这也许就是 AI 研究者为什么要以棋类为研究对象，发明"深蓝""AlphaGo"与人类对弈的原因，并成为人工智能发展进步的标志。

下围棋的思维：

围棋是一项传统的棋类智力游戏，起源于中国，且具有悠久的历史。围棋也是一项需要高级智力活动的游戏。据国际上首次探讨围棋脑机制的 FMRI 研究发现，在下围棋时表现出一定的右半球优势，与下国际象棋时表现出的左半球优势明显不同，这可能是下围棋所特有的思维活动模式。此外，大脑额叶的通用智力区并没有表现出很强烈的激活。这是一个令人惊奇的结果，提示通用智力可能在围棋的布局阶段并不起很重要的作用。本研究提示，下围棋可能更依赖于人类所特有的智力活动。 Nature 网站为此发表专题评论，介绍相应的研究成果。此成果入选 2003 年国家自然科学基金优秀成果和中国科学院重大成果。[1]

三、人工智能——国家战略

与工业时代的蒸汽机和信息时代的互联网一样，人工智能在智慧时代扮演着至关重要的角色，成为支撑引领人类社会从信息时代走向智慧时代的基础。 2013 年以来，中国、美国、英国、德国、日本、法国等世界主要国家以及欧盟等纷纷将"人工智能"发展上升为国家战略。

1．中国：最早制定人工智能发展规划的国家之一

2017 年 7 月 8 日，国务院印发了《新一代人工智能发展规划》

---

1 《合肥微尺度物质科学国家实验室（筹）简报》2004 年第 6 期。

（以下简称《规划》），成为世界上第二个以政府名义制定并发布人工智能发展规划的国家。

为什么我国政府如此重视人工智能的发展，并列入国家战略？《规划》中指出："人工智能的迅速发展将深刻改变人类社会生活、改变世界。为抢抓人工智能发展的重大战略机遇，构筑我国人工智能发展的先发优势，加快建设创新型国家和世界科技强国，按照党中央、国务院部署要求，制定本规划。"

《规划》确定了我国人工智能发展"三步走"的战略目标：

第一步：到 2020 年人工智能总体技术和应用与世界先进水平同步，人工智能产业成为新的重要经济增长点，人工智能技术应用成为改善民生的新途径，有力支撑进入创新型国家行列和实现全面建成小康社会的奋斗目标。

——新一代人工智能理论和技术取得重要进展。大数据智能、跨媒体智能、群体智能、混合增强智能、自主智能系统等基础理论和核心技术实现重要进展，人工智能模型方法、核心器件、高端设备和基础软件等方面取得标志性成果。

——人工智能产业竞争力进入国际第一方阵。初步建成人工智能技术标准、服务体系和产业生态链，培育若干全球领先的人工智能骨干企业，人工智能核心产业规模超过 1500 亿元，带动相关产业规模超过 1 万亿元。

——人工智能发展环境进一步优化，在重点领域全面展开创新应用，聚集起一批高水平的人才队伍和创新团队，部分领域的人工智能伦理规范和政策法规初步建立。

第二步：到 2025 年人工智能基础理论实现重大突破，部分技术与应用达到世界领先水平，人工智能成为带动我国产业升级和经济转型的主要动力，智能社会建设取得积极进展。

——新一代人工智能理论与技术体系初步建立，具有自主学习能力的人工智能取得突破，在多领域取得引领性研究成果。

——人工智能产业进入全球价值链高端。新一代人工智能在智能制造、智能医疗、智慧城市、智能农业、国防建设等领域得到广泛应用，人工智能核心产业规模超过 4000 亿元，带动相关产业规模超过 5 万亿元。

——初步建立人工智能法律法规、伦理规范和政策体系，形成人工智能安全评估和管控能力。

第三步：到 2030 年人工智能理论、技术与应用总体达到世界领先水平，成为世界主要人工智能创新中心，智能经济、智能社会取得明显成效，为跻身创新型国家前列和经济强国奠定重要基础。

——形成较为成熟的新一代人工智能理论与技术体系。在类脑智能、自主智能、混合智能和群体智能等领域取得重大突破，在国际人工智能研究领域具有重要影响，占据人工智能科技制高点。

——人工智能产业竞争力达到国际领先水平。人工智能在生产生活、社会治理、国防建设各方面应用的广度深度极大拓展，形成涵盖核心技术、关键系统、支撑平台和智能应用的完备产业链和高端产业群，人工智能核心产业规模超过 1 万亿元，带动相关产业规模超过 10 万亿元。

——形成一批全球领先的人工智能科技创新和人才培养基地，

建成更加完善的人工智能法律法规、伦理规范和政策体系。

2．美国：确定七项人工智能长期战略

美国在人工智能领域占据全球主导地位，其政府在支持人工智能、智能机器人发展方面发挥了重要作用。

2013 年，美国政府将 22 亿美元的国家预算投入先进制造业，"国家机器人计划"是投入方向之一。

2013 年 4 月，美国政府启动创新神经技术脑研究（BRAIN）计划，10 年投入 45 亿美元。

2016 年 5 月，美国白宫成立了"人工智能和机器学习委员会"，协调全美各界在人工智能领域的行动，探讨制定人工智能相关政策和法律。

2016 年 10 月，美国白宫发布了《国家人工智能研究与发展战略规划》《为人工智能的未来做好准备》两份报告，将人工智能上升到美国国家战略高度，为国家资助的人工智能研究和发展划定策略，确定了美国在人工智能领域七项长期战略。具体包括：长期投资人工智能研发领域；开发人机协作的有效方法；理解和应对人工智能带来的伦理、法律和社会影响；确保人工智能系统的安全性；开发人工智能共享数据集和测试环境平台；建立标准和基准评估人工智能技术；更好地把握国家人工智能研发人才需求。

2016 年 10 月，由美国国家科学基金会等赞助的《2016 美国机器人发展路线图——从互联网到机器人》报告发布，在研究创新、技术和政策方面提出建议，以确保美国将在机器人领域继续领先。

2016 年 12 月，美国白宫发布报告称，人工智能的时代即将来临，敦促国会议员设法让美国经济为此做好准备，比如未来 10 到 20 年里（因人工智能技术）受到威胁的就业岗位数量将在 9%—47%。

3．英国：领导第四次工业革命

2013 年，英国将"机器人技术及自治化系统"列入了"八项伟大的科技"计划，宣布要力争成为第四次工业革命的全球领导者。

2014 年 7 月，创新英国（Innovate UK）项目支持成立的"特殊利益团体"，发布机器人技术及自治化系统的 2020 年国家发展战略，规定其发展目标，希望在 2025 年获得届时估值约 1200 亿美元的全球机器人市场 10% 的份额。

2016 年 10 月，英国下议院的科学和技术委员会发布"机器人和人工智能"的报告，呼吁政府介入监管和建立领导体制。英国政府的科学办公室发布"人工智能对未来决策的机会和影响"报告，表示将利用独特的人工智能优势，增强英国国力。

2017 年 1 月，英国政府宣布了"现代工业战略"，增加的 47 亿英镑的研发资金将用在人工智能、"智能"能源技术、机器人技术和 5G 无线等领域。3 月，英国政府公布数字战略，其中包括了对人工智能的评论以决定政府和企业将如何能提供进一步的支持。

4．德国："工业 4.0"计划

德国对人工智能、智能机器人的支持，主要集中在"工业 4.0"计划当中，涉及的机器感知、规划、决策以及人机交互等领域都是人工智能技术的重点研究方向。

2012 年，德国政府发布 10 项未来高科技战略计划，以"智能工厂"为重心的工业 4.0 是其中的重要计划之一，包括人工智能、工业机器人、物联网、云计算、大数据、3D 打印等在内的技术得到大力支持。

以"智能工厂"为重心的工业 4.0 是德国未来高科技战略计划重点之一

德国经济部和教研部两大部门对人工智能研究给予了很大支持，前者注重实际应用，后者关注科研。

2015 年，德国经济部启动"智慧数据项目"，以千万级欧元的资金资助了 13 个项目，人工智能也是其中的重点。

2016 年 10 月，由德国政府设立的德国研究与创新专家委员会推出了年度研究报告，建议政府制定机器人战略。

5. 日本：人工智能分三个阶段推进

日本依托在智能机器人领域的全球领先地位，积极推动人工智能的快速发展。

2014 年 9 月，日本宣布启动大脑研究计划 Brain/MINDS，通过对狨猴大脑的研究来加快人类大脑疾病的研究。

2015 年 1 月，日本发布"机器人新战略"，提出了"世界机器人创新基地""世界第一的机器人应用国家""迈向世界领先的机器人新时代"三大核心目标，并制定了五年计划。

2015 年 5 月，日本机器人革命促进会正式成立，迈出了第一步。同时，日本政府计划先期投入 10 亿日元在东京成立"人工智能研究中心"，集中开发人工智能相关技术。9 月，日本经济产业省、文部科学省与总务省计划携手成立"项目推进委员会"，积极推进人工智能领域的研究。

2016 年 1 月，在第五个科学与技术基础五年计划中，日本政府提出名为"超级智能社会"的未来社会构想，发展信息技术、人工智能以及机器人技术。

2016 年 5 月，日本政府制定高级综合智能平台计划（AIP），提出集人工智能、大数据、物联网、网络安全于一体的综合发展计划，为开展创新性研究的科研人员提供支持；日本政府产业竞争力会议汇总了增长战略的草案，将重点放在活用机器人和人工智能以提高生产效率。

2016 年 10 月，日本政府举办"结构改革彻底推进会议"，加紧推进人工智能和机器人等尖端技术成果转化。

2017 年，日本政府制定了人工智能产业化路线图，计划分三个阶段推进利用人工智能技术，大幅提高制造业、物流、医疗和护理行业效率。

第一阶段（2020 年前后），确立无人工厂、无人农场技术；普及利用人工智能进行药物开发支援；通过人工智能预知生产设备故障。

第二阶段（2020—2030 年），实现人员和货物运输配送的完全无人化；机器人协调工作；实现针对个人的药物开发；利用人工智能控制家和家电。

第三阶段（2030 年之后），看护机器人成为家里的一员；普及移动的自动化、无人化"将人为原因的死亡事故降至零"；通过人工智能分析潜在意识，可视化"想要的东西"。

6. 法国：宣布人工智能战略

2018 年 5 月，法国总统马克龙宣布了法国人工智能战略，目的是迎接人工智能的新时代，使法国成为人工智能强国。历时七个月调研形成的"法国与欧洲人工智能战略研究报告"亦对外发布，报告指出，法国人工智能的发展将特别聚焦在健康、交通、环境和国防与安全这四个优先领域。

法国人工智能战略包括四个重要方面：一是巩固和完善法国和欧洲的人工智能生态体系；二是实施数据开放政策；三是调整法国和欧洲的投资与法规框架；四是确定与人工智能相关伦理与政策问题。

对于数据开放，马克龙总统表示，法国人工智能战略建立在数据的自愿政策基础上，将逐步推动数据的主动开放，鼓励建立公共机构和私人机构数据分享平台。他还强调了人工智能代理的社会、伦理挑战，将成立专家组研究人工智能对社会的影响。

7. 欧盟：机器人发展受法律约束

2013 年 1 月，欧盟将"人脑项目"（Human Brain Project）选定为未来新兴技术旗舰项目之一，为基于信息通信技术的新型脑研究模式奠定技术基础，并以此加速脑科学研究成果转化。

2013 年 12 月，欧盟委员会与欧洲机器人协会合作完成了 SPARC 计划，资助机器人领域的创新，到 2020 年欧委会投资 7 亿欧元，使欧洲机器人行业年产值增长至 600 亿欧元，将全球市场份额提高至 42%。

2015 年 12 月，SPARC 发布了机器人技术多年路线图，为描述欧洲的机器人技术提供一份通用框架，并为市场相关的技术开发设定一套目标。

欧盟在人工智能立法方面未雨绸缪，2016 年 6 月，率先提出了人工智能立法动议，认为人工智能机器人也受法律约束，必须依法缴税，同时可以享有养老金。

第二章

人工智能在司法领域的应用

一、人工智能渗透人类社会方方面面

2016 年 G20 杭州峰会开幕式上，习近平总书记指出：以互联网为核心的新一轮科技和产业革命蓄势待发，人工智能、虚拟现实等新技术日新月异，虚拟经济与实体经济的结合，将给人们的生产方式和生活方式带来革命性变化。

2018 年 4 月，习近平总书记在全国网络安全和信息化工作会议上强调：要推动互联网、大数据、人工智能和实体经济深度融合，加快制造业、农业、服务业数字化、网络化、智能化。

2018 年 9 月 17 日，习近平主席在致 2018 世界人工智能大会的贺信中指出：新一代人工智能正在全球范围内蓬勃兴起，为经济社会发展注入了新动能，正在深刻改变人们的生产生活方式。[1]

近年来，随着新一轮科技革命和产业革命的日益兴起，语音识

1　2018 年 9 月 17 日，习近平主席致 2018 世界人工智能大会开幕的贺信。

别、文本识别、图像视频识别、自然语言处理等人工智能技术飞速发展，人工智能被广泛应用于智能机器人、智能驾驶、无人机、智能安防、智能教育、智能医疗、智能搜索、智能金融等方方面面，深刻地影响着我们的社会生活。

我国发展人工智能具有良好基础。 经过多年的持续积累，我国在人工智能领域取得重要进展，国际科技论文发表量和发明专利授权量已居世界第二，部分领域核心关键技术实现重要突破。语音识别、视觉识别技术世界领先，自适应自主学习、直觉感知、综合推理、混合智能和群体智能等初步具备跨越发展的能力，中文信息处理、智能监控、生物特征识别、工业机器人、服务机器人、无人驾驶逐步进入实际应用，人工智能创新创业日益活跃，一批龙头骨干企业加速成长，在国际上获得广泛关注和认可。加速积累的技术能力与海量的数据资源、巨大的应用需求、开放的市场环境有机结合，形成了我国人工智能发展的独特优势。[1]

1. 医疗领域[2]

人工智能在医疗行业的应用主要是智能健康管理、智能医疗设备、智能药物研发等。具体而言，完成对部分病症的智能诊断，减少误诊的发生；在手术领域应用手术机器人；在治疗领域，基于智能康复的仿生机械肢等也有一些应用；在制药研发领

---

[1]　相关内容参考国务院《新一代人工智能发展规划》。

[2]　孙帆："人工智能 2017 年重点应用领域简述"，载上海情报服务平台网：http://www. istis.sh.cn/list/list.aspx?id=11085，于 2018 年 5 月 11 日访问。

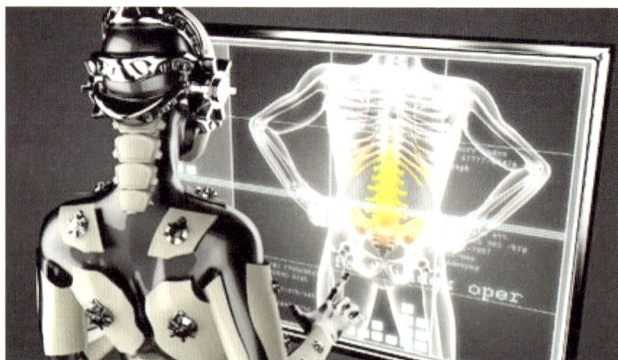

人工智能在医学影像领域中担任医生助手角色

域，加快医药研发速度，减少成本，提高成功率。

2．汽车领域

人工智能在汽车领域的应用主要是自动驾驶及相关技术，通过人工智能、视觉计算、雷达、监控装置和全球定位系统协同合作，在无人类主动操作下，自动安全进行操作。主要应用场景包括智能汽车、公共交通、快递用车等。领先的企业有谷歌、特斯拉、百度、Uber 等。

无人快递车

3. 金融领域

人工智能在金融领域的应用，主要通过机器学习、语音和视觉识别等方式来分析、预测、辨别交易数据、价格走势等信息，为客户提供投资理财、股权投资、规避风险等服务。主要应用场景包括智能投顾、智能客服、安防监控、金融监管等。

4. 教育领域

人工智能在教育领域的应用主要实现对知识的归类，以及利用大数据的搜集，为使用者匹配高效的教育模式。人工智能在教育领域的应用场景主要有智能评测、个性化辅导、儿童陪伴等。

VR 眼镜使抽象知识可触摸化

5. 安防领域

人工智能在安防行业的应用主要依靠视频智能分析技术，通过对监控画面的智能分析采取安防行动。主要应用场景有智能监控、安保机器人等。

6. 电商零售领域

人工智能在电商零售领域的应用，主要利用大数据分析技术，节省仓储物流成本、提高购物效率、简化购物程序。主要应用场景有仓储物流、智能导购和客服等。

7. 其他应用领域

比如，个人助理，人工智能个人助理目前普遍用于智能手机上的语音助理、语音输入、家庭管家和陪护机器人上。

儿童陪护机器人

网络反欺诈，人工智能技术可以提前发现、检测不断变化的新型攻击行为和类型，从而起到降低成本，提高效率和准确率的目的。在这方面，美国大公司对于相关公司的并购动作激烈，目前国内人工智能反欺诈创投也逐渐开始升温。

知识产权，人工智能通过自然语言处理技术和深度学习的结合，快速准确得出知识产权结果。

二、人工智能在司法领域的应用情况

随着人工智能技术的发展，人工智能在司法领域的应用不断扩大。世界上许多国家的司法界都在进行研究、探索、实践，但在实际应用上，无论从深度还是广度来说都是不够的。而我国司法、执法领域的应用，如智慧法院、智慧检察院、智慧公安建设以及在社会管理中应用广泛，**在世界上处于领先地位**。**这也正是我们体制优势所决定的**。

1. 国际人工智能的司法应用

（1）美国

在美国，人工智能正在被不断运用到司法活动中。[1] 据介绍，2017 年 6 月 6 日，美国加州圣迭戈高等法院的法官向州议会提案，建议在法院内广泛使用聊天机器人，辅助法官工作，并促进法院建设。该提案主要内容包括：一是促进司法公开与服务。提案认为，聊天机器人能够承担法院日常的简单工作，此项技术能够良好地服务社会公众，并促进法院工作效率，节省司法资源消耗。二是协助法院日常工作。目前，加州部分法院已经使用机器人从事日常工作。比如，有的法院借助该项技术接听听众拨打的热线电话，回答简单的咨询问题，传递日常的工作信息等。三是优化法院工作分工。法院利用机器人完成简单重复的工作，使法官将注意力集中于

---

1 陈邦达：《人工智能在美国司法实践中的运用》，载《中国社会科学报》2018 年 4 月
11 日第 5 版。

更加复杂的工作上，这有利于转变传统的工作理念，实现法官与机器人的良性合作。主要体现在：

人工智能主要用于辅助侦查破案。侦查中运用大数据分析，为警方破案提供重要线索。例如，美国多地警方正在部署大数据驱动的警务风险评估软件用于"预防性侦查"，将犯罪控制在萌芽状态。在纽约、洛杉矶、芝加哥和迈阿密等城市，智能软件根据过去保存的犯罪数据预测哪些犯罪高发区域可能出现新的苗头，警察便会提前做好布控巡逻。智能系统使犯罪分析实验室能在顷刻之间完成从前需要动用大量警力的工作。同时，人工智能被用于科学证据可采性审查。在美国审前程序中，法官借助技术手段对专家证言等科学证据的可采性进行评估。由于法官大多是科学技术的外行，人工智能恰恰弥补了法官在专业技术方面的不足，它可以作为"技术顾问"向法庭提供科学证据可采性的建议。

人工智能用于辅助评估保释研究。运用人工智能软件能帮助法官判断被告人是否必须采取审前羁押，或是可以保释，从而减少羁押场所的压力。美国全国经济研究所一份最新研究报告显示，经济学和计算机专业人士正在研究人工智能软件如何预测被告人的危险系数，通过对纽约成千上万条的案件数据，对被告人的犯罪记录和庭审记录进行定量分析。当研发者尝试用超过十万件新的案件检测人工智能软件时，发现它能比法官更准确地预测被告人在释放后的行为。

人工智能用于预测案件的审理结果研究。人工智能在美国司法实践兴起的背景恰恰是司法系统处于高负荷运作状态的现状。法院充斥着大量的上诉案件，法官处理着繁琐的裁决。研究发现，人工智能在 584 个案件中有 79% 的案件审理结果与欧洲人权法院的审判专家组判决结果相同。另一项新的研究表明计算机能够比法律人士更好地预测最高法院的判决。2011 年，研究人员适用 1953—2004 年期间美国联邦最高法院八位法官的表决，推测在相同案件中第九位法官的投票，结果准确率达到 83%。而在实验室之外，银行和律所也将人工智能运用到实践，风险投资家会把筹码押在可能胜诉的公司身上，上诉人能够更有把握地决定是否将案件上诉到最高法院。

（2）英国

英国的法律与计算机协会向英国政府提出了"在线法庭"的建议和方案，在线法院系统围绕"纠纷解决""纠纷控制""纠纷预防"实现 ADR（替代性纠纷解决机制）和 EDR（早期纠纷解决机制）的结合。

英国博闻律师事务所研发了"合同机器人"，致力于自助合规审查和合同管理，自动处理在线文件的审阅。

英国谢菲尔德大学发布一款新型人工智能系统，它能够帮助处理法律案件，并对结果进行预测，其结果准确率高达 79%。英国伦敦大学的帝国学院借助 PROLOG 程序语言的推理功能实现了国籍法实务的人机对话。伦敦律所 Hodge Jones & Allen 早已在利用一个"案件结果的预测模型"来评估人身伤害案件的胜诉可能性。这直接导致了 2013 年的 Jackson 民事诉讼改革，使得人身伤害案件的诉讼成本大大降低。

据 BBC 报道，一种名叫 Case Cruncher Alpha 的法律人工智能"机器律师"与伦敦的 100 名律师就"基于数百个 PPI（付款保护保险）错误销售案例事实来判断索赔与否"的法律问题展开比赛，结果"机器律师"法律 AI 以 86.6% 的准确率领先于律师的 66.3%。有国外学者甚至认为，人工智能在预测案件判决结果方面已经超越了人类专家。[1]

（3）欧盟

欧盟委员会的"建立欧洲数据经济"（Building a European Data Economy）倡议，旨在消除跨境获取和分享数据的障碍。该倡议包括一项允许非个人数据自由流动的规定。在遵守竞争法的前提下，欧盟委员会可以促进欧洲公司之间共享数据资产。欧盟法律事务委员会提交一项动议，要求欧盟委员会至少把最先进的自动化机器人的身份定位为"电子人"，并赋予这些机器人"特定的权利与义务"。该动议也建议，为智能自动化机器人设立一个登记册，以便为这些机器人开设涵盖法律责任的资金账户。欧盟致力于给予人工智能合法且合乎伦理的法律地位，助力人工智能更好地服务司法、服务民众。

（4）日本

以丰田、奔驰、奥迪为代表的传统汽车厂商和以特斯拉、谷歌、亚马逊为代表的科技公司都在自动驾驶领域开展相关研究，并将成果运用到商业实践中。自动驾驶技术的潜在收益很广，但目前自动驾驶技术的自动化程度还不高，尚不能做到全路况覆盖。由自动驾驶技术引发的交通事故已不鲜见，这对法律政策的制定提出了

---

[1] 左卫民：《关于法律人工智能在中国运用前景的若干思考》，载《清华法学》2018 年第 2 期。

新的要求。东京大学法学政治学研究科后藤元副教授提出自动驾驶汽车法律规制问题，为人工智能技术与法律理论和实践的开展提供系统的知识支撑。

2. 国内人工智能的司法应用

人工智能司法应用纳入国家战略。

2015 年，最高人民法院提出要建设"智慧法院"。

2016 年 7 月，中办、国办印发《国家信息化发展纲要》，将建设"智慧法院"列入国家信息化发展战略，明确提出：建设"智慧法院"，提高案件受理、审判、执行、监督等各环节信息化水平。

2017 年 7 月，国务院《新一代人工智能发展规划》对人工智能在司法领域的应用提出了明确要求：

"围绕行政管理、司法管理、城市管理、环境保护等社会治理的热点难点问题，促进人工智能技术应用，推动社会治理现代化。"

《规划》在"（三）建设安全便捷的智能社会"中明确：

"智慧法庭。建设集审判、人员、数据应用、司法公开和动态监控于一体的智慧法庭数据平台，促进人工智能在证据收集、案例分析、法律文件阅读与分析中的应用，实现法院审判体系和审判能力智能化。"

目前，我国人工智能在执法司法领域的应用，比人们预计的要快得多，效果也很明显。主要体现在：

第一是**感知智能**。主要涵盖语音理解、视觉识别甚至情感识别。如，各地法、检、公安系统大量引入语音识别系统，提高讯问、庭审等笔录制作的质效。

第二是**认知智能**。主要包括对知识图谱、自然语言处理能力的运用。如，公安机关运用于治安管理、交通管理、大型安保等。

第三是**计算智能**。以大数据为基础，利用云计算，提高对数据的利用计算应用。如，司法机关运用人工智能，提供社会危险性评估和量刑参考等功能。

第四是**决策智能**。将实务中的问题转化为数据模型，用优化的算法进行破解。如，公安针对执法中发现的问题进行分析，制作专门管理模块，对相关问题设置预警红线，防止类似情况再次发生。这种技术被广泛运用到出入境、安保管理方面。又如，司法机关依托司法大数据库，建立大数据分析平台，从海量的审判数据中分析审判运行态势，发现审判运行规律，形成专题分析报告，促进法院科学决策，提升社会治理水平，助力社会经济发展。

（1）法院系统

2018年4月，最高人民法院发布报告和第三方评价报告均显示，全国"智慧法院"建设已初步形成。

目前，人工智能在我国法院系统的应用主要体现在三个方面：

一是智能辅助文书处理。通过人工智能进行法律文书处理，如庭审语音转文字、判决书生成等。其中，起诉书、判决书自动生成：部分法院平台，如杭州互联网法院，利用人工智能**自动生成起诉书**、判决书。当事人只需要录入相关材料，就能通过智能平台快速生成起诉书。法院判决完，平台可以自动生成部分或全部判决书，大幅提升法官的工作效率。

二是智能转换庭审笔录。以往庭审过程中，需要书记员进行大量的各方陈述的文字记录。目前，不少法院开始将智能语音转换系统应用到庭审中，辅助书记员的记录工作，减轻了书记员的工作负担。

三是智能辅助案件审理。案件审判辅助系统基于大数据、机器学习等技术，通过大量案件的学习，使智能系统学会提取、校验证据信息并进行案件判决结果预测，为法官判决提供参考。案件辅助审理系统使判案流程标准化，提高判决一致性，降低冤假错案发生的可能，增强司法公信力。

四是智能辅助司法服务。法院通过智能客服机器人，AI 或实体，为公众提供法律咨询服务。公众号类机器人如厦门法院"法制沧海"、深圳国际仲裁院"小 3i"等，实体机器人有深圳南山司法局"南小法"等。智能咨询与律所智能客服、当事人法律咨询等背后的技术相同，也有法狗狗等同时为公众、律所、法院等提供智能客服的机器人。

（2）检察院系统

最高人民检察院提出智慧检务建设，加强智慧检务理论体系、规划体系、应用体系"三大体系"建设，形成"全业务智慧办案、全要素智慧管理、全方位智慧服务、全领域智慧支撑"的智慧检务总体架构。并明确提出要在 2020 年年底，充分运用新一代信息技术，推进检察工作由信息化向智能化跃升，研发智慧检务的重点应用；到 2025 年年底，全面实现智慧检务的发展目标，以机器换人力，以智能增效能，打造新型检察工作方式和管理方式。

北京、杭州等地检察机关探索运行量刑建议辅助系统，通过智能抓取案件事实、法定和酌定量刑情节等结构化数据，对法院判决刑期进行数据归纳、分析和智能研判，为检察机关提出量刑建议和开展审判活动监督提供参考。

（3）公安系统

公安系统积极开展"智慧公安"建设，主要是指为适应时代发展和社会治理需求，以互联网、物联网、云计算、智能引擎、视频技术、数据挖掘、知识管理等为技术支撑，以公安信息化为核心，通过互联化、物联化、智能化的方式，促进公安系统各个功能模块的高度集成、协调运作，实现警务信息"强度整合、高度共享、深度应用"。人工智能应用对公安工作带来了深刻变化。主要体现在：

一是人工智能将改变公安机关的侦查办案格局——随着信息化、大数据的纵深发展，以"数据＋智能"为关键要素的现代化侦查打击模式不断优化完善，人工智能正在从意识到实战加快对传统侦查办案工作的"智能化改造"。人脸识别、虹膜识别、步态识别等人工智能技术将深刻改变公安机关抓捕犯罪嫌疑人的工作质态，融入犯罪倾向分析、案件特征分析等功能的人工智能系统，可以自动搜集各类信息数据并智能分析关联要素，侦查办案更加高效化、智慧化。

二是人工智能将改变公安机关的巡逻防控格局——用数据推动智能化预判预警，充分整合发破案件情况，智能分析案件高发地点和高发时段，自动划分治安防范重要区域和重点时段，按需调整警力部署和打防重点，实现精准巡逻防控集约化用警。海量数据资源中的内在价值得以智能化深度挖掘，以大数据智能应用为核心的智慧巡逻防控新模式将有效提高公安工作智能化水平。

三是人工智能将改变公安机关的信息预警格局——从"无人驾驶"的社会治理应对到智能调节红绿灯的"城市数据大脑",从以机器换人力到以智能增效能,公安机关需要探索和实践"传统+科技"的现代警务之路,深化数据智能应用,使信息采集更迅捷、数据整合更高效、情报研判更智能,"人工智能+"时代的智能化情报分析研判理念将进一步提升公安机关对各类风险隐患的预测预警预防能力。

(4)社会治理领域

近年来,社会治理方面开展"雪亮工程"建设,推动公共安全领域基础信息资源的整合融通、深度应用,为更高水平的平安中国建设增能。所谓"雪亮工程",即公共安全视频监控建设联网应用,是指以"全域覆盖、全网共享、全时可用、全程可控"为总目标,推动重点公共区域、重点行业领域的视频监控系统建设;指导、监督治安保卫重点单位公共安全视频监控系统建设;推动公共安全视频监控系统联网,整合各类视频图像资源;开展视频图像信息在治安防控、城乡社会治理、智能交通、服务民生、生态建设与保护等领域应用。

三、上海法院智能化建设走在前列

2013 年以来,上海法院相继确立了**"大数据"**战略思维,实施**"一个战略、两个行动"**,即:大数据战略、"互联网+"行动、"人工智能+"行动。

2014年上海高院制定了《信息化建设三年规划（2014–2016）》；2016年3月，上海高院又制定了《"数据法院"建设规划（2017–2019）》（沪高法〔2016〕318号），确定了建设"**数据法院**""**智慧法院**"的目标，实施大数据战略、"互联网+"行动、"人工智能+"行动，标志着上海信息化建设进入了一个新的阶段——大数据时代，由网络化向智能化迈进。我们运用人工智能等新技术实现了语音文字的同步转换、诉讼服务大厅的机器人导诉服务、12368智能服务平台服务、法律文书的自动生成等，大大提升了上海法院审判体系和审判能力现代化水平。

上海市高级人民法院大数据信息系统

2016年12月，该系统入选2016年度"互联网+法治建设"十大典型案例（中央政法媒体联合评选）。

具体体现在：

1．建立大数据审判辅助体系，实现了办案智能化

我们充分运用大数据、互联网、人工智能等，建立了由智能辅助办案系统、裁判文书智能辅助系统、智能终端办案 APP、智能庭审系统等 35 个子系统组成的"上海法院大数据审判辅助体系"，为法官办案提供了多元化、全覆盖、便捷式的智能化服务，已成为法官办案离不开的助手。

2．建立大数据司法公开体系，让正义以看得见的方式实现

我们充分运用自然语言理解、机器学习、图文识别等人工智能新技术，打造了具有上海法院特色的十二大司法公开服务平台，建立了全方位、多层次、互动式、智能化的司法公开体系，让正义看得见、摸得着、可衡量，保障了人民群众的知情权、参与权、表达权和监督权。目前，上海法院已向社会公开了 112 个方面 830 个信息项，累计发布信息 2.35 亿余条。

3．建立大数据诉讼服务体系，实现诉讼服务全方位、零距离、无障碍

我们坚持司法为民的根本宗旨，坚持"把困难留给自己，把方便留给群众""让数据多跑路，让群众少跑路"的先进理念，充分运用现代科技手段，从群众反映最强烈的问题入手，打造了具有上海特色的诉讼服务"三张名片"，破解"问累、跑累、诉累"等诉讼难题。

　　一是建立了数字化、网络化、智能化的"上海法院诉讼服务中心"，为当事人提供一站式、综合性、智能化的服务，有效解决了当事人的问累、跑累、诉累和立案难、执行难等突出问题，实现了"由诉讼服务中心提供庭审以外的全部诉讼和非诉讼服务"的工作目标。目前，全市法院诉讼服务中心日均接待 3680 人次。

2014 年 1 月 2 日，"上海法院 12368 诉讼服务平台"正式运行，上海市委常委、市委政法委书记姜平（中），市人大常委会副主任薛潮（右二），市政协副主席周太彤（左二），高院党组书记、院长崔亚东（右一），市委第三督导组组长孙卫国（左一）等领导出席开通仪式。

　　二是建立了数字化、网络化、智能化的"上海法院 12368 诉讼服务智能平台"，将人工智能技术植入 12368 诉讼服务中心，实现了服务群众全方位、全天候、零距离、无障碍，有效解决了人民群众反映强烈的联系法官难、案件查询难、诉讼咨询难等突出问题。自启用以来，累计提供诉讼服务 496 万次，日均服务 3000 人次，群众满意率达 99%。

三是建立了数字化、网络化、智能化、跨区域的"上海法院律师服务平台"，运用互联网＋人工智能＋律师服务的方式，使律师足不出户，即可完成诉讼事务，极大地方便了律师执业，深受律师欢迎。2017 年 8 月 2 日，上海法院律师服务平台向全国律师开放，实现了跨域诉讼服务。

2017 年 8 月 2 日下午，上海法院律师服务平台向全国律师开放仪式在上海高院举行。最高人民法院党组成员、副院长姜伟（中），上海高院院长崔亚东（右二）出席，上海市委政法委副书记章华（左二），市司法局局长陆卫东（右一），中华全国律师协会副会长吕红兵（左一）等 60 余人参加。

4. 建立大数据智能管理系统，实现了法院管理可视化、智能化

上海法院智能管理系统，具有 30 个子系统，涵盖了审判流程管理、审判质效管理、法院行政管理、法院队伍管理、法院安全管理等法院管理全方位，实现了法院管理现代化。

5. 建立大数据司法分析平台和司法智库，实现了司法决策智能化、科学化

大数据、"互联网 +"、"人工智能 +" 是科学决策的驱动力。司法大数据则是司法决策的**战略资源**。上海法院依托司法大数据库，建立了案件审判态势、金融诈骗类犯罪案件、涉 P2P 金融犯罪案件等 7 个大数据专项分析平台，从海量的审判数据中分析发现审判规律，促进法院科学决策，提升社会治理水平，助力社会经济发展。同时，我们运用人工智能 + 司法分析，建立了全国首个省级法院"新型司法智库"，开通了"上海司法智库网站"，充分发挥司法智库的"思想库"和"智囊团"作用，为实现法院现代化提供了智力支撑。

上海法院的各项工作已与信息化融为一体；
上海法院的信息化建设进入了大数据时代。

2016 年 12 月 14 日上午，中国·上海首届新型司法智库建设理论研讨会在上海高院召开。最高人民法院副院长张述元，上海市委常委、市委政法委书记姜平，上海高院院长崔亚东，安徽高院院长张坚，贵州高院院长孙潮等出席研讨会。开幕式上，崔亚东院长宣布上海司法智库学会正式成立。张述元副院长（中）、姜平书记（右）、崔亚东院长（左）共同开通上海司法智库网站。

2017 年 2 月 6 日，孟建柱同志在上海法院 12368 诉讼服务中心调研

2014 年 4 月 17 日，最高人民法院院长周强在上海法院 12368 诉讼服务中心调研

上海市人大常委会主任殷一璀视察上海法院 12368 诉讼服务中心

时任上海市政协主席吴志明视察上海法院 12368 诉讼服务中心

时任最高人民法院常务副院长沈德咏在上海法院 12368 诉讼服务中心调研

上海市委常委、市委政法委
书记陈寅在上海法院 12368
诉讼服务中心调研

最高人民法院副院长李少平在
上海法院 12368 诉讼服务中
心调研

最高人民法院党组成员孙华
璞在上海法院 12368 诉讼服
务中心调研

世界知识产权组织总干事弗朗西斯·高锐了解上海法院智能化建设情况

俄罗斯联邦法院理事会主席、卡卢加州法院院长迪米特里为团长的俄罗斯联邦最高法院司法总局代表团一行参观上海法院智能化建设情况

哥伦比亚行政法院院长罗哈斯一行参观上海法院智能化建设情况

秘鲁最高法院院长蒂科纳一行参观上海法院智能化建设情况

白俄罗斯总统办公厅代表团瓦列里·米茨克维奇一行参观上海法院智能化建设情况

2016 年 9 月，最高人民法院组织部分全国人大代表视察上海法院 12368 诉讼服务平台

上海法院 12368 平台公共开放日

第三章

人工智能——司法实现现代化的必由之路

当前，人工智能已渗透人类社会的方方面面，并深刻地改变世界。人工智能在推动社会发展与进步的同时，也为实现司法现代化提供了重大历史机遇。

一、人工智能在司法领域应用的理论初探

计算机先驱思想家莱布尼茨曾这样描述推理与计算的关系："我们要造成这样一个结果，使所有推理的错误都只成为计算的错误，这样，当争论发生的时候，两个哲学家同两个计算家一样，用不着辩论，只要把笔拿在手里，并且在算盘面前坐下，两个人面对面地说：让我们来计算一下吧！"[1]如果连抽象的哲学推理都能转变为计算问题来解决，那么司法推理的定量化也必然能实现。人工智

---

1 （德）肖尔兹：《简明逻辑史》，张家龙译，商务印书馆 1977 年版，第 54 页。

能是对人的意识、思维的信息过程的模拟，包括学习、思维、语言、分析、判断等能力在内的综合心理机能的模拟，人工智能在司法领域的应用正是实现司法推理定量化、过程精细化、行为规范化，使司法活动更加科学、公正、规范、高效的有效路径。尤其是法律形式主义、现实主义学说的发展以及折中观点的提出为人工智能在司法领域应用提供了越来越有力的理论储备。

1. 司法活动的特性为人工智能应用提供基本前提

司法本质上是适用法律的活动。人工智能之所以能够在司法领域应用，司法活动的特性为其提供了基础和前提：[1] 一是尽管法律推理十分复杂，但司法活动具有相对稳定的对象（案件）、相对明确的前提（法律规则、法律事实）及严格的程序规则，且须得出确定的判决结论。这为人工智能模拟提供了极为有利的条件。二是法律推理特别是抗辩制审判中的司法推理，以明确的规则、理性标准、充分的辩论，为观察思维活动的轨迹提供了可以记录和回放的样本。三是法律知识的积累、完备的档案，为将人工智能引入司法活动，模拟法律知识的获得、表达和应用提供了丰富、准确的资料。四是法律活动所特有的自我意识、自我批评精神，对法律程序和假设进行检验的传统，为模拟法律推理提供了良好的反思条件。

2. 法律形式主义为人工智能司法应用提供理论准备

法律形式主义肇始于古罗马，是一种凸显逻辑作用的法律思

---

1 张保生：《人工智能法律系统的法理学思考》，载《法学评论》2001年第5期。

想，其核心主张就是坚信法律制度是一个封闭的逻辑自足的概念体系，遵循三段论的推理逻辑模式，即以法律规范为大前提，以具体的案件事实为小前提，进而推导出裁判结果，其最基本的两个要素为机械的演绎推理和封闭的规则体系。[1]根据这一理论，机器只要遵守法律推理的逻辑，就可以得出公正的裁判结果。尽管这一理论受到诸如"自动售货机"现象[2]的批判，但从人工智能就是为思维提供机械论解释的意义上来说，法律形式主义对法律推理所作的机械论解释，恰恰为人工智能的司法应用提供了可能的理论前提。从人工智能司法应用的发展起步阶段看，人工智能专家正是选择三段论演绎推理进行模拟，由美国人沃尔特和伯恩哈德在 20 世纪 70 年代初开发了法律推理系统，[3]计算机以"如果 A 和 B，那么 C"的方式对三段论加以描述，使机器法律推理第一次从理论变为现实。

3. 法律现实主义为推动人工智能模拟法官思维提供理论支撑

法律现实主义是美国 20 世纪上半叶兴起的一场法律变革的运动，从反面对传统法律方法提出质疑，倡导法律方法必须把社会利

1　正如英国法学家 J. 奥斯汀所主张的"所谓'法治'就是要求结论必须是大前提与小前提逻辑必然结果"。如果法官违反三段论推理的逻辑，就会破坏法治。载朱景文主编：《对西方法律传统的挑战》，中国检察出版社 1996 年版，第 292 页。

2　法律的自动售货机批判是指整个法律运作就如同一台"加工机床"，只要提供一定的材料，就一定会产生确定的产品。例如，德国法学家萨维尼就曾针对这种现象说，"罗马法学家的方法论具有一种除数学之外其他地方再不会有的确定性；可以毫不夸张地说，他们是用他们的概念来进行计算的"。

3　张保生：《人工智能法律系统的法理学思考》，载《法学评论》2001 年第 5 期，第 15 页。

益的衡量引入规范的法律论证当中。可以说，法律形式主义忽视了推理主体的社会性。法官是生活在现实社会中的人，其所从事的法律活动不可能不受到其社会体验和思维结构的影响。法官在实际的审判实践中，并不是机械地遵循规则，特别是在遇到复杂案件时，往往需要作出某种价值选择。而一旦面对价值问题，法律形式主义的推理逻辑便显出其僵化性的致命弱点。霍姆斯法官有一句著名的格言"法律的生命并不在于逻辑而在于经验"。[1] 法律现实主义对法官主观能动性和法律推理灵活性的强调，促使人工智能研究从模拟法律推理的外在逻辑形式进一步转向总结裁判经验中的规律性和普适性问题，探求法官的内在思维结构。大规模知识库系统（KBS）[2]开发就注意了思维结构的整合作用，许多具有内在联系的小规模子系统，在分别模拟法律推理要素功能（法律查询、法律解释、法律适用、法律评价、理由阐述）的基础上，又通过联想程序被有机联系起来，构成具有法律推理整体功能的系统。

4．"开放结构"理论为人工智能在司法领域应用打开思路

法律形式主义往往忽略了疑难案件的存在，疑难案件的特征表现为法律规则和案件之间不存在单一的逻辑对应关系，有时候从一个法律规则可以推导出几种不同的结论，他们往往没有明显

1　（美）博登海默：《法理学——法哲学及其方法》，邓正来、姬敬武译，华夏出版社1987年版，第478页。
2　知识库系统，也称作基于知识的系统。它通常需要人们的智力与经验来扩展知识面，并建立相关的函数关系。相关的术语"专家系统（ES）"，通常使用于相关的更高特定领域的知识库系统，用来提供建议并使用于特定的目的上。

的对错之分，同时有时候一个案件面对着几个相似的法律规则。在这些情况下，形式主义推理说一筹莫展。而法律现实主义在批判法律形式主义的同时又走向另外一个极端，它否认具有普遍性的一般法律规则的存在，试图用"行动中的法律"完全代替"本本中的法律"，这种矫枉过正的做法虽然是法律推理摆脱机械论束缚所走出的必要一步，然而法律如果真像现实主义法学所说的那样，仅仅存在于具体判决之中，法律推理如果可以不遵循任何标准或者因人而异，那么受到挑战的不仅是法律形式主义，还会殃及法治要求实现规则治理的根本原则，[1]并动摇人工智能在司法领域存在的基础。在这种情况下，理论界提出了法律形式主义和现实主义折中的"开放结构"理论，既承认逻辑的局限性又强调其重要性；既否认法官完全按自己的直觉经验来随意判案的见解，又承认心证的存在。在这一理论的指导下，人工智能在司法领域可以进行更具深度和广度的应用，一方面是将简易问题从疑难问题中筛选出来，运用基于规则的技术来解决；另一方面是将疑难问题先用非案例知识，如规则、控辩双方的陈述、社会常识来获得初步答案，再运用案例来比对，检查案件的正确性。"开放结构"理论既肯定了法律的形式理性，又维护了司法实践不断发展的旺盛生命力，使人工智能优化法官裁判科学性、准确性成为可能。

---

1 张保生：《人工智能法律系统的法理学思考》，载《法学评论》2001 年第 5 期，第 16 页。

二、人工智能国家战略引领司法现代化方向

习近平总书记强调："人工智能是新一轮科技革命和产业变革的重要驱动力量，加快发展新一代人工智能是事关我国能否抓住新一轮科技革命和产业变革机遇的战略问题。""要深刻认识加快发展新一代人工智能的重大意义，加强领导，做好规划，明确任务，夯实基础，促进其同经济社会发展深度融合，推动我国新一代人工智能健康发展。"[1]

2017 年 7 月，国务院《新一代人工智能发展规划》指出："为抢抓人工智能发展的重大战略机遇，构筑我国人工智能发展的先发优势，加快建设创新型国家和世界科技强国，按照党中央、国务院部署要求，制定本规划。"

《规划》确定了我国人工智能发展战略目标，即："三步走"的目标：

2020 年人工智能总体技术和应用与世界先进水平同步；

2025 年人工智能基础理论实现重大突破，部分技术与应用达到世界领先水平；

2030 年人工智能理论、技术与应用总体达到世界领先水平，成为世界主要人工智能创新中心。

《规划》对人工智能在司法领域的应用提出了明确要求：

"智慧法庭。建设集审判、人员、数据应用、司法公开和动态监控于一体的智慧法庭数据平台，促进人工智能在证据收集、案例

1　2018 年 10 月 31 日，习近平总书记在中央政治局就人工智能发展现状和趋势举行第九次集体学习会上的讲话。

分析、法律文件阅读与分析中的应用，实现法院审判体系和审判能力智能化。"

人工智能上升为国家战略，在国家政策的支持下，人工智能行业会得到更好的发展；[1] 同时人工智能的飞速发展，会以更快速度推动诸多智能技术从实验室到真实生活工作场景的应用转换，进一步推进人工智能技术和司法领域的深度融合，促进司法现代化。

三、人工智能为推进司法现代化提供强大技术支撑

实现司法现代化是一项复杂的系统工程，既要坚持以正确的方向、以先进的理念为指引，又必须要以现代科技为动力和支撑。

近年来，互联网、大数据、云计算、人工智能等现代科技的发展，为司法活动注入了科技伟力，为实现司法现代化提供了强大技术支撑。

例如，深度学习算法的完善与迭代使人工智能司法应用向深度推进，多来源、多类型、实时、海量的大数据使对司法活动的描述更逼真、更全面。

---

1 伴随着人工智能上升为国家战略，以 BAT 为代表的互联网公司纷纷宣称要转型成为人工智能企业。比如，百度公司李彦宏就宣称："互联网是前菜，人工智能是主菜"，"百度公司将不再是互联网公司，而是一家人工智能公司"；腾讯公司马化腾则称："人工智能将成为了业内核心竞争力"；马云则宣称"30 年后翻天地覆，人工智能引领未来"。转引自左卫民：《关于法律人工智能在中国运用前景的若干思考》，载《清华法学》2018 年第 2 期。

大量的应用实践证明，人工智能等现代科技与司法的深度融合，让司法"插上科技的翅膀"，使司法成为真正的科学。

四、人工智能破解司法难题、促进司法进步

科技是破解司法难题的利器。

人类进行的每次技术革命，其结果都是生产工具的创新带来工作效率的显著提高。我们推动人工智能在司法领域的应用，在破解司法难题上发挥了不可替代的作用。主要体现在：

1. 防范冤假错案，保证公正司法

党的十八大以来，人民法院依法纠正了39起冤假错案。产生冤假错案的原因是复杂的，但案件事实不清、证据不够确实充分是主要原因之一。运用人工智能等新技术，实现对证据的审查、校验和把关，及时发现证据中存在的瑕疵和证据之间的矛盾，及时提示给办案人员查证、补正，确保侦查、审查起诉的案件事实证据经得起法律的检验，从源头上预防冤假错案的发生。

2. 缓解案多人少，提升审判质效

近年来，人民法院受理案件数逐年上升，案多人少矛盾已成为影响和制约人民法院发展的瓶颈问题之一。相对应的是，国家严格

控制编制增加。在不能增加编制的情况下，向科技要力量、要效率是主要出路。引入人工智能等新技术，开发智能阅卷、智能整理诉辩主张、自动生成庭审笔录、智能匹配文书模型、智能推送法条、智能生成裁判文书等功能，相当于为法官配备了一名 AI 助理，可以将法官从大量事务性、辅助性工作中解放出来，集中精力从事审判核心业务。这不仅缓解了案多人少矛盾，而且大大提高了审判质效。

3. 促进适法统一，落实司法责任制

伴随着司法责任制改革的深入推进，"让审理者裁判、由裁判者负责"，在保障独任法官、合议庭充分行使审判权，消除法院内部行政化的同时，类案法律适用的统一性日益引发关注。运用人工智能等科技手段，有助于统一不同法官、不同合议庭之间针对类案的审理思路，通过争议焦点归纳、辅助确定审理范围、证据校验、裁判偏离度提示等，帮助法官们统一裁判尺度，促进类案适法统一，落实司法责任制。

4. 助力司法公开，让正义看得见、可衡量

阳光是最好的防腐剂。司法公开既是人民法院的工作要求，也是促进司法公正、提升司法公信力的重要载体。而人工智能技术的引入，大大拓展了司法公开的途径、方式、范围。通过运用人工智能等新技术，建立全方位、多层次、互动式、智能化的司法公开体系，构建开放、动态、透明、便民的阳光司法机制，让正义看得

见、摸得着、可衡量，充分保障人民群众的知情权、参与权、表达权和监督权，提升司法公信力。

5. 智能服务体系，破解群众诉讼难题

提供及时有效的诉讼服务是人民法院的重要职责，是联系群众的重要桥梁，也是接受群众监督的重要渠道。人工智能时代的到来，引入智能手段可以大大提升法院提供诉讼服务的能力和水平，着力解决人民群众"问累、跑累、诉累"等突出问题，实现服务群众全方位、全天候、零距离、无障碍。如，12368 诉讼服务智能平台、律师服务平台可以突破时空条件的限制，极大地拓展法院诉讼服务的时间，让人民群众享受全天候、24 小时的诉讼服务。又如，法院诉讼服务中心，运用科技手段，提供庭审以外的全部诉讼和非诉讼服务。再如，运用司法大数据计算分析的优势，可以实现诉讼结果预判、分析胜诉率，引导当事人正确评估案件走向，形成合理诉讼预期等。

6. 全程可视，有效防止司法腐败

公正是司法的生命线。司法是维护社会公平正义的最后一道防线，司法如若被腐败所侵蚀，其后果就是让司法成为谋取私利、恃强凌弱的凶器。而预防司法腐败，不仅需要提高法官素质，还需要借助科技手段。如，上海高院建立了上海法院大数据信息系统，通过运用人工智能等新技术，对办案全流程进行全程录音、全程录像、全程留痕，实现对审判权力运行的全程、实时、自动、智能监

督管理，规范司法行为，减少司法任意性；有效压缩暗箱操作的空间，防止司法腐败、权力寻租等现象。

7. 尊重保障人权，提升刑事司法文明

孟建柱同志指出：刑事审判工作体现一个国家对待生命、对待人权的基本态度，反映出一个社会法治文明进步水平。要按照符合社会发展进步方向的价值追求，深入推进刑事审判工作改革，不断增强刑事审判工作公开性、公正性、公平性。[1]新形势下，把人工智能等科技手段运用到审判实践中，有助于推进以审判为中心的诉讼制度改革落地，统一证据标准，规范司法行为，推进庭审实质化等，更好地落实保障人权等法律原则，实现惩治犯罪和保障人权相统一，建设更高水平的社会主义司法文明。

1　2017 年 5 月 31 日，孟建柱同志在全国法院刑事审判工作总结表彰大会上的讲话。

实践篇

人工智能助力司法改革

——以审判为中心的诉讼制度改革软件
0-1 的突破

科技是推进司法改革、破解司法难题的动力和利器。

研发"以审判为中心的诉讼制度改革软件"是中央政法委作出的一项具有历史性意义、战略性意义、里程碑式的重大决策。目的是推进以审判为中心的诉讼制度改革落地见效，运用人工智能等现代科技，为办案人员收集、固定证据提供统一适用、标准化、规范化、数据化、清单式的指引；并对证据进行审查、校验、把关，及时发现、提示证据中存在的瑕疵和证据之间的矛盾。确保侦查、审查起诉的案件事实证据经得起法律检验，减少司法任意性，防范冤假错案发生，保证公正司法。

　　"上海刑事案件智能辅助办案系统"的研发成功及应用，丰富完善了刑事诉讼理论体系和刑事证据体系（具有重要的历史价值），是科技理性、法律理性、人类理性深度融合的创新，实现了人工智能司法应用0到1的突破，标志着人工智能在司法领域应用从初级应用迈向高级应用，为司法改革与现代科技结合蹚出一条新路子。

第一章

拥抱新科技："以审判为中心的诉讼制度改革软件"应运而生

一、重大决策的出台

2017 年 1 月，中央政法委作出研发"推进以审判为中心的诉讼制度改革软件"的重大决策部署。

2016 年 9 月 22 日，孟建柱同志在贵州调研时提出："把现代科技创新与司法体制改革融合起来，特别是在推进以审判为中心的诉讼制度改革中，通过强化大数据深度应用，把统一的证据标准镶嵌到数据化的程序中，减少司法任意性，既提高审判效率，又促进司法公正。"

这是一项具有历史性、战略性意义、里程碑式的重大决策。开创了人工智能在司法领域深度应用的历史先河，对于完善我国司法制度，促进司法公正，提升司法文明具有重大意义。

二、决策的时代背景

历史上每一项重大改革的出台，都会有着深刻的背景。

中央政法委之所以作出研发"以审判为中心的诉讼制度改革软件"这样具有划时代意义的决策部署，也是有着深刻的时代背景的。我认为主要有以下几点：

1. 全面深化司法体制改革的大背景

党的十八大以来，以**习近平同志**为核心的党中央作出全面建成小康社会、全面深化改革、全面依法治国、全面从严治党"四个全面"的战略布局，开辟了我们党治国理政的新征程。

在我们党治国理政历史上，"四个全面"战略布局第一次将全面建成小康社会定位为实现中华民族伟大复兴中国梦的关键一步；第一次将全面深化改革的总目标确定为完善和发展中国特色社会主义制度、推进国家治理体系和治理能力现代化；第一次将全面依法治国论述为全面深化改革的"姊妹篇"，二者如同"鸟之两翼、车之双轮"；第一次为全面从严治党标定路径，要求增强从严治党的系统性、预见性、创造性、实效性，锻造我们事业的坚强领导核心。可以说，"四个全面"战略布局是对党治国理政历史经验的科学总结，既与我们党长期坚持的治党治国治军之道一脉相承，又进行了系统整合和集成创新。

在"四个全面"战略布局中，司法体制改革是其中的重要内容。

习近平总书记指出：“司法体制改革在全面深化司法改革、全面依法治国中居于重要地位，对推进国家治理体系和治理能力现代化意义重大。”[1]

党的十八大以及十八届三中、四中全会对司法体制改革作出重大部署；党的十九大提出“深化司法体制综合配套改革”。

党的十八届三中全会《中共中央关于全面深化改革若干重大问题的决定》提出：“深化司法体制改革，加快建设公正高效权威的社会主义司法制度，维护人民权益，让人民群众在每一个司法案件中都感受到公平正义。”（十八届三中全会确定的改革任务有 336 项，涉及司法的有三个方面 18 项。）

党的十八届四中全会《中共中央关于全面推进依法治国若干重大问题的决定》提出：“完善司法管理体制和司法权力运行机制，规范司法行为，加强对司法活动的监督，努力让人民群众在每一个司法案件中感受到公平正义。”（十八届四中全会确定的改革任务有 180 余项，涉及司法的主要有八个方面 83 项，最高人民法院牵头的有 23 项。）

党的十九大对司法体制综合配套改革作出战略部署：“深化司法体制综合配套改革，全面落实司法责任制，努力让人民群众在每一个司法案件中感受到公平正义。”[2]

经过四年的努力，司法体制改革卓有成效。

2017 年 7 月，习近平总书记作出重要指示，对司法体制改革

1　2017 年 7 月，习近平总书记对全国司法体制改革推进会作出的重要指示。

2　参见习近平总书记在党的十九大上所作的报告。

作出高度评价："司法体制改革在全面深化司法改革、全面依法治国中居于重要地位，对推进国家治理体系和治理能力现代化意义重大。""党的十八大以来，政法战线坚持正确改革方向，敢于啃硬骨头、涉险滩、闯难关，做成了想了很多年、讲了很多年但没有做成的改革，司法公信力不断提升，对维护社会公平正义发挥了重要作用。"

2. 依法纠正冤假错案的现实

习近平总书记多次强调："司法是维护社会公平正义的最后一道防线。""公正是法治的生命线；司法公正对社会公正具有重要引领作用，司法不公对社会公正具有致命破坏作用。"并深刻地指出："我曾经引用过英国哲学家培根的一段话，他说：'一次不公正的审判，其恶果甚至超过十次犯罪。因为犯罪虽是无视法律——好比污染了水流，而不公正的审判则毁坏法律——好比污染了水源。'这其中的道理是深刻的。如果司法这道防线缺乏公信力，社会公正就会受到普遍质疑，社会和谐稳定就难以保障。"[1]

党的十八大以来，在全面依法治国、全面推进司法体制改革的大背景下，人民法院依法纠正了呼格吉勒图案、聂树斌案等39起重大刑事冤假错案，提振了全社会对司法公正的信心。但冤假错案的发生对法治的冲击和破坏是致命性的，严重地损害了司法公正，必须下决心从根本上解决，杜绝冤假错案的发生。

1　习近平总书记就《中共中央关于全面推进依法治国若干重大问题的决定》所作的说明。

3. 推进以审判为中心的诉讼制度改革的需要

如何从根本上防范冤假错案的发生呢？

党的十八届四中全会作出**"推进以审判为中心的诉讼制度改革"**的重大决策，我认为这是从根本上保证公正司法，预防冤假错案发生的重大措施。

党的十八届四中全会《中共中央关于全面推进依法治国若干重大问题的决定》中指出："推进以审判为中心的诉讼制度改革，确保侦查、审查起诉的案件事实证据经得起法律的检验"，"全面贯彻证据裁判规则，严格依法收集、固定、保存、审查、运用证据，完善证人、鉴定人出庭制度，保证庭审在查明事实、认定证据、保护诉权、公正裁判中发挥决定性作用"。

习近平总书记在党的十八届四中全会上讲话时强调：**"推进以审判为中心的诉讼制度改革，目的是促使办案人员树立办案必须经得起法律检验的理念，确保侦查、审查起诉的案件事实证据经得起法律检验，保证庭审在查明事实、认定证据、保护诉权、公正裁判中发挥决定性作用。这项改革有利于促使办案人员增强责任意识，通过法庭审判的程序公正实现案件裁判的实体公正，有效防范冤假错案产生。"**[1]

2017年1月12日，在中央政法工作会议上，孟建柱同志强调："针对冤假错案，我们在依法纠正的同时，要从制度上反思原因，建立健全防范冤假错案机制。""以审判为中心的刑事诉讼制度

---

[1] 参见习近平总书记就党的十八届四中全会《中共中央关于全面推进依法治国若干重大问题的决定》起草情况向全会所作的说明。

改革，涉及政法各单位、刑事诉讼各环节，是牵一发而动全身的综合性改革，有利于确保无罪的人不受刑事追究、有罪的人受到公正惩罚。"

2016 年 6 月 27 日，中央深改领导小组审议通过了《关于推进以审判为中心的刑事诉讼制度改革的意见》。2016 年 7 月 21 日，"两高三部"联合印发了该意见。2017 年 2 月 17 日，最高人民法院颁布了《关于全面推进以审判为中心的刑事诉讼制度改革的实施意见》。

上海高院认真贯彻中央的决策部署，主动作为，于 2015 年 12 月制定了《关于"推进以审判为中心的诉讼制度改革"的试行意见》(沪高法〔2015〕509 号)(早于最高人民法院颁布的《关于全面推进以审判为中心的刑事诉讼制度改革的实施意见》(法发〔2017〕5 号)一年多)，同时制定了《关于推进以审判为中心的诉讼制度改革试点工作实施方案》(沪高法〔2016〕178 号)以及六个配套指导性文件，在全国率先推进此项改革，并取得了良好的效果。

通过实践，我深深地体会到，推进以审判为中心的诉讼制度改革是以习近平同志为核心的党中央从全面推进依法治国，坚持和发展中国特色社会主义的战略全局出发作出的重大改革部署，意义重大而深远。如果说，推进司法责任制改革是司法体制改革的基石，推进以审判为中心的诉讼制度改革则是在此基础上的更加深刻的革命(司法理念的一次革命，实质性的革命)，是中国特色社会主义司法制度的自我完善、自我提升，标志着中国法治的重大进步，标志着中国法治文明的重大进步，通过改革，确保无罪的人不受刑事追究，有罪的人受到公正惩罚，有效防范冤假错案的发生。

三、人工智能助力改革落地

习近平总书记强调："要遵循司法规律，把深化司法体制改革和现代科技应用结合起来，不断完善和发展中国特色社会主义司法制度。要全面落实司法责任制，深入推进以审判为中心的刑事诉讼制度改革，开展综合配套改革试点，提升改革整体效能。"[1]

以审判为中心的诉讼制度改革涉及政法各部门，牵一发动全身，而且在认识上还不尽统一。如何使这项重大改革落地？

孟建柱同志指出："针对冤假错案，我们在依法纠正的同时，要从制度上反思原因，建立健全防范冤假错案机制。"

冤假错案的发生，原因是多方面的，而案件事实不清，证据不够确实充分是其中很重要的原因（几乎无一例外）。为此，孟建柱同志提出了运用高科技助力以审判为中心的诉讼制度改革的思路。

他指出："把现代科技创新与司法体制改革融合起来，特别是在推进以审判为中心的诉讼制度改革中，通过强化大数据深度应用，把统一的证据标准镶嵌到数据化的程序中，减少司法任意性，

1　2017 年 7 月，习近平总书记对全国司法体制改革推进会作出的重要指示。

既提高审判效率，又促进司法公正。"

据此，中央政法委在健全完善各项制度措施的同时，作出了研发"推进以审判为中心的诉讼制度改革软件"这一战略决策部署。

运用人工智能等新技术推进以审判为中心的诉讼制度改革，破解刑事诉讼中的难题，防范冤假错案，是一项重大的改革创新，而且从技术层面是可以实现的。

1. 海量司法大数据为人工智能助力改革奠定了数据基础

数据是战略资源，是人工智能应用的基础。随着互联网的飞速发展，在线数据变得异常丰富，多来源、实时、大量、多类型的数据可以从不同的角度对现实进行更为逼近真实的描述，为人工智能的落地应用奠定数据源基础，并通过大量数据构建人工智能的算法模型。[1]比如，在推进以审判为中心的诉讼制度改革过程中，通过建立刑事案件大数据资源库，包括证据标准库、电子卷宗库、案例库（包括最高人民法院公报案例、指导性案例）、裁判文书库、法律法规司法解释库、办案业务文件库等子库，以及公检法三机关办理刑事案件的信息资源（办案）共享网络平台，可以为人工智能刑事司法应用提供强大的信息数据资源支撑和保障。

2. 强大的计算能力使人工智能的司法应用更加多元

伴随云计算技术和芯片处理能力的迅速发展，可以利用成千上

---

[1] 正如阿里巴巴集团技术委员会主席王坚博士的观点所述，人工智能的进步来源于互联网基础设施的不断进步，离开互联网孤立地来看人工智能，是没有意义的。

万台机器进行并行计算，尤其是图形处理器（GPU）、可编程专用集成电路（FPGA）以及人工智能专用芯片（比如 Google 的 TPU）的发展为人工智能落地奠定了基础计算能力，使得使用类似于人类的深层神经网络算法模型的人工智能应用成为现实。比如，在推进以审判为中心的诉讼制度改革过程中，通过云计算技术，借助多种应用软件，可以具备证据标准指引、单一证据审查、逮捕条件审查、社会危险性评估、证据链和全案证据审查判断、办案程序合法性审查监督、庭审示证、类案推送、量刑参考、文书生成、电子卷宗移送、全程录音录像、知识索引等多种功能，普遍提高办案人员水平。

3. 深度学习算法是人工智能司法应用的核心引擎

机器学习算法是实现人工智能落地的核心引擎。机器学习尤其是深度学习，强化学习的完善和迭代促成了人工智能与各个领域的结合。在推进以审判为中心的诉讼制度改革过程中，需要建立起完善刑事案件证据的统一适用标准。通过人工智能深度学习算法，使软件具有逻辑思维和经验判断功能。运用图文识别（OCR）、自然语言理解（NLP）、智能语音识别、司法实体识别、实体关系分析、司法要素自动抽取等技术，通过对公、检、法已积累的刑事案件典型案例、司法信息资源、办案经验的深度挖掘、剖析提炼、机器学习，以确定的证据标准、证据规则和证据模型为基本遵循，实现对各种证据（包括印刷体文字、部分手写体文字、签名、手印、签章、表格、图片等）的智能识别和信息提取，将音视频转换为文字并通过文字对音视频中的相关内容准确定位，快速查找各个证据中的作案时间、地点、人物、工具、手段、后果等证明事项信息以及深度挖掘证明事项之间的印证、关联、矛盾等逻辑关系，以及时发现和解决刑事案件办案中存在的证据标准适用不统一、办案程序不规范等问题，确保提请逮捕、移送审查起诉的案件符合法律规定的标准，提升办案质量和效率，实现防止冤假错案，减少司法任意性的目标。

第二章

光荣与梦想：上海高院担当重任

中国梦：实现中国梦是全中国人民不懈追求的梦想。

2012 年 11 月 29 日习近平总书记在参观《复兴之路》展览讲话时首次提出"中国梦"：实现中华民族伟大复兴的中国梦被确定为新时代我们党的历史使命。

司法科技梦：让司法插上科技的翅膀，成为真正的科学，实现司法现代化是法律人和科技人的不懈追求。

改革开放以来，法律界、科技界的有识之士就开始了实践司法科技梦的征程，一代又一代的努力，梦想将成为现实。

一、司法科技梦——法律人与科技人的共同追求

1. 让司法成为科学

马克思曾经说："一种科学只有在成功地运用数学时，才算达

到了真正完善的地步。"[1]

李克强同志早在 1983 年的《法律工作的计算机化》一文中指出:"计算机技术和法律相结合的历史虽然不长,目前也只处于试验阶段,但是它的出现和发展却给法律工作和法学研究展现了崭新的广阔前景。""法律工作的计算机化已是这一新纪元的必然产物。"

法律属于社会科学的范畴。司法是适用法律裁决案件的活动。在司法活动中,不仅法官们裁决案件所依据的法律是人类理性的集中体现,能够为人们所反复使用,而且法官们的裁判行为也会受到逻辑、经验甚至社会历史演进规律的规范与约束,因此司法是一门科学。让司法成为科学是司法活动发展的必然要求。

2. 科学家的追梦:建立法治系统工程

1979 年 10 月,著名科学家钱学森教授首先提出:"建立法治系统工程"的建议,[2] 并将其纳入系统科学的体系中。在健全社会主义法制过程中,"引用现代科学技术中的数理逻辑和计算技术":

法治系统工程 = 系统科学 + 马列主义法学 + 数学 +

钱学森教授

---

1 (苏)保尔·拉法格:《回忆马克思恩格斯》,马集译,人民出版社 1973 年版,第 7 页。

2 1979 年 10 月,钱学森教授在中国科学院、中国社会科学院、教育部、机械工业等部门召开的系统工程学术会议上提出"法治系统工程"这一概念。

电子计算机技术。

这是我国首次提出法治系统工程的概念。然而健全"社会主义法制"这一命题，则是 1978 年 12 月党的十一届三中全会上提出的（不到一年），科学家们已在为之实现规划路径。

1985 年，钱学森教授进一步提出了在法律事务中运用人工智能、知识工程和专家系统的设想。这应该是我国最早提出"人工智能＋法治"的人。由此，系统科学、现代科学第一次叩击了中国法学的大门，向法学界传递出应采用系统方法和现代科学技术的信息，给后人以极大的启迪。在钱学森教授等科学家们的推动下，近四十年来，科技＋法治的研究和实践一直没有停止过，并不断取得进步。

3. 法学家的追梦：电脑辅助量刑研究

1986 年，由朱华荣[1]、肖开权[2]主持的《量刑综合平衡与电脑辅助量刑专家系统研究》被确定为国家社科"七五"研究课题，在建立盗窃罪量刑数学模型方面取得了成果。

1986 年，华东政法学院苏惠渔教授[3]、张国全教授[4]、青年教师史建三[5]提出并承担了：电脑辅助量刑的研究项目，并形成最终研

1　朱华荣系华东政法大学教授，主要研究方向为中国刑法学、中国古代刑法史等。

2　肖开权系上海社会科学院法学研究所研究员，主要研究方向为中国刑法学等。

3　苏惠渔系华东政法大学功勋教授，担任中国法学会刑法学研究会顾问、上海市刑法学会会长等重要学术职务。

4　张国全时任华东政法学院副院长、教授，主要研究方向为刑法学等。

5　史建三系上海社会科学院法学研究所研究员，主要研究方向为刑法学、经济法、反不正当竞争法等。

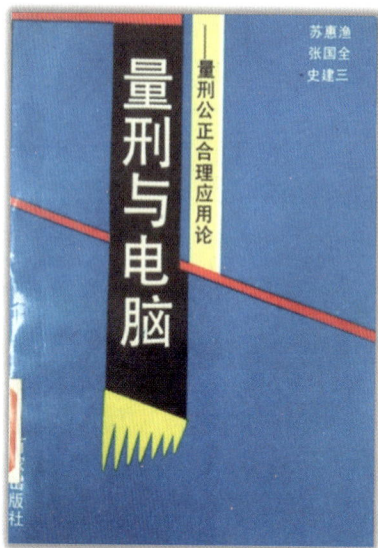

《量刑与电脑》一书

究成果——《量刑与电脑——量刑公正合理应用论》（1989年），其集合专家经验形成的电脑量刑系统与人工判断的结果相差无几，得到了司法实务界的重视和认可。

1993年，武汉大学赵廷光教授[1]主持开发了《实用刑法专家系统》，由咨询检索系统、辅助定性系统和辅助量刑系统组成，具有检索刑法知识和对刑事个案进行推理判断的功能。

可见，法学家们攀登司法科学的脚步，始终没有停歇过。

4. 梦想的实现：一代一代的接力攀登

纵观历史的发展，每一项重大改革，都是需要一代一代人接力奋斗才能完成，历史才能进步。

如"电脑辅助量刑"的研究及其成果，受到当时社会、科技发展等多种因素的影响和条件的限制，尤其是科技发展没有到今天这一步，没有互联网、大数据、人工智能等，因而不能被推广应用。但前辈敢为人先，敢于担当，勇于探索，勇攀科技高峰的精神，却

---

[1] 赵廷光系武汉大学法学院教授，他设立全国第一个计算机犯罪与法律对策的研究方向，被誉为"法学与计算机之间的桥梁架设者"。

给后人以启示和力量。今天，改革开放已四十年，经济社会取得巨大发展进步，科技发展进步日新月异，尤其是互联网、大数据、云计算、人工智能等科技新技术快速发展和广泛应用，司法科技梦将成为现实。

我在领受研发"以审判为中心的诉讼制度改革软件"任务后，从上海图书馆找到了当年苏惠渔等三位老师撰写的《量刑与电脑——量刑公正合理应用论》这本书。我反复阅读了好几遍，对开拓思路、推进研发工作有很大的帮助。不禁为在当时的条件下，苏惠渔等老师这种敢为人先、勇于攀登的精神而赞叹。

实践给予我们启示，科学无止境，攻坚不怕难，梦想的实现，在于不畏艰难、敢于担当、锲而不舍的攀登。让司法成为科学，实现司法现代化，好比一场接力赛（而且是一项没有终点的接力赛），需要一代一代追梦人躬身前行，接续奋斗，接力攀登。

二、使命与担当

习近平总书记指示：要遵循司法规律，把深化司法体制改革和现代科技应用结合起来，不断完善和发展中国特色社会主义司法制度。[1]

---

1 2017年7月，习近平总书记对全国司法体制改革推进会作出的重要指示。

1. 历史的使命：光荣的任务

2017 年 2 月 6 日（农历正月初十春节后上班第一天），这一天是上海法院应该记住的日子，也是我个人工作经历中应当铭记的日子，是应写进上海法院发展史的日子。研发"以审判为中心的诉讼制度改革"软件，这一光荣而艰巨的任务落到了上海法院身上。

2017 年 2 月 6 日下午 4 时许，孟建柱同志在时任中央政治局委员、上海市委书记韩正同志陪同下，到上海高院调研。一起前来的还有中央政法委的汪永清、姜伟、侍俊，上海市姜平、尹弘、白少康、张本才等领导同志。在上海高院，孟建柱同志主持召开了全市政法系统负责同志座谈会。会上，孟建柱同志对上海的司法改革工作部署了新的三项任务。[1] 其中一项就是由上海高院承担研发推进以审判为中心的诉讼制度改革软件。

由此，**这项重任落在了上海高院的肩上。**我们深感任务艰巨、使命光荣、责任重大。

2. 历史的机遇：迈向智能化

人工智能为实现司法现代化提供了重大的历史机遇。

承担研发重任，同样为上海法院的发展提供了难得的历史机遇。

最高人民法院院长周强曾说过："司法改革和信息化建设是人

---

[1]　三项任务：一是确定上海为司法体制综合配套改革试点地区；二是由上海市委政法委牵头起草全面实施司法责任制改革的文件；三是由上海高院牵头，其他政法机关配合，开发推进以审判为中心诉讼制度改革的大数据管理软件。

民司法事业发展的车之两轮、鸟之双翼。"

而这两件大事，上海高院均承担了为全国破冰探路的重任。

2014年年初，上海高院被确定为全国司法体制改革试点单位，第一个在全国拉开了司法体制改革的大幕，创造了可复制可推广的"上海经验"。

而这一次，中央政法委将研发重任交由上海高院承担。对上海法院来说既是高度的信任与重托，更是提供了一次千载难逢的发展机遇。

只要我们抓住这一机遇，上海法院的现代化建设将会大步向前迈进，走在全国前列。

3. 历史的担当：敢为人先，知难而进

2017年2月7日上午，随孟建柱同志来调研的时任中央司改办副主任、最高人民法院副院长姜伟同志在上海市委政法委主持召开了专题会议，进一步作出部署。对软件的研发工作的要求归纳起来主要有三点：**一是**要制定统一的证据标准、证据规则，运用大数据技术，并将其延伸到侦查阶段，为侦查人员提供智慧科技；**二是**要充分运用大数据、人工智能等现代技术，通过建立证据模型等，筛选出疑难犯罪、容易出问题的案件，精准推送类案裁判，辅助公检法三机关公正办案；**三是**要组建工作专班，确保软件5月能够上线试运行，7月能够出成果，并在召开的全国司法体制改革推进会上进行经验介绍。同时他还强调，**孟建柱书记说**，亚东同志当过公安厅长、当过政法委书记，现在是法院院长，对政法机关工作都很熟

悉，为此这项任务交由上海高院承担，希望上海能够完成好这项艰巨的任务。听了姜伟同志传达建柱书记的话（之后建柱同志在别的场合也说过），[1] 我既感到组织的信任，更感到责任的重大。领受并参加到这项重大任务中来既感到光荣，更感到责任的重大，这项任务的分量实在是太重了。

我们从最初的光荣与激动转为冷静与思考。

从可以查到的资料看，国内外均无先例。

这项任务无论是从难度、要求、责任来说都是无可比拟的，压力空前。

（1）任务重、难度大。经过深入的讨论，这项任务要从业务、技术上实施艰难突破，而且是 0-1 的突破。

一是业务上的突破，即要制定出刑事案件证据标准、证据规则体系并嵌入大数据系统，为办案人员收集、固定证据提供统一、适用的办案指引。

二是技术上的突破，即要运用人工智能等现代技术，实现对刑事案件证据的审查、校验、把关，从而达到防范冤假错案的目的。

这是旷古未有的突破，从无到有，难度非常，无任何先例经验可以借鉴。

（2）要求高、责任大。研发"以审判为中心的诉讼制度改革

1　2017 年 5 月 31 日，孟建柱同志在全国法院刑事审判工作总结表彰大会上当说到以审判为中心的诉讼制度改革证据问题时，让崔亚东同志简要介绍了软件开发的进展情况，之后建柱同志说，亚东同志经历丰富，现在是高级法院院长，也当过政法委书记、公安厅厅长，还当过侦查员，这个经历很好。他对公安、法院情况比较了解，由他牵头，公安、检察院、政法委几家一起研发，运用科技手段、人工智能实现从人工审查向智慧审查转变。

软件"不仅仅是一项将大数据、人工智能等现代科技应用到刑事诉讼办案中的科技创新项目，更是关系到中央以审判为中心的诉讼制度改革落地，有效防范冤假错案的目标实现。责任的重大不言而喻。

（3）时间紧、压力大。中央政法委要求，研发任务要在2017年5月前初步完成，并通过公检法三机关的实际运行取得初步成效后，在7月召开的全国司法体制改革推进会上作经验交流介绍。从2月6日交办任务到5月3日试运行，再到7月10日在全国司法体制改革推进会，只有5个月（总共154天）的时间。

而当时许多同志担心难度大很难做到，至少在要求的时间内做不到。

风险与挑战同行，困难与压力同在，只有迎难而上，没有任何退路。

三、条件与基础

信心是成功的基础。由于没有先例、没有经验可循，我对现有的条件和基础进行了分析，以坚定大家的信心与决心。

1. 排头兵、先行者，完成任务的精神动力

要成为全国**改革开放排头兵、创新发展先行者**，是习近平总书

记对上海工作的总要求。上海处于全国改革开放的最前沿，勇于探索、大胆创新、攻坚克难、敢于超越，是上海这座城市最具特色、最为宝贵的品质和精神。正是这种改革创新的品质和精神，激励着上海向现代化国际大都市迈进，也正是这种品质和精神，成为完成研发任务的精神和动力。

2. 司法改革先行试点，完成任务的坚实基础

党的十八届三中全会之后，上海被中央确定为全国司法体制改革的先行试点，为全国司法体制改革破冰探路。经过五年的改革攻坚，上海法院司法体制改革取得了积极成效，较好地完成了改革试点任务，许多改革取得了历史性的突破，具有里程碑意义，形成了可复制、可推广的上海经验。

特别是党的十八届四中全会作出推进以审判为中心的诉讼制度改革的决策部署。上海高院自我加压、主动作为、积极行动，率先在全市部署推进以审判为中心的诉讼制度改革，并取得了卓越成效，为研发"以审判为中心的诉讼制度改革"软件从思想上、业务上奠定了坚实的基础。

3. 信息化建设走在全国前列，完成任务的技术支撑

近年来，上海法院坚持"科技强院"方针，坚持"向科技要警力、向科技要效率、向科技要质量"的工作思路，确立了"一个战略、两个行动"的发展战略，即：大数据战略、"互联网+"行动、"人工智能+"行动，充分运用互联网、大数据、云计算、人

工智能等现代科技，推进"数据法院""智慧法院"建设，推动审判工作由网络化向智能化迈进，上海法院信息化建设已进入大数据时代，实实在在地走在全国前列，为完成研发任务提供了技术支撑。

第三章

艰难的探索，伟大的实践，历史的突破

创新从一定意义上讲意味着没有先例、没有经验可以借鉴、遵循，意味着突破。

"206 工程"就是没有先例，没有经验可借鉴的，是需要蹚出一条新路子的。

毛泽东曾经说过："一张白纸，没有负担，好写最新最美的文字，好画最新最美的画图。"[1]

唯物辩证法告诉我们，任何事物都是矛盾的统一体。

无则有，无为则有为；空则满，只有空才能满。

没有经验、没有先例并不一定就是一件坏事。有时候可能是最好的机会和最大的优势。如同给了我们一个创新的平台，可以发挥无限的创造力、想象力，写出最新最美的文字，画出最新最美的图画。

蹚出一条新路子，就是没有路，需要披荆开路。

正如鲁迅先生所说：什么是路？就是从没有路的地方践踏出来

1　毛泽东：《介绍一个合作社》，载《人民日报》1958 年 4 月 15 日。

的，从只有荆棘的地方开辟出来的。

例如，近年来，上海法院每年都会受理一些新类型案件（即首例案件，10 余起），之所以称为新类型案件就是之前没有发生过，没有案例可以参照。通过对这些新类型案件的审理，不仅积累了丰富的办案经验，而且形成了难能可贵的典型案例，为今后该类案件的裁判提供了典范，甚至为法律的修改完善提供了案例支撑。

"206 工程"——给了我们一个大胆探索、大胆创新的机遇和平台。

我们抓住了这一难得的机遇，迎难而上，开始了历史性的探索与实践。

一、顶层设计、精心谋划、摸索前行

凡事先谋后动。古人云，多算者胜。

"206 工程"的艰巨性、特殊性（对刑事司法专业和人工智能现代技术要求之高），使得精心谋划与探索前行，顶层设计与摸着石头过河的结合尤为重要。从 2 月 7 日起我们即紧急动员，组织精干力量，调研谋划，制定方案，开启了探索之路。

1. 工作思路

由于"206 任务"时间要求十分紧迫，不可能等调研、谋划、设计好再行动，只能是谋动并举，摸着石头过河，边干、边想，边想、边干。于是，我们确定了边谋划、边开发、边试行、边完善谋动并举的工作思路。

2. 指导思想

在深刻领会、准确把握研发以审判为中心的诉讼制度改革软件的重大意义的基础上，我们确定了以推进以审判为中心的诉讼制度改革落地为主线，坚持公检法三机关"分工负责、互相配合、互相制约"的宪法和法律原则，坚持遵循司法规律，坚持问题导向、需求导向和目标导向，坚持先易后难、分步推进，边谋划、边开发、边试行、边完善的总体工作思路，按照"案件事实清楚，证据确实、充分"的刑事证据证明要求和建立完善科学规范的证据标准、证据规则体系的需要，以大数据、互联网、云计算、人工智能等现代科技为支撑，把统一适用的证据标准嵌入数据化的办案程序中，充分依靠上海科技创新的优势，完成"推进以审判为中心的诉讼制度改革软件"研发任务，确保软件系统应用在推进以审判为中心的诉讼制度改革落地，促进公正司法，防止司法任意性，防止冤假错案上发挥重要作用。

3. 基本原则

（1）**坚持于法有据**。以宪法、刑法、刑事诉讼法等相关法律规定为依据，按照中央深改组审议通过的《关于推进以审判为中心的刑事诉讼制度改革的意见》，"两高三部"、全国人大常委会法工委

《关于实施刑事诉讼法若干问题的规定》，最高人民法院《关于适用〈中华人民共和国刑事诉讼法〉的解释》《人民检察院刑事诉讼规则（试行）》《公安机关办理刑事案件程序规定》等有关规定的要求，保证软件系统建设始终在法治轨道上进行。

（2）**坚持司法规律**。软件系统的开发与应用，必将对原有的工作流程改革再造。因此要坚持遵循司法活动规律与科学技术的特点相结合，既注重证据标准指引的统一认识、统一标准、统一遵循，又要兼顾不同诉讼活动对证据的不同要求，兼顾侦查、审查起诉、审判等不同阶段对证据的不同要求，明确不同诉讼活动、不同诉讼阶段的基本证据标准指引，以此规范侦查、起诉、审判活动。

（3）**坚持问题导向、需求导向**。紧紧抓住侦查、审查起诉、审判等阶段在收集、固定、检验、审查判断证据中存在的突出问题和办案人员对科技应用的实际需求，准确把握诉讼程序对证据审查判断的要求，确保软件系统功能设计、研发契合法律规范、回应实践需求、解决一线难题。

（4）**坚持科技引领**。充分运用大数据、人工智能等现代科学技术，推动大数据、人工智能等现代科技与软件研发的深度应用，发挥好现代科技的引领和支撑作用。

（5）**坚持先易后难、有序推进**。按照边研发、边试行、边完善的工作思路，组织业务骨干和技术人员，坚持先易后难、分步推进软件系统研发工作。

4. 目标任务

（1）**总体目标**：以努力让人民群众在每一个司法案件中感受到公平正义为总目标，以提高司法公信力为根本尺度，坚持把现代科技应用与司法体制改革相融合，通过强化大数据、人工智能等新技术在以审判为中心的诉讼制度改革中的深度应用，把统一适用的证据标准、证据规则嵌入数据化的程序中，减少司法任意性。明确系统的功能定位，抓好软件的研发、建设、应用，突出服务公检法三机关办理刑事案件的功能，切实发挥其在规范办案，推进庭审实质化，强化人权保障，贯彻证据裁判规则，统一法律适用中的作用，促使办案人员牢固树立办案必须经得起法律检验的理念，确保侦查、起诉的案件事实证据经得起法律的检验，保证庭审在查明事实、认定证据、保护诉权、公正裁判中发挥决定性作用，切实防范冤假错案的产生，提升司法质量、司法效率和司法公信力。

（2）**阶段性任务（至 2017 年 7 月）**：鉴于研发的难度和时间的紧迫，我根据确定的"**先易后难、分步推进，边谋划、边开发、边试行、边完善的总体工作思路**"制定了两步走的工作目标，第一步至 7 月前的主要任务。

一是制定建立刑事案件证据标准指引（证据规则、证据模型）。在 7 月之前完成 7 个罪名证据标准指引制定。见下表：

序号	罪名	完成时间
1	故意杀人罪	2017年6月底前完成7个罪名证据标准指引
2	故意伤害罪（故意伤害致死）	
3	抢劫罪（抢劫杀人）	
4	盗窃罪	
5	诈骗罪（电信网络诈骗）	
6	非法吸收公众存款罪	
7	集资诈骗罪	

二是研发智能辅助办案软件。7月之前先完成证据标准、证据规则指引等9项功能的研发，保证试运行。

三是搭建统一的网络运行平台。

四是建立系统运行保障机制。

五是做好一期工程项目经费预算申报工作。

二、建立组织机构，保障研发进行

1. 成立领导小组

为加强对该项工作的组织领导，上海高院成立了以院长崔亚东为组长的"以审判为中心的诉讼制度改革软件"研发工作领导小组（以下简称"206工程"领导小组），设立专门办公室（简称206办）及业务组、技术组、综合组和专家咨询组四个工作小组，副组长由党组副书记、副院长盛勇强担任，办公室主任由副院长郭伟清（分管信息化）担任，副主任由副院长黄祥青（分管刑事审判）担任。抽调精兵强将集中办公，负责研发工作。

业务组： 负责证据规则标准研究制定、办案业务指导。由上海高院审判委员会专委徐立明担任组长，刑一庭、刑二庭有关人员参加。

技术组： 负责相关案件的大数据收集整理，软件的建模研发等。由上海高院信息处处长曹红星担任组长，有关人员参加。

专家咨询组： 负责对软件研发过程中重点、难点问题攻关的咨询，包括最高人民法院的专家、全国知名刑事证据专家、大数据技术专家、刑事辩护专家等。由上海高院副院长黄祥青兼任组长，副组长由上海高院研究室主任张新、刑一庭副庭长徐世亮、信息处副处长吴海崟担任。

综合组： 承担上海高院领导小组的综合性事务及相关工作的联系协调督办等。由上海高院研究室主任张新担任组长，有关人员参加。

截至 2018 年 10 月底，领导小组及办公室已召开专题会议 39 次。

上海高院"206 工程"办公室专题会议

2. 建立联席会议制度

经上海市委政法委同意,建立上海研发"推进以审判为中心的诉讼制度改革软件"工作联席会议制度,由上海市委政法委、市高院、市检察院、市公安局、市司法局等政法部门各一名负责同志组成,联席会议办公室设在上海高院,负责政法部门之间的日常联络沟通工作。截至2018年10月31日,联席会议召开专题会议10次。

联席会议联络员:市高院研究室主任张新、市检察院公诉一处副处长张军英、市公安局法制总队副总队长金黎钢、市司法局信息处处长冯铉。

2017年2月21日,"206工程"第一次联席会议召开

3. 选择科大讯飞

由谁来承担技术研发任务,或者说与哪家公司合作来完成研发任务?这是非常重要的。但最初并没有明确的方向。为此,我们成立了工作专班,展开了寻找选择合作伙伴的"快速行动"。

2017 年 2 月 14 日（巧遇西方"情人节"），上海高院与科大讯飞股份有限公司签署战略合作协议（主要是语音系统的合作），我与刘庆峰董事长出席签约仪式，无意中拉开了"206 项目"合作的序幕，当时有一段对话我至今记忆犹新。

我问庆峰：公司有多少人、平均年龄、人员分布等情况。

2017 年 2 月 14 日，上海高院与科大讯飞合作协议签约仪式

他告诉我：公司员工总数 8659 人，平均年龄 24 岁，60% 以上的人员都从事技术研发，并告诉我公司在技术上的一些创新突破。

我告诉他：近期，我们领受了中央政法委交办的"以审判为中心的诉讼制度改革软件"的研发任务，要求运用大数据、人工智能技术，在办理刑事案件过程中，对证据进行校验、把关，以防范冤假错案。讯飞能不能做这件事？

庆峰说：我没有做过，但我们可以"看病"、可以参加"高考改卷"，我想也应该可以"办案"。我们可以尝试下。并表示：回去研究研究。

2月16日，科大讯飞公司即派遣一批技术人员抵沪，开展前期的调研准备工作。

在此期间，我们的工作专班进行了广泛的调研，初步形成选择科大讯飞作为合作对象的设想。

3月4日上午（全国"两会"开幕前一天），孟建柱同志在北京再次听了我关于研发工作情况的汇报。在汇报中，我汇报了前期工作进展情况，并汇报了拟采取先易后难、分步推进的工作思路。鉴于任务的难度大且时间紧，我们考虑研发工作分两步走。第一步在7月全国会议前，先把证据标准、证据规则制定出来，为办案提供指引。第二步，即7月全国会议之后，再启动运用人工智能实现对证据审查、校验的研发。

听完汇报，孟建柱同志对前期工作进展给予了充分肯定，并进一步强调了研发以审判为中心诉讼制度改革软件的重大意义。同时孟建柱同志非常坚决、明确地说：证据标准指引和对证据审查、校验、把关必须同时做（启动）。证据标准的制定，别的省也能做，让上海做、让你来做，就是要运用高科技手段来攻克这个难关，实现对证据的审查、校验、把关，有效防范冤假错案。你当过公安厅长、政法委书记，现在又是法院院长，你知道问题在哪里，相信你们能做到。

孟建柱同志的要求十分坚决、明确，没有余地。

3月5日晚（全国"两会"开幕当晚），我在北京与庆峰同志紧急会面。

我告诉他孟建柱书记听取汇报的情况。接着我只一句话：你行，还是不行？

庆峰回答说：应该行。

我说：应该行，不行。必须是肯定行才行。如果到时不行，再找别人就来不及了。

这件事重大，只能成功，不能有闪失。如果行，今天咱们就是立下军令状了。

在我的"紧逼"下，庆峰终于坚定地说出了一个字：行。

选择科大讯飞，我们做了广泛的调查，全方位地分析了国内人工智能领域的科技公司，询问了有关方面的权威专家，征求了相关管理部门的意见，对拟选择科大讯飞均表示赞同和支持。在形成共识之后，即按程序进行了报批，获得了批准。

科大讯飞：

（1）具备掌握人工智能前沿核心技术的能力。科大讯飞是我国唯一以语音技术为产业化方向的"国家863计划成果产业化基地""国家规划布局内重点软件企业""国家高技术产业化示范工程"；科技部确定依托科大讯飞建设认知智能国家重点实验室，这是我国在人工智能高级阶段——认知智能领域的第一个国家级重点实验室。

（2）具备在司法系统应用的实践经验。政法行业是科大讯飞的重点战略业务单元。2016年科大讯飞智能语音庭审系统通过最高院专家鉴定；2016年科大讯飞助力苏州中院建成全国首个智慧法院；2017年科大讯飞与最高院信息中心签订了战略合作协议。同时，科大讯飞旗下政法BG包含公安、检察院、法院、监察委、国安等多条业务线，拥有包含智慧公安、智慧警务、智慧检务、智慧法院等在内的多类综合产品，整个政法 BG 集产品研发、市场营销、技术服务于一体，专职团队超过千人，成功研发并推广了满足政法行业的多项应用需求。

（3）具有担当、奉献、负责的精神。在合作尚未确定的情况下，2 月 16 日公司即派专业技术人员来沪，开展先期调研、论证，帮助出谋划策，制定工作方案等。体现了一种担当、奉献、负责的精神。

实践证明，选择科大讯飞作为合作伙伴，是正确的。

4. 建立研发基地、研发队伍

根据研发工作需要，上海高院会同市检察院、市公安局、市司法局、科大讯飞合作，在上海高院建立了"206 工程"研发基地，作为"206 工程"研发场地，组建了专门研发队伍。

一是建立了研发基地。上海高院腾出一个大法庭。二是组建了专门的研发队伍。从法院、检察院、公安机关、科大讯飞抽调专门力

上海高院"206 工程"研发基地现场图

研发人员废寝忘食、日夜奋战、合力攻关

量，集中攻关。截至 10 月底，直接参与研发工作的人员合计 700 余人，其中：由上海法院、检察院、公安机关抽调的业务骨干 400 余人**（法院 220 余人、检察院 80 余人、公安机关 100 余人、司法机关 10 余人）**；由科大讯飞确定的技术人员 300 余人（其中集中在上海法院基地技术人员 79 人，在公司本部后台的技术人员 226 人）。

自"206 工程"研发队伍组建以来，全体人员忘我工作，日以继夜，每天加班至晚上 12 点之后，为系统研发成功作出了积极贡献。

5. 确定试点单位

为做好软件研发，我们确定了 25 家法院、检察院、公安机关等为试点单位，其中法院 6 家、检察院 6 家、公安机关 13 家。（如下表）

"206工程"一期、二期试点单位名单表

一期工程试点单位（25家）	法院	市高院	二期工程新增试点单位（新增22家）	浦东公安	潍坊新村
		市一中院			金杨新村
		市二中院			罗山新村
		浦东法院			陆家嘴治安
		徐汇法院			世纪广场治安
		杨浦法院			永泰路
	检察院	市检察院			东明路
		市检一分院			六里
		市检二分院			周东
		浦东检察院			航头
		徐汇检察院		徐汇公安	漕河泾
		杨浦检察院			田林新村
	市公安局系统	市公安局			康健新村
		刑侦总队一支队			斜土路
		刑侦总队七支队			湖南路
		经侦总队			华泾
	浦东公安	浦东公安分局		杨浦公安	新江湾城
		陆家嘴分区指挥部			环岛治安
		三林分区指挥部			定海路
		塘桥派出所			长白新村
	徐汇公安	徐汇公安分局			控江路
		徐汇刑侦支队			四平路
		徐汇经侦支队			
		虹梅派出所			
	杨浦公安	杨浦刑侦支队			
		杨浦经侦支队			

6. 实施路径

方向、目标、任务确定之后，实现的路径十分重要。坚持问题导向、需求导向、目标导向，找准问题，厘清需求，确保系统设计

能解决刑事办案中存在的实际问题，符合一线办案人员的实际需求，是实现设计目标的正确路径，深入调研是实现路径的首要环节。

（1）以问题为导向，找准突破口。为找准问题，选择突破口，"206工程"办公室组织研发人员，深入市法院、市检察院、公安以及下属的刑侦、经侦、派出所等单位开展调研100余批次，广泛征求意见和建议，共收集问题、意见、建议300多条，分别梳理列出共性问题和个性问题，逐一向公安、检察机关了解办案规范要求，现有办案系统的主要功能，充分听取对软件设计研发的意见建议，找准问题、对症下药，确保系统功能设计解决办案中的实际问题。

（2）以需求为导向，确定系统走向。系统是给一线办案人员使用的，既要解决办案中的实际问题，更要使系统方便办案，好用、管用、愿用。为此，我们深入一线，了解办案人员的需求，共收集150余项建议，保证了系统设计科学、完整、简便、适用、管用、好用、愿用，解决问题，满足需求。

（3）搜集案件资料，提供机器学习。数据是战略资源。人工智能的技术特征之一就是机器具备自主学习的能力，AlphaGo打败李世石，就是因为将3000万棋谱输入供机器学习，具备了自主学习的专家经验。受其启发，我提出搜集现存的公检法的所有的刑事案件资料，整理后汇集于数据库，为机器提供可识别、可判断、可学习和参考的标准样本。我们共收集了公检法退查退捕、罪轻不起诉、无罪释放等案件的说明、电子卷宗、裁判文书、庭审笔录、审理报告等资料30余万份，梳理侦查、起诉、审判等阶段在收集证据、固定证据、检验证据、审查判断证据中存在的问题，为系统全面审查判断证据链条的完整性提供了可识别的模板，为破解刑事案件证据标准适用不统一、办案程序不规范等难题，特别是实现对证据的校验、把关、提示等功能，提供了机器学习样例，为系统的研发与应用奠定了基础。

截至 2018 年 10 月底，"206 系统"司法大数据共有 9 个数据库，内含 2800 万份数据资料，发挥着数据战略资源的作用。

三、科学定位，人机协同，智能辅助办案

系统的定位关系到研发的方向与成败。

最初，中央政法委对研发"以审判为中心的诉讼制度改革软件"的要求是：制定证据标准、证据规则并嵌入大数据系统，为办案提供指引。据此，我们将系统初步定位为"上海刑事案件证据标准统一适用大数据系统"，拟运用互联网、大数据等现代科技手段，主要解决刑事案件证据收集、固定、审查、运用的统一标准指引问题，为办案一线人员提供统一的证据标准指引。**之后，中央政法委又明确要求：**要运用人工智能等最新科技手段，实现对证据审查判断的功能，凡证据有瑕疵的案件，不能进入审判程序，起到防范冤假错案的作用。如何实现这一目标，甚至有的同志简单地认为是**机器办案**，并提出了一些疑问。因此，对系统的科学定位至关重要，关系研发方向与成败。

1. 系统定位：AI 助理

把握司法活动规律和人工智能现阶段的特征，并将两者紧密结合，是保证研发工作正确方向、不犯颠覆性错误的正确途径。

司法活动有其自身的规律，尤其是司法的公正性、独立性、公开性、亲历性，以及法官、检察官、侦查人员的经历、经验、理性判断等特点，决定法官、检察官、侦查人员是办案主体，机器是不能代替的。但在科技高度发达的今天，运用互联网、大数据、云计算、人工智能等新技术，以实现为办案人员提供证据标准、证据规则统一指引，同时对办案人员收集的证据进行**审查、校验、把关，发现瑕疵、矛盾点，及时提示办案人员查证、补证，**以确保移送审查起诉的案件事实证据经得起法律的检验，有效防范冤假错案，是完全可以做到的。系统起到的是辅助侦查员、检察官、法官办案的作用。证据是否采用、如何定罪量刑，最终是由法官决定，不是"机器办案""机器定罪量刑"。实际上是为办案人员增加了一名"AI侦查员助理、AI检察官助理、AI法官助理"。因此，我们将系统研发定位为人机协同的"智能辅助办案"。

根据以上定位，我们将系统名称确定为："推进以审判为中心的诉讼制度改革——上海刑事案件智能辅助办案系统"。

2. 系统定义

目前，我们给系统下了一个初步定义：

"上海刑事案件智能辅助办案系统"是根据我国《刑事诉讼法》关于"案件事实清楚，证据确实、充分"的规定和中央关于推进以审判为中心的诉讼制度改革的部署，运用互联网、大数据、云计算、人工智能等现代科技手段，制定统一适用的证据标准指引、证据规则指引并嵌入刑事办案系统中，实现对刑事案件证据标准、证据规则的统一指引和对证据进行校验、把关、提示、监督的刑事案件智能辅助办案系统。确保侦查、审查起诉的案件事实证据经得起法律检验；确保刑事办案过程全程可视、全程留痕、全程监督，以减少司法任意性，有效防范冤假错案。

3．为什么叫"206"

"206 系统"听起来好像很神秘，实际上就是一个简称或代号。当时为了工作方便，就以 2017 年 2 月 6 日中央政法委交办任务的这一天为标志，将这项任务简称："**206 工程**"；将系统简称："**206 系统**"。后来媒体报道时均采用了"206"这个简称。

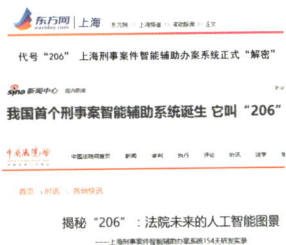

第四章

"206 系统"的基本架构及功能

一、办案网络平台

"206 系统"采用"一中心、一网络、四平台"的运行方式：

"一中心"指"206 系统"的中心服务器，中心服务器设置在上海高院；

"一网络"指建立办案统一网络，连通公、检、法、司各机关

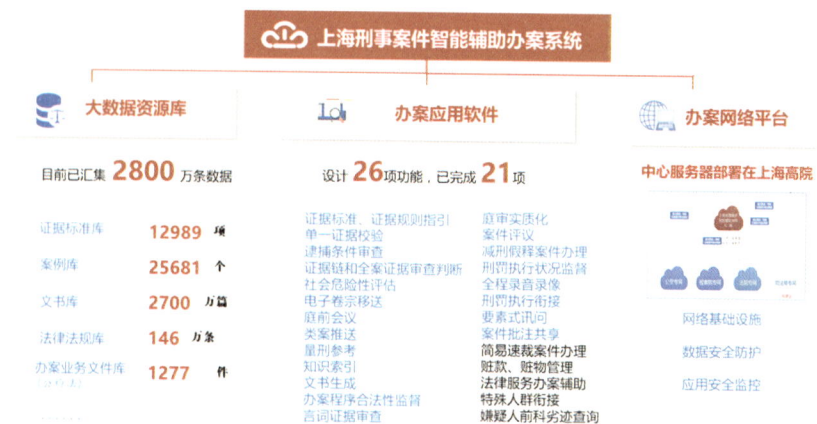

上海刑事案件智能辅助办案系统

大数据资源库	办案应用软件	办案网络平台
目前已汇集 2800 万条数据	设计 26 项功能，已完成 21 项	中心服务器部署在上海高院

大数据资源库
目前已汇集 **2800** 万条数据

证据标准库	12989	项
案例库	25681	个
文书库	2700	万篇
法律法规库	146	万条
办案业务文件库	1277	件

办案应用软件
设计 **26** 项功能，已完成 **21** 项

证据标准、证据规则指引　　庭审实质化
单一证据校验　　　　　　　案件评议
逮捕条件审查　　　　　　　减刑假释案件办理
证据链和全案证据审查判断　刑罚执行状况监督
社会危险性评估　　　　　　全程录音录像
电子卷宗移送　　　　　　　刑罚执行衔接
庭前会议　　　　　　　　　要素式讯问
类案推送　　　　　　　　　案件批注共享
量刑参考　　　　　　　　　简易速裁案件办理
知识索引　　　　　　　　　赃款、赃物管理
文书生成　　　　　　　　　法律服务办案辅助
办案程序合法性监督　　　　特殊人群衔接
言词证据审查　　　　　　　嫌疑人前科劣迹查询

办案网络平台
中心服务器部署在上海高院

网络基础设施

数据安全防护

应用安全监控

办案平台。根据《刑事诉讼法》确定的办案规则、程序，建立网络办案流程，公检法司办案按照法律规定和办案流程都在网上运行。

"四平台"指将"206 子系统"嵌入公、检、法、司各机关的业务网络平台。

平台间通过数据管理中心交换数据，实现刑事办案信息在侦查、审查起诉、审判、刑罚执行等阶段的信息共享、一体化应用。

"206 系统"是通过政务外网与公检法司业务网构建数据安全交换通道，实现数据自动同步交换，跨部门共享共用。"206 系统"连通了公、检、法、司各家的办案业务平台，相当于建设了一座多条高速路交会的立交桥，各机关业务流程在这里进行联结、汇集、交互、整合，从而形成了一个更大的开放式平台，各家新的办案手段、新的科技应用可以不断汇聚和融入该平台中，从而产生叠加效应。

二、大数据资源库

数据库是智能辅助办案系统的重要基础。上海刑事案件大数据资源库主要包括：

（1）证据标准库：构建统一的、整套系统所需的证据标准库，利用业务专家梳理的证据标准以及过往应用证据标准和实际办案过程中产生的经验数据，建立结构化数据资源。

（2）罪名要件库：在涉及故意杀人罪，故意伤害罪，盗窃罪，抢劫罪，电信网络诈骗罪，走私、贩卖、运输、制造毒品罪，非法吸收公众存款罪等案件中，可以具体证明这些犯罪事实证据客观性、真实性、关联性的三性判断常见问题和指引结果，依据收集的问题和指引形成结构化数据存储。

（3）案件信息库：在各类案件中，将案件受理情况、犯罪嫌疑人基本信息、审查逮捕案件办理情况、犯罪嫌疑人审结情况的案件信息形成结构化数据存储。

（4）案件特征库：经上海地区和全国其他地区涉及的故意杀人罪、故意伤害罪、盗窃罪、抢劫罪等刑事案件中已发生案件的犯罪工具形式、指纹、图章、捺印特征、DNA特征等数据进行结构化存储。

（5）电子卷宗库：电子卷宗库实现办案过程中收集各类随案同步生成的电子卷宗，系统可与各类信息采集设备、业务系统结合，实现随案同步进行电子卷宗材料的收集。对于已生成的电子诉讼材料，系统可自动将电子材料与案件关联，并按照卷宗目录将电子诉讼材料进行自动归类，构建基础的电子卷宗库。

（6）裁判文书库：构建以上海刑事案件为核心、兼顾全国同类案件的裁判文书库，利用自然语言理解和信息抽取技术对裁判文书要素内容进行抽取，同时对文本数据进行结构化存储。

（7）案例库：收集上海过往刑事案件典型案例和最高法指导案例信息，进行格式化信息处理，形成完整案件信息库，构建支撑上层业务应用所需的基础资源和参考信息，完整记录案件办理流程、案件审判流程、案件总结分析等多方面信息，为公检法办案提供办案参考。

（8）法律法规司法解释库：基于明确的法律、法规、司法解释文件形成格式化数据，并利用信息处理手段构建索引，为司法业务应用和基础数据库提供法律适用检索功能指引。

（9）办案业务文件库：收集办案业务文件信息、抽取特征要素信息，并与其他数据信息库形成关联信息，为证据收集固定指引、办案程序监督等应用提供参考信息。

截至 2018 年 10 月底，上海刑事案件大数据资源库已汇集 2800 万条数据。其中，案例库中的案例 9012 个，文书库中的文书 1600 万篇，法律法规司法解释库中的条文 948384 条，办案业务文件库各类规范性文件（公检法）638 件。证据标准库、电子卷宗库将随证据标准的制定及开发的案由同步更新。

三、办案应用软件的功能

"206 系统" 设计功能 26 项（详见系统功能介绍），截至 2018 年 10 月 31 日，已完成开发 21 项：证据标准、规则指引，单一证据校验，逮捕条件审查，社会危险性评估，证据链和全案证据审查判断，办案程序合法性审查监督，庭审示证，类案推送，法律法规推送，量刑参考，文书生成，电子卷宗移送，全程录音录像，资料

索引等。（详见下表）

"206 系统" 功能模块列表

序号	功能名称	完成情况
1	证据标准、证据规则指引	已完成
2	单一证据校验	
3	逮捕条件审查	
4	证据链和全案证据审查判断	
5	社会危险性评估	
6	电子卷宗移送	
7	庭前会议	
8	类案推送	
9	量刑参考	
10	知识索引	
11	文书生成	
12	办案程序监督	
13	非法言词证据排除	
14	庭审实质化	
15	案件评议	
16	减刑假释案件办理	
17	批注共享	
18	全程录音录像	
19	要素式讯问	
20	刑罚执行衔接	
21	刑罚执行状况监督	
22	简易速裁案件办理	正在开发中
23	赃款、赃物管理	
24	法律服务办案辅助	
25	特殊人群衔接	
26	嫌疑人前科劣迹查询	

截至 2018 年 10 月底已完成的功能如下：

1. 证据标准、证据规则指引功能

制定统一适用的证据标准、证据规则嵌入办案系统，为办案人员提供了数据化、清单式的办案指引，解决办案人员仅凭个人经验收集证据可能产生的局限性、差异性和主观性。该功能包括以下两个方面：

（1）**清单式指引**。具体包括：一是围绕犯罪事实清楚、证据确实充分的要求，对每一类案件的事实认定需要哪些证据作出清单式规定；二是从刑事案件证据收集的程序、形式、内容要件上，对《刑事诉讼法》规定的八类证据作出清单式规定。

（2）**分层、分类、分段指引**。**分层**指引是指从证据链条、待证事实及其印证证据三个层面，列举应当收集哪些证据，以及为什么要收集这些证据；**分类**指引是指按照构建证据链条的案件繁简程度，分类列出所需收集的证据（比如命案的四种不同类型：现场目击型命案、现场留痕型命案、认罪供述得到印证型命案、拒不认罪型命案）；**分段**指引是指根据刑事案件办案的不同阶段，分别列举证据标准，适应不同办案阶段对证据充实性的不同要求。

2. 单一证据校验功能

在"证据即灵魂"的刑事办案过程中，围绕证据"客观性""关联性""合法性"，我们采取"海量数据挖掘＋办案专家总结"的方式制定单一证据校验的规则。截至 2018 年 10 月底，系统已完成上海常涉 71 个罪名的证据校验标准制定，校验点共计 12989 项。

"单一证据校验"功能做到对所收集的每一个证据均从程序、形式和内容三个方面进行比对校验，自动生成审查结论，并提示办案人员进行瑕疵证据的补正或说明。

该项功能具有以下三个特点：（1）证据校验的全面性：办案人员收集的每一个证据输入办案系统后，均会自动进行比对校验；（2）校验结论的精准性：系统将收集、固定、保存证据的系列规定，按程序、形式、内容细化为具体校验点，有效发现人工不易察觉的证据瑕疵或问题；（3）结果反馈的及时性：借助于人工智能技术，能够立即将校验结果反馈给办案人员并予以瑕疵证据的补正或说明提示。

3. 逮捕条件审查功能

"206 系统"的"逮捕条件审查"功能，能够辅助办案人员对犯罪嫌疑人是否符合逮捕条件进行审查判断，为办案人员提请批捕提供参考。我们通过对法律法规的深度分析以及司法人员的办案经验总结，将各个罪名符合逮捕条件需提供的基本证据予以列明，作出逮捕条件的证据指引，同时突出社会危险性调查环节，节省检察机关在批捕阶段的证据审查时间，提升办案效率。

4. 证据链和全案证据审查判断功能

根据构建的证据链模型，按照事实清楚，证据确实、充分的法定证明标准，将办案经验进行系统总结提炼，形成规范办案流程，对同一查证事项下证据印证关系、不同查证事项间逻辑符合性、犯罪嫌疑人或被告人多次供述间矛盾事实进行审查判断。运用命名实体识别技术，定位证据中出现的人物、地点、时间、物品等，然后运用实体关系分析技术深入挖掘它们之间的关系，包括人物关系、时间关系、地点行踪、物品来源与去向，以及它们之间的逻辑关系等，以"机器抽取＋人工标注"的方式获得各证据中的待证事项，系统按证据链模型进行分类排列，供办案人员判断各待证事项下证据是否印证、不同证据间逻辑符合性、证据间是否存在矛盾等。

5. 社会危险性评估功能

通过大数据分析，将影响社会危险性程度的各项要素加以量化并设置权重，采用深度学习方式构建社会危险性评估模型。社会危险性评估是检察官对犯罪嫌疑人、被告人决定是否批捕以及提出缓刑量刑建议的重要参考。系统将影响犯罪嫌疑人、被告人社会危险性程度的因素细化为七个方面 32 项指标，由此提升了评估的全面性、科学性和准确性。

6. 电子卷宗移送功能

"206 系统"的"电子卷宗移送"功能，打通公、检、法三部门业务系统的数据接口，各家在进行案件节点流转时，直接通过"一键发送"。通过对案卷材料的同步采集，实现刑事案件卷宗的电子化流转，节省办案人员的时间。电子卷宗移送功能对公安"两统一"工作具有提速增效作用，有利于提升办案效率。

7. 庭前会议功能

组织视频庭前会议，自动抽取庭前会议中控辩双方对案件证据的意见，形成庭前会议提纲，全程记录庭前会议过程，自动形成庭前会议笔录及庭前会议报告。

8. 类案推送功能

"206系统"的"类案推送"功能采用机器学习的方式，对犯罪主体、犯罪行为、行为人主观状态、案件事实、证据等案件要素进行标注，形成机器学习的样本，通过深度神经网络自动抽取提请批捕决定书、起诉状、判决书等文书中的案件信息，构建深度神经网络模型。该功能可根据案由、证据组成情况，运用智能搜索引擎，从海量的刑事案件信息资源库中查找最相近的案件进行自动推送，供办案人员参考。"206系统"的类案推送功能具有数据量大（刑事案例资源库2000多万份文书）、相似案例判断维度丰富、案件信息全面的特点，与传统的关键词搜索方式相比，采用机器学习方式的类案推送结果更加精准、类案判断过程具有可解释性的优点。

9. 量刑参考功能

"206系统"的"量刑参考"功能依托海量历史判例，通过大数据分析，对刑事文书进行标注，深入分析量刑过程，将"法定刑、基准刑、宣告刑"三个维度的数据准确标注，抽取案情中影响量刑结果的法定量刑情节、酌定量刑情节和量刑影响历史因素，形成机器学习样本，建立量刑预测模型，为检察官提出量刑建议及为法官量刑提供参考，起到规范量刑，减少量刑偏差和量刑失衡的作用。

10. 知识索引功能

"知识索引"功能根据案件特点，将法律法规、司法解释、业务文件、裁判文书等资料系统梳理整合，形成专业知识库，向办案人员自动推送，为办案提供全过程的信息资源支持。

11. 文书自动生成功能

"文书生成"功能将系统数据资源有机整合，自动生成刑事案件办理过程中所需的文书。

12. 办案程序监督功能

"206 系统"的"办案程序监督"功能，实现对办案过程中证据收集、固定、审查、判断的全程留痕，强化对办案程序的监督。

13. 言词证据审查功能

"206 系统"的"言词证据审查"功能，利用音字转换技术将录音直接转化为文字，利用自然语言处理技术实现言词证据内容相似性聚类，便于司法人员快速比对犯罪嫌疑人、受害人、证人等言词证据的矛盾点，辅助快速查清犯罪事实；办案人员需定位录音、视频信息时，添加批注，方便办案人员再次查询、核对，运用音字转换及智能检索技术，实现对言词证据与音像资料的快速比对，及时发现讯问过程中是否存在违规现象。

14．庭审实质化功能

"206 系统""庭审实质化"功能实现所有证据在庭审过程中即时调取和当庭出示，保证庭审在查明事实、认定证据、保护诉权、公正裁判中的作用。具体实施中，功能做到两方面：（1）庭审示证：实现所有证据在庭审过程中即时调取和当庭出示，保证庭审在查明事实、认定证据、保护诉权、公正裁判中的作用；（2）阅卷记录：将法官在阅卷过程中所做的记录予以汇总，并按照事实、证据、定罪、量刑及其他事项分类，供法官在庭审中参考使用，有利于突出庭审重点，提高庭审效率。

15．案件评议功能

"案件评议"功能通过语音识别和音字智能转换技术，将合议庭成员对案件的意见实时记录，自动生成案件评议笔录，实现全程留痕。

16．减刑假释案件办理功能

"206 系统"该功能可实现减刑、假释案件网上提请、网上办理。目前，在减刑假释案件办理过程中，通过"206 系统"建立的数据交换通道，打通与司法局业务系统的数据接口，已实现减刑假释案件电子卷宗的网上移送及全程网上办理，极大提高了办理效率。

四、网络及数据安全

司法信息化建设已正式进入"数据共享时代",交换平台有效解决了海量数据的存储与检索问题,与此同时催生了新的安全问题。在大数据环境下传统网络边界逐渐消失,应用程序和数据暴露在日益未知、愈发复杂的安全威胁面前,传统的被动安全防护手段无法有效监视、发现、跟踪、阻止正在实施的攻击。网络及数据安全问题日益凸显,无法对内部违规和外部攻击所面临的数据窃取导致的数据泄漏提供有效技术支撑。依据等保三级建设要求结合目前安全状态的实际情况,安全防护措施需结合传统安全防护手段,构建安全、高效、可控的业务承载能力,基础计算能力以及基础运行环境,实现系统的高级别安全防护。需制定安全防护策略,从数据的采集、传输、存储、处理、共享和销毁等阶段对数据的全生命周期进行安全防护,提升安全防护效能。

1. 网络和通信安全

"206 系统"网络安全建设采用网络防火墙、入侵防御系统、防病毒系统、安全管理系统、运维管理系统等,按照有关网络安全规定必须达到等保三级要求。公安、检察院、法院、司法局等网络属于三级等保网络,目前每个单位各自有自己的和外网隔离的内网。其涉密网络中含有大量的敏感信息及涉密数据,这些涉密数据是绝对不能流入比它密级低的网络中的。公、检、法、司以及数据中心之间的通信采用光单向安全隔离数据自动导入系统(简称单向网闸）。公、检、法、司内网由于密级相等，所以内网间通信采用双向单向网闸。

2. 数据安全防护平台

数据安全防护平台采用基于数据透明加密技术、数据防篡改技术、数据动态脱敏技术、数据防火墙技术、数据监测技术来构建统一的核心数据保护体系，为业务数据提供统一的安全防护。

3. 数据资产管理

数据资产管理提供数据资产扫描、智能识别、分类分级管理，通过该功能能够自动发现和定位敏感数据存储位置、数据敏感等属性，发现和定位敏感数据，明确网络环境中数据库的分布情况。根据定义的敏感数据类型及模式定位和业务系统所包含的所有敏感数据，同时为该敏感数据进行分类、分级和标示。数据资产管理，能够对数据中心、云和大数据环境下海量数据进行自动化梳理，从中识别出敏感数据，并记录敏感数据所在的物理位置、逻辑位置、存储格式、状态、数据量、访问热点等信息。为海量数据管理提供可视化的管理工具，为数据安全实施分级保护策略提供支撑，既能保证数据安全也能避免过度保护。

4. 数据区块链防篡改系统

公、检、法、司内网并不互联，通过单向光闸传递数据，系统在"一中心、四平台"的基础上，加入五条存取证私有链防止数据篡改。第一，公安卷宗哈希私有链。一共有五个节点，分别位于公安内网、检察院内网、法院内网、司法局内网以及数据中心内网；其中只有公安内网的节点有读写权力，其他节点只有读的权力，公安内网的节点的数据通过光闸同步到其他各节点。第二，检察院卷宗哈希私有链。一共有五个节点，分别位于公安内网、检察院内网、法院内网、司法局内网以及数据中心内网；其中只有检察院内网的节点有读写权力，其他节点只有读的权力，检察院内网的节点的数据通过光闸同步到其他各节点。第三，法院卷宗哈希私有链。一共有五个节点，分别位于公安内网、检察院内网、法院内网、司法局内网以及数据中心内网；其中只有法院内网的节点有读写权力，其他节点只有读的权力，法院内网的节点的数据通过光闸同步到其他各节点。第四，司法局卷宗哈希私有链。一共有五个节点，分别位于公安内网、检察院内网、法院内网、司法局内网以及数据中心内网；其中只有司法局内网的节点有读写权力，其他节点只有读的权力，司法局内网的节点的数据通过光闸同步到其他各节点。第五是政法委数据中心卷宗哈希私有链：一共有五个节点，分别位于公安内网、检察院内网、法院内网、司法局内网以及数据中心内网；其中只有数据中心内网的节点有读写权力，其他节点只有读的权力，数据中心内网的节点的数据通过光闸同步到其他各节点。

5. 操作系统安全

操作系统安全是最后一道防线，当系统遭受了攻击，就可能造成重要数据资料丢失、关键服务器丢失控制权等极其严重的后果。通过系统内核加固对用户信息的保密性、完整性、可靠性进行有效防护，以守住数据安全的最后一道防线。采用主流操作系统安全加固产品，可提高操作系统整体的防御水平，能够抵御外部针对操作系统的攻击，达到等保三级的要求。

第五章

"206 系统"功能的业务支撑

人工智能三要素：由核心技术、数据库、专家经验组成（见图一）。

而"206 系统"是由司法业务专家、核心技术、司法大数据三要素组成（见图二）。这其中人工智能核心技术要素的应用是当然的，不需多说。我认为：就某一具体领域的实际应用，该领域的专业与需求的因素是最重要、最关键的。因为智能应用系统的研发及应用是以解决本领域中问题和需求为目的。如刑事案件智能辅助办案系统，是要通过运用人工智能等现代技术来解决刑事诉讼活动中证据标准适用不统一、不规范，证据及证据之间存在的瑕疵与矛盾等问题，以减少司法任意性，确保侦查、起诉、审判的案件事实证据经得起法律的检验，防范冤假错案的发生。因此，在"206 系统"的研发中，人工智能核心技术是不可或缺，没有它不行。但首先必须把刑事诉讼活动中存在的问题，刑事办案人员的需求梳理出来，把证据标准、规则制定出来，并制定成证据标准模型，提供机器学习判断，才能实现系统的指引、审查、判断等功能。这就需要司法领域的业务专家与技术人员联合来完成，并要有司法大数据库作为支撑（见图二）。

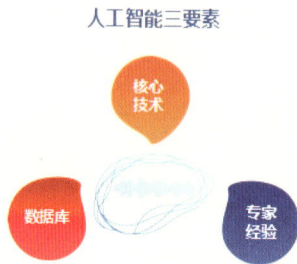

图一：人工智能要素图

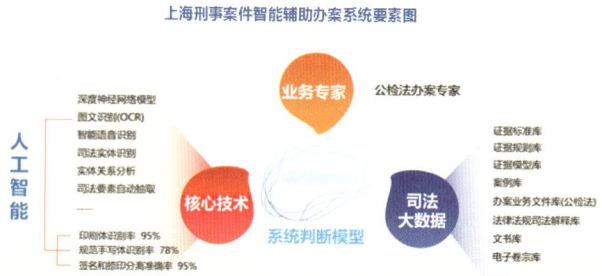

图二："206系统"要素图

一、证据标准指引制定

制定证据标准指引是刑事司法的创新，证据标准指引是"206系统"的核心功能。

证据是诉讼的灵魂。

诉讼离不开证据，没有证据就没有诉讼。

在整个刑事诉讼活动中合法有效、确实充分的证据，是案件事实清楚的前提和关键。

刑事诉讼领域案件证据标准的制定十分复杂，虽然刑法确定了468个罪名，法律规定八类证据，但每一个罪名具体的证据标准是模糊的，需要一个罪名一个罪名研究制定，并嵌入系统，才能为办案人员提供统一规范、简明易行、数据化、清单式、全流程的办案指引，为机器的识别、判断提供学习和参考的标准样本。

这是一个浩瀚的工程，也是一个伟大的工程，这不仅是系统研发应用的需要，更是完善了刑事诉讼理论体系和刑事证据体系，这是"206 系统"最重要的历史价值。

我们集中了全市 400 余名业务专家（220 余位资深法官、80 余位资深检察官、100 余位资深警官）用了 21 个月的时间完成了常涉 102 个罪名的证据标准制定这一伟大工程（其中上海刑事案件常涉的 71 个罪名的证据标准指引制定工作，共设置校验点 12989 项。另涉及全国 31 个罪名证据标准制定工作由各地区承担，目前已进入论证、修订阶段）。

1. 证据

何谓证据？

《辞源》将证据解释为："证明事实的根据。"[1]《现代汉语词典》将证据解释为："能够证明某事物的真实性的有关事实或材料。"[2]《牛津法律大词典》对证据解释为："事实，从事实中推断出的结果及陈述。这些事实、结论和陈述有助于法院或其他调查主体确信某些尚不知道但正在调查之中的事实和情况。"[3]《中华人民共和国刑事诉讼法》（1979）第三十一条规定："证明案件真实情况的一切事实，

---

1 《辞源》，商务出版社 1991 年版，第 2919 页。

2 《现代汉语词典》，商务印书馆 2012 年版，第 1663 页。

3 《牛津法律大词典》，光明日报出版社 1988 年版，第 316 页。

都是证据。"（1996 年修订的刑事诉讼法第四十二条关于证据的定义亦是如此。）

《中华人民共和国刑事诉讼法》（2012 版）（以下简称《刑事诉讼法》）第四十八条规定："可以用于证明案件事实的材料，都是证据。"（2018 年修订的《刑事诉讼法》第五十条关于证据的定义亦是如此。）

根据《刑事诉讼法》第四十八条第 2 款规定，证据包括：（一）物证；（二）书证；（三）证人证言；（四）被害人陈述；（五）犯罪嫌疑人、被告人供述和辩解；（六）鉴定意见；（七）勘验、检查、辨认、侦查实验等笔录；（八）视听资料、电子数据等共八类证据。

自从 1979 年 7 月 1 日颁布《中华人民共和国刑事诉讼法》后，我国刑事诉讼法先后经历了三次修订（2018 年 10 月 26 日为最新一次修订），从其演变历程看，我国《刑事诉讼法》对证据的定义经历了从"事实说"向"材料说"的转变[1]，1979 年和 1996 年的《刑事诉讼法》仅是对证据的作用进行解释，并没有明确证据的属性，可见 2012 年之前的《刑事诉讼法》对证据定义采用的是"事实说"。按照"事实说"的观点，将证据假定为一种客观存在，但证据能否证明案件事实，实际上要受到人的主观审查和判断，难以确保一定完全、客观。2012 年和 2018 年我国修订的《刑事诉讼法》对证据的定义则均采用"材料说"，《刑事诉讼法》第四十八条规定，"可以用于证明案件事实的材料，都是证据"。同时第四十八条

1　当然还有其他学说诸如根据说、法律存在说、命题说、修正的事实说等。

第 3 款规定:"证据必须经过查证属实,才能作为定案的根据"。由此可见,证据不等于定案根据。定案根据是由审判人员在控辩双方对证据质证的基础上,对影响案件定罪量刑的证据进行的取舍和确认,这种证据严格意义上讲是定案证据。因此,确定证据时审查的对象是"材料",确定定案根据时审查的对象是"证据"。故可以将"证据"理解为用以证明案件事实或者与法律事务有关之事实存在与否的符合法定形式的材料。[1]

因此,我们也可以理解当前推进以审判为中心的诉讼制度改革,实际上就是以证据为核心,倒逼证据规范的改革。通过改革,确保证据的搜集、质证和采信符合法律要求,符合证据的属性要求,即真实性、合法性和关联性,并达到法律要求的"犯罪事实清楚,证据确实、充分"的证明标准,进而隔绝非法或瑕疵证据流入诉讼各阶段,有效防范冤假错案的发生。

2. 证据标准指引

孟建柱同志提出:"把现代科技创新与司法体制改革融合起来,特别是在推进以审判为中心的诉讼制度改革中,通过强化大数据深度应用,把统一的证据标准镶嵌到数据化的程序中,减少司法任意性,既提高审判效率,又促进司法公正。"

刑事司法研究领域已有证明标准、证据规则、证据规格、证据品格等概念,证据标准指引概念的提出是我国刑事司法理论领域的

---

1 参见何家弘主编:《新编证据法学》,法律出版社 2000 年版,第 93—99 页。

一次重大创新，丰富、完善了刑事诉讼理论体系和刑事证据体系，开创了历史先河。

证据标准指引是"206 系统"的核心功能。证据标准指引是指在办理刑事案件过程中，一般应当收集哪些证据以及如何收集证据的规范，是"犯罪事实清楚，证据确实、充分"法定证明标准的具体化与规范化。证据标准指引由完整的证据链条、必须查证的事项、所需收集的基本证据、需要注意或提示的问题、证据的综合分析判断等方面组成。

目前，我国《刑法》及修正案中规定了刑事罪名 468 个，通过司法大数据分析，全国范围内刑事案件常涉罪名约有 102 个，其中，上海刑事案件常涉罪名有 71 个。截至 2018 年 10 月底，我们已完成上海刑事案件常涉的 71 个罪名的证据标准指引制定工作。而涉及全国其他省、自治区、直辖市的 31 个罪名证据标准制定工作也已进入论证、修订阶段。

3. 制定证据标准指引的必要性

（1）**防范冤假错案的现实需要**：党的十八大以来，人民法院依法纠正了呼格吉勒图案、聂树斌案等 39 起重大刑事冤假错案。造成冤假错案的原因比较复杂，但可以说，凡冤假错案都会在证据上存在重大问题，案件事实不清，证据不够确实、充分是其中重要的原因（几乎无一例外）。这些案件的依法纠正，不仅彰显了法治的公平与正义，更加说明了制定证据标准指引、证据规则指引的意义非常。

（2）**证据标准化、具体化、可操作的实现需求**：我国《**刑事诉讼法**》**第五十条规定**：可以用于证明案件事实的材料，都是证据。证据包括：（一）物证；（二）书证；（三）证人证言；（四）被害人陈述；（五）犯罪嫌疑人、被告人供述和辩解；（六）鉴定意见；（七）勘验、检查、辨认、侦查实验等笔录；（八）视听资料、电子证据。证据必须经过查证属实，才能作为定案的根据。**同时《刑事诉讼法》第五十五条规定证据确实、充分，应当符合以下条件**：（一）定罪量刑的事实都有证据证明；（二）据以定案的证据均经法定程序查证属实；（三）综合全案证据，对所认定事实已排除合理怀疑。**但在司法实践中，尤其在办理个案中**，八类证据以什么为标准？如何去搜集、去鉴别？用一线办案人员的话来说，就是**看不见、摸不着、难把握**。以致长期以来办案人员在日常办案时主要凭借个人的经验甚至个人的感觉来收集证据，而不同办案人员往往对证明标准的认识和理解不尽相同。因此，制定标准化、清单式、统一适用的证据标准指引，让办案人员看得见、摸得着、可操作，以减少司法任意性、办案行为不规范、防范冤假错案是一线办案人员期盼已久的，也是刑事诉讼活动中亟须解决的问题。

4. 实现的方法与路径

（1）**搭建业务研发专家团队**：制定证据标准指引是一项开创刑事司法历史的创新工程，也是一项复杂浩大的工程，更是一项前人没有做过的工程，必须依靠集体的智慧与力量，攻克这一难关。

我们从全市公、检、法抽调了 400 余名办案经验丰富的刑事办案专家、骨干（220 余位资深法官、80 余位资深检察官、100 余位资深警官）来集中攻关。根据某一类案件的特点并考虑到专家的专业特长，将 71 个常见罪名分配给若干个专家组，专人研究、专人制定、专人负责。

（2）**深入广泛调研**：没有调查就没有发言权。闭门造车、凭空想象、拍脑袋的工作方式不可取，只有真正了解存在的问题、实际的需求，才能避免工作上的偏差。因此，我们先后到公、检、法以及刑侦、经侦、派出所等基层单位深入调研，多次组织专家学者座谈会、论证会广泛听取意见、开拓思路。

（3）**把握规律、分类分步实施**：经过专家组科学论证、反复验证，并结合个人工作经验，发现任何一类案件在证据收集方面都有相对的固定性和规律性。只要把握了这些特点和规律，许多问题就会迎刃而解。以命案为例，经过命案专家组查阅了上海市（2012—2016 年）审结的 591 件命案（故意杀人罪 319 件、故意伤害罪 195 件、抢劫罪 74 件、绑架罪 3 件）的案卷、审理报告、判决书等，然后根据查证命案所需证据数量的多少和证据结构的不同，按照由简到繁的顺序，将命案分为四个类型：现场目击型命案、现场留痕型命案、认罪供述得到印证型命案、拒不认罪型命案。

例如，认罪供述得到印证型命案这一类型，是指既无现场目击证人，也没有在现场发现重要留痕，根据相关线索锁定犯罪嫌疑人，其到案后的供述与其他证据能够高度吻合的案件。

该类型命案的证据特点是通过梳理被害人社会关系，排摸多种犯罪线索，进而锁定犯罪嫌疑人。取证要点在于及时获取犯罪嫌疑人的完整供述，着重查明先供后证的相关事实，并与现场细节进行充分比对，力求达成非亲历作案无法说出与现场细节高度吻合事实的判断。

该类案件一般包括三种情形：一是犯罪嫌疑人自动投案并如实供述的；二是因与被害人生前有密切交集而被锁定为犯罪嫌疑人，且到案后如实供述的；三是因作案时间段出现在现场周边而被锁定为犯罪嫌疑人，且到案后如实供述的。

该类案件在查证犯罪事实时应当收集的基本证据主要有：犯罪嫌疑人供述，现场勘验检查笔录及照片、提取物品痕迹登记表，搜查、扣押笔录、清单及相关辨认笔录，抛尸轨迹路线及地点等现场辨认笔录，法庭科学 DNA 鉴定书，物证检验报告，法医学尸体检验鉴定书，作案关联事实的证人证言或监控录像，证实作案起因的证人证言，其他有关定罪量刑的证据。但是，对于现场目击型命案仅需要收集的基本证据有：现场目击证人证言、现场监控录像或被害人陈述，现场勘验检查笔录及照片，法医学尸体检验鉴定书、证实作案起因的证人证言、其他有关定罪量刑的证据。

据此，我们将常涉刑事案件罪名的证据标准指引制定工作（通过大数据分析近三年全国刑事案件常涉罪名 102 个），分步按照该罪名所需证据的繁简程度、结构特点，并以达到"案件事实清楚，证据确实、充分"的证明标准为前提，结合审判的实际需求，分类分步实施。至 2018 年 10 月底，经过一年零八个月的奋战，我们已完成上海 71 个常涉罪名证据标准的制定，共形成校验点 12989 个，覆盖上海刑事案件 90% 以上的案件。可以说伟大成果的完成，是全市法检公刑事业务专家的智慧、汗水凝结而成。

5. 证据标准指引的基本框架和主要内容

（1）**分层、分类、分段指引**。"206 系统"功能的设计既要充分体现对证据审查判断功能以防范冤假错案，又要促进以审判为中心诉讼制度改革的真正落地；既要方便一线办案人员办案，又要落实分工负责、互相配合、互相制约的刑事诉讼基本原则。为此，我们确立完整性与阶段性相结合的原则和为一线办案人员收集证据提供分层、分类、分段指引的工作思路，以发挥"206 系统"在不同办案阶段的作用。

"**分层指引**"，是根据构建完整闭合证据链条的需要，提示办案人员在办理具体案件过程中应当如何构建证据链条，应当查证哪些事实、收集哪些证据。

"**分类指引**"，是根据具体案件证据结构特点及查证犯罪事实的繁简程度不同，提示办案人员针对不同类型案件应当收集哪些证据。

"**分段指引**"，是根据不同诉讼阶段的不同要求提示办案人员应当收集哪些证据。

（2）**证据链条**。证据链条一般由"案件线索来源、锁定犯罪嫌疑人及到案经过、查证犯罪事实、证据充实性及排他性说明、罪前罪后表现及其他量刑情节、涉嫌罪名"六个环节组成。

对复杂或特殊类型案件中还会增加相应环节。例如，命案中会在案件线索后面增加"查找被害人确认死者身份"、非法集资案件中会增加"集资活动的行政违法性"一环。

"案件线索来源"要查明案件是如何被侦查机关知晓的。"锁定犯罪嫌疑人及到案经过"要查明犯罪嫌疑人是如何被锁定与到案的。

"查证犯罪事实"一般要查明作案时间、作案地点、作案人员、作案手段及经过、作案后果、作案动机及预谋等事实。

"证据充实性及排他性说明"是要考察证据是否确实充分、达到印证程度、符合逻辑排除合理怀疑。

"罪前罪后表现及其他量刑情节"是要考察犯罪嫌疑人是否有前科劣迹,是否有自首、坦白、立功等法定情节,是否有退赔、被害人谅解等酌定情节以及犯罪嫌疑人其他从宽或加重处罚的情节。

"涉嫌罪名"是要考察构成犯罪的构成要件以及易相混淆或相类似的罪名如何区分。

某类案件的证据标准指引制定是否规范需要从六个方面进行判断:证据链条是否完整闭合、查证事实是否有遗漏、证据分型是否必要和准确、证据综合分析是否合理、注意事项是否总结到位、基本证据与补强证据区分是否准确。

(3)**批准逮捕基本证据收集**。鉴于证据标准指引提供的是分层、分类、分段的证据收集指引,并考虑到审查逮捕是诉讼流程中的一个非常重要的阶段或环节,因而在证据标准制定过程中,特别列明了每一个罪名案件批准逮捕阶段所需的基本证据收集清单。

(4)**证据的综合分析判断**。证据收集只是完成证据确实、充分要求的基础工作,如何使用这些证据则涉及证据的综合分析判断,需要对事实项下的相关证据进行印证性、逻辑性、矛盾性的综合分析判断,才能排除合理怀疑、得出唯一结论,因而在证据标准指引中明确了证据的综合分析判断规则。

综上，虽然侦查、起诉、审判等不同诉讼阶段对证明标准的要求也不同，但形成一条完整闭合的证据链条以查清相关案件事实是各自阶段的最终目的。因此，证据标准指引的制定为办案人员的收集证据提供统一、标准、规范的数据化、清单式的办案指引，倒逼一线办案人员规范地收集证据，对于防范冤假错案，提高办案质效，节约诉讼资源，确保侦查、起诉、审判的案件经得起法律的检验极其重要，是推进以审判为中心的诉讼制度改革和刑事办案智能辅助办案系统研发的重大成果。

二、证据规则指引制定

1. 证据规则

证据规则是指公、检、法三机关在办理刑事案件中收集、固定、保存、运用证据应当遵循的规范，主要解决证据的合法性、真实性、关联性和运用证据中证据鉴真、传闻证据使用和非法证据排除等方面的问题。

2. 证据规则指引

证据规则指引，是指在"206系统"中针对证据规则建立的快速检索机制。我们将法律法规中有关刑事证据规则的规定，结合上海的实际,综合汇编成《上海刑事案件证据收集、固定、审查、判断规则》(简称《上海刑事证据规则》),涵盖了刑事诉讼全流程所涉的各类证据,包括刑事诉讼法规定的八类证据、量刑证据及程序性证据材料。

《上海刑事证据规则》将刑事诉讼法规定的八类证据细化为收集程序、形式要件、内容要件规范以及不可采纳情形;针对量刑证据,列举了自首、立功、累犯、再犯、和解等常见法定、酌定量刑情节所需收集的证据及其规范;针对公检法机关办案过程中所涉的各类程序性事项,如采取强制措施、查询、冻结等,明确了文书制作要求,以便公检法机关工作人员在收集、固定、保存、运用证据时快速检索和对照应用。

以电子数据为例,我们在制定《上海刑事证据规则》时就电子证据的收集程序和审查判断规则分别作了指引。收集程序方面有六项要求,包括收集、提取电子数据,应当由二名以上侦查人员进行,取证方法应当符合相关技术标准;应当扣押、封存原始存储介质,并制作笔录,记录原始存储介质的封存状态等。电子数据的审查判断分为真实性、完整性、合法性三方面,共计 17 项具体细则;并且还进一步说明了瑕疵电子证据的四种情况及补正要求、非法电子证据排除的三类情形。比如,未以封存状态移送的;对电子数据的名称、类别、格式等注明不清等情形,应当补正或者作出合理解释,不能补正或者作出合理解释的,不得作为定案的依据。电子数据有增加、删除、修改等情形,影响电子数据真实性的,不得作为定案的依据。如此,侦查人员"遵照执行"便可确保证据收集的规范，审判人员"对照检查"便可确定证据能否采信，或要求补正，或予以排除。

3. 制定证据规则指引的必要性

刑事诉讼中有关证据规则的内容散见于《中华人民共和国刑事诉讼法》《关于适用〈中华人民共和国刑事诉讼法〉的解释》《关于实施刑事诉讼法若干问题的规定》《人民检察院刑事诉讼规则（试行）》《公安机关办理刑事案件程序规定》《关于办理刑事案件排除非法证据若干问题的规定》《关于办理死刑案件审查判断证据若干问题的规定》等法律法规以及多种规范性文件中。这些文件内容庞杂，每一份文件侧重点不同，互有交叉，查阅和使用极不方便，所以非常有必要全面系统地梳理上述文件规定，为办案人员提供清单式规则指引。为此，我们制定了《上海刑事证据规则》，不仅全面的收集了现行规定中关于证据规则的内容，而且就证据收集的各类要求进行了分类规范，从而实现准确、快速地指引。

4. 证据规则指引数据化嵌入"206 系统"

我们将《上海刑事证据规则》的内容，转化为电脑可识别的"校验规则"嵌入"206 系统"。具体方法，将办案过程中的常见证据，分为形式要件和程序要件，设定规则、识别字段、校验类型、关键词、识别位置、瑕疵信息字段、提示信息字段，由研发人员编写程序，交付电脑识别和提示。此外，对于具有关联关系的证据，还须设定完整性校验规则，以避免程序性文件的缺失。

以现场勘验笔录为例，一是针对笔录本身设定校验规则，形式要件方面应当具备勘验事由、时间、地点、现场条件、勘验情况、勘验人员签名、见证人签名、印章等八项规则；程序要件方面应当附勘验照片、绘制现场图、附见证人资格说明。二是完整性校验，现场勘验笔录还需要与《提取痕迹、物证登记表》这一关联证据进行捆绑校验，缺一不可。

当证据规则指引转变为更具逻辑性、对应性和唯一性的电脑语言，就形成了"206系统"的单一证据校验的功能，成为辅助办案的重要工具。当一份证据录入系统后，系统即会对该份证据进行识别，确认其属于哪一种类型的证据，并自动适用对应的规则进行校验。需要说明的是，虽然证据规则指引的大部分内容都可以转化为电脑可识别的校验规则和校验点，但是单一证据校验功能尚不能完全覆盖证据规则，还需要人工进行复核。这主要是基于两方面的原因，一是目前的技术能力尚不能完全达到人工校验的标准，如电脑对手写体或签名捺印的识别率不高。二是存在一些需要结合其他情形判断的要素。如辨认物品时，同类物品不得少于五件，照片不得少于五张。但目前的技术水平仅能识别照片的数量，对于照片本身是否符合"同类"尚不能识别的，需要进行人工审查。

三、证据模型构建

1. 证据模型

证据模型是以证据标准指引、证据规则指引为支撑，以查清案件事实为目的而构建的关于不同类型案件的证据链条体系。它将刑事诉讼程序中，影响到定罪量刑的因素以及证据规范性的判断要素，拆分到不同的环节项下，并通过智能化的机器辅助识别、检验、评测、审查判断，然后将全案证据和查证事实的分析结果最终以知识图谱的形式展现出来。

2. 构建证据模型的方法与路径

在司法实践中，虽然刑事案件千差万别，每一个案件均呈现出不同的特点，但是从刑事诉讼程序的角度看，任何案件的犯罪事实归纳都具有一个固定的逻辑脉络，通称"六何"：何人、何时、何地、何事、何因、何果。

把这"六何"查证清楚，就能形成一个证据链上的闭环，满足对案件基本犯罪事实的认定。因此，在设计证据模型时，只有抓住犯罪活动最本质的特点，以"六何"的查证为基础，并注意查证其他影响定罪量刑的情节，再辅以必要的程序性要素，才能够反映出案件的全貌，为最终定罪量刑提供全面的要素支撑。

在构建证据模型的过程中，我们通过横向和纵向两个维度对案件的信息点进行锁定（见故意杀人案证据模型图例）：

故意杀人案证据标准模型总体框架

横向结构，设置了"案件线索来源""锁定嫌疑人及到案经过""查证犯罪事实""证据充分性及排他性分析""罪前罪后表现及其他量刑情节""涉嫌罪名"六个基本环节，并可根据各类案件的特点进行个性化的定制，对设置环节的数量进行增删或者对各个环节的排列顺序进行调整。

纵向结构，设置了"待证事实""基本证据""开放结构"和"问题提示"四个层级，从案件要素分解到证据收集指引再到司法经验总结，为案件办理提供清单式指引。

具体讲，证据模型的构建主要遵循以下四条路径：

（1）以侦查活动为视角，模拟案件侦破逻辑。刑事诉讼程序的逻辑起点源于侦查活动，所以证据模型的建构也需要以侦查为视角，描述各类案件证据链条的构成环节。证据模型在设计时通过征询侦查机关意见、梳理检察机关和审判机关在事实认定上的判定标准，并进行大量实证案件统计分析，合理安排证据链条的横向各环节。除了上面提到的六个基本环节之外，还根据各个罪名的实际情况，将证据链内所涉环节的数量和顺序进行调整，以充分贴近案件侦查实际，契合各类案件固有的侦查活动规律。

（2）**以证据链条为基础，厘清各环节下的查证事实**。在证据模型体系中，横向结构上关注的是构建完整证据链条的各个环节，根据实证分析和司法经验总结，将每个环节的证明功能拆分为不同的待查证事实，以保证以定罪量刑的事实都能够在证据链条上有所归属；而在纵向结构上，提示的是各个环节之中所需要查证的事实和对应的基本证据，并对搜证过程中可能遇到的问题以及需要特别关注的事项进行提示，保证各个环节内部能够独立的形成印证关系。

（3）**以全样本分析为方法，指引侦查机关收集证据**。通过对近五年来上海法院审理相关案件的侦查卷宗、审理报告、裁判文书的综合分析，从中统计出某类案件中各种证据出现的次数和频率，以此为基础梳理出各个待查证事实项下的高频证据，作为证明某个待查证事实所必不可少的基本证据，提示侦查人员在收集证据时予以特别关注。此外，还根据犯罪活动的特殊样态设定出相应的辅助证据，提示侦查人员在特定的情况下应注意额外收集的证据，以实现搜证过程的个性化指引。

（4）**以司法经验为依据，提示常见多发问题**。构建证据模型实质上就是将审判程序中认定犯罪的证据标准固化为操作流程和操作规范，并梳理侦查活动中可能存在的风险点和薄弱环节，对于某类案件在证据收集和证据链构建中暴露出来的共性问题予以重点提示，为侦查人员侦破案件提供一些办案思路的指引；同时通过规范搜证程序，尽最大可能将造成冤假错案的要素在证据收集环节予以剔除，体现出审判活动对于侦查活动的制约和引导作用，契合以审判为中心诉讼制度改革的需求。

3. 证据模型发挥功能的基础

证据模型作用的发挥，主要在于对证据的梳理和判断。其中，对各个证据所蕴含的证明要素，即待查证事实的选取则至关重要。

在"206系统"中，我们将构建各个罪名证据链条所需的要素，分解成若干个信息点，并且赋予各个信息点固定的标签名称（例如：作案时间、作案地点、作案动机及预谋、赃物去向等），通过对证据材料打标签的方式，为系统提取查证犯罪所需的信息点，并将提取到的信息点在证据链条页面中予以统一展示，让办案人员能够直观地查看到某个案件的证据收集情况，并进一步判断是否能够形成完整的证据链条。

人工标注。在"206系统"设计初期，我们要求办案人员在阅看案件证据材料，尤其是笔录类证据的时候划出与定罪量刑有关的要素点，并且选取相应的标签对其进行人工标注。其目的是通过人工标注为全案证据链审查判断的机器自主学习提供材料，为系统全面分析案件提供基础性的技术手段。

自动标注。自2018年3月起，我们相继开发了自动标注功能，依赖前期办案人员在系统中对于各类证据所做的人工标签，以此作

139

为计算机自主学习的材料，再通过人工智能等多种技术手段，对证据内容进行语义识别，自动抽取相关的信息点并进行标签化处理。"206系统"中的标签内容体系直接与证据链条关联，通过自动标注的证据材料，会以独立信息点的形式汇总到证据模型的"全案证据链审查"页面上展现出来，从而替代办案人员人工标注的工作，增强系统的实用性和使用者的获得感。截至2018年10月底，已上线盗窃罪案件和抢劫罪案件，其中盗窃罪案件标注覆盖率达到88%；抢劫罪案件标注覆盖率达到80%。

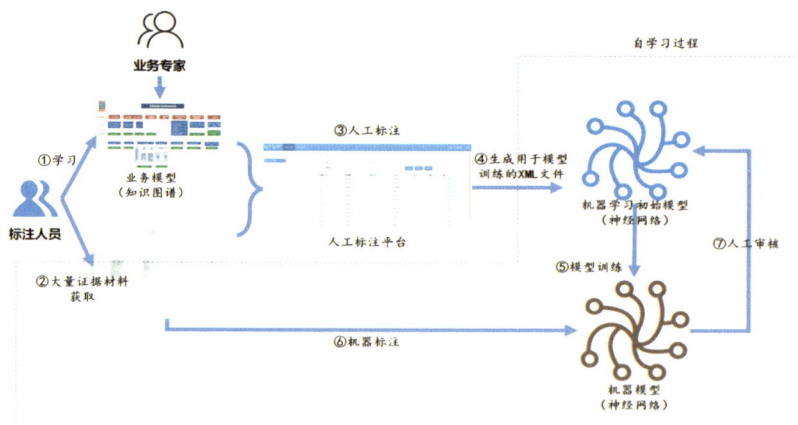

机器标注与人工标注的关系图

4. 证据模型的瑕疵提示功能

证据模型中内嵌的证据标准指引、单一证据校验、关联证据之间的印证性分析、全案证据链审查等功能，不仅能为公检法办案提供统一的标准指引，还能对办案人员传入"206系统"的证据材料进行即时性的识别、判断，在系统后台自动通过嵌入系统的上千个校验点逐一检验已上传证据材料的合规性。对于证据中出现的瑕疵点和证据之间存在的矛盾点，系统会自动予以警示指引、自动提示给办案人员，而小案人员则据此进行补正或者作出说明。通过上述技术手段，倒逼办案人员注重案件证据收集的充分性和规范性，最大限度保证在调查取证环节案件证据材料的全面性和合法性。

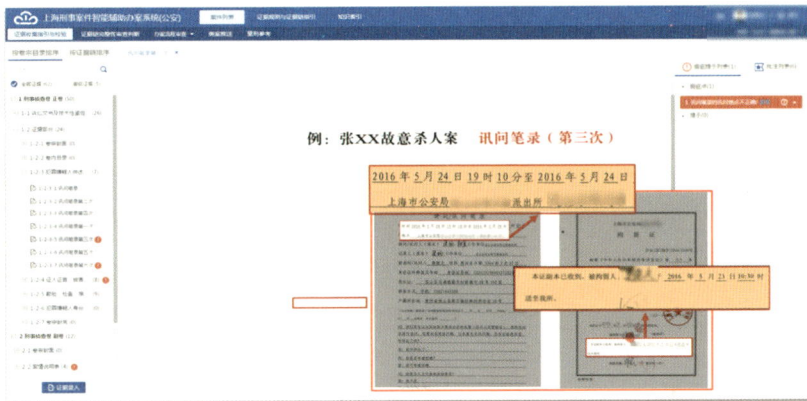

根据《刑事诉讼法》第一百一十六条的规定，犯罪嫌疑人送看守所羁押后，讯问应当在看守所进行，以预防和减少刑讯逼供现象的发生。

系统通过自动审查发现：本案犯罪嫌疑人送看守所后，侦查人员对其讯问的地点仍为派出所，未在规定的办案场所内讯问。机器即将此证据存在的瑕疵提示给办案人员。

5. 证据模型、证据标准指引、证据规则指引的作用

证据模型、证据标准指引、证据规则指引，三者共同形成了"206系统"功能的核心业务支撑。其作用与价值主要体现在以下几个方面：

（1）指引证据收集，提高办案效率。证据标准指引相当于为办案人员提供了一名"指导老师"，通过证据标准指引中基本证据和

辅助证据的提示功能，以证据清单的方式提示办案人员收集认定某类犯罪所必备的证据材料，在进入诉讼程序之前做好前端准备；通过证据链条的初步嵌入式判断，及时提示侦查人员在搜证过程中的遗漏和瑕疵，在第一时间起到查缺补漏的作用，保证所收集证据的充分性和合法性。

（2）**证据链条完整呈现，提高办案质量**。单一证据校验、全案证据链审查等功能，最大限度地消除证据材料本身的瑕疵以及相互之间的矛盾，尤其是证据模型的核心即证据链条的设计，清晰地将某类案件需要查证的事实予以罗列，并且各个待证事实项下均有若干基本证据提示。办案人员收集完成并上传证据材料，系统对证据材料的内容进行语义识别后，会以标签为逻辑连接点，将各个预设的信息点自动匹配到相应的待证事实项下，侦查人员可以将此作为侦查活动是否完成的一个判断标准，办案人员可以直观对本案的证据是否能够形成完整、闭合的证据链条进行初步判定，确保每一个案件都经得起法律和历史的检验。

（3）**统一证据标准，规范办案行为**。通过制定统一的证据标准指引，明确办案过程中所应遵循的工作规范，并以分类、分层、分段式指引的方式，明确办理某类案件在各个诉讼阶段需要查证的事项以及需要收集的证据，为侦查、审查起诉以及审判等不同阶段的办案人员提供个性化的清单式办案指引，让办案人员做到依法收集证据、依法审查证据、依法采信证据。以减少司法任意性，坚守防范冤假错案的底线。

第六章

"206 系统"的技术支撑

"206 系统"的研发及应用，是人工智能在司法领域由初级应用向高级应用迈进的里程碑式事件。其在刑事司法领域乃至整个司法领域的影响，我认为不亚于"深蓝""AlphaGo"，意义重大而深远。

近年来，随着深度神经网络技术的发展，海量数据资源、深度学习算法、大规模并行计算，构成了人工智能发展的三大先决条件。人工智能向司法领域深度拓展，是人工智能技术发展的重要方向，也是司法领域技术革新的重要内容。

"206 系统"运用光学字符识别、自然语言理解、智能语音识别、要素提取、机器学习等五大类核心技术，运用循环神经网络、卷积神经网络、深度神经网络、注意力机制、多模态理论等人工智能原理，实现了对各种证据（包括印刷体文字、部分手写体文字、签名、手印、签章、表格、图片等）的智能识别、信息提取。为办案人员收集、固定证据提供指引，解决证据适用不统一、办案程序不规范的问题；及时发现、及时提示进入系统的适用案件证据中存在的瑕疵以及证据之间的矛盾等问题，确保提请逮捕、移送审查起诉的案件符合法律规定的标准，以减少司法任意性，防止冤假错案。

司法领域的应用环境最为复杂，对技术的要求也很高。研发过程中，"206系统"研发团队在人工智能通用技术的基础上，针对刑事司法活动的特殊性，集中力量进行了艰苦的技术攻关，攻克了一个又一个技术性、应用性难题，并根据以审判为中心的诉讼制度改革的要求，进行了大量的技术创新。截至2018年10月底，共开发创新了9项人工智能应用型技术，实现了图文识别、图文分析、逻辑推理、规则模型生成、自动编目、要素分析、智能搜索、语义理解、量刑模型等"206系统"的特定功能。其中图文识别、图文分析、自动编目、逻辑推理、要素分析等方面的应用型技术目前处于世界领先地位。这些技术突破不仅实现了系统最初的设计的功能，也促进了人工智能技术自身的创新发展。据统计，截至2018年11月30日，"206系统"技术团队共攻克5大类技术难关，突破4类技术瓶颈问题，解决了800多个具体问题，创造了6项知识产权（专利5项，著作权1项）。

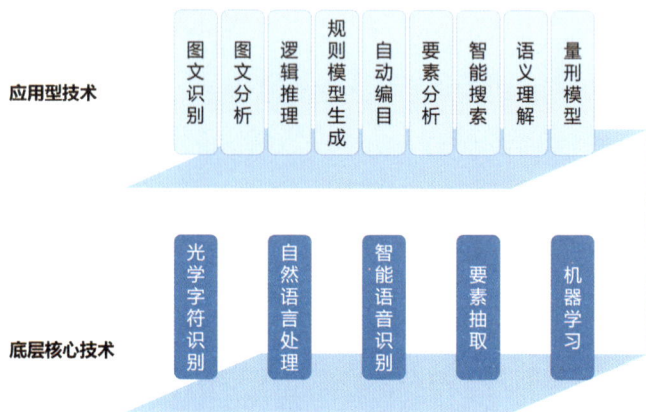

"206系统"的技术支持

一、光学字符识别技术应用于刑事证据领域，实现司法信息的准确高效识别

1. 光学字符识别技术原理

光学字符识别（Optical Character Recognition，OCR）是指电子设备（如扫描仪或数码相机）检查纸上打印的字符，通过检测暗、亮的模式确定其形状，然后用字符识别方法将形状翻译成计算机文字的过程。系统提供基于深度神经网络模型的端到端文字识别服务，将图片（来源如扫描仪或数码相机）中的文字转化为计算机可编码的文字。

图文识别技术原理

通过图像采集设备将文字信息以图像的形式输入计算机中，再把图像分成多个文字块，然后把文字块切分为单个字符或文字图像，最后调用分类器进行识别，从而将文字图像转化为文本信息。

光学字符识别技术可以自动判断、拆分、识别和还原各种通用型印刷体表格，在表格理解上做出了令人满意的实用结果，能够自动分析文稿的版面布局，自动分栏，并判断出标题、横栏、

文字识别系统流程图

145

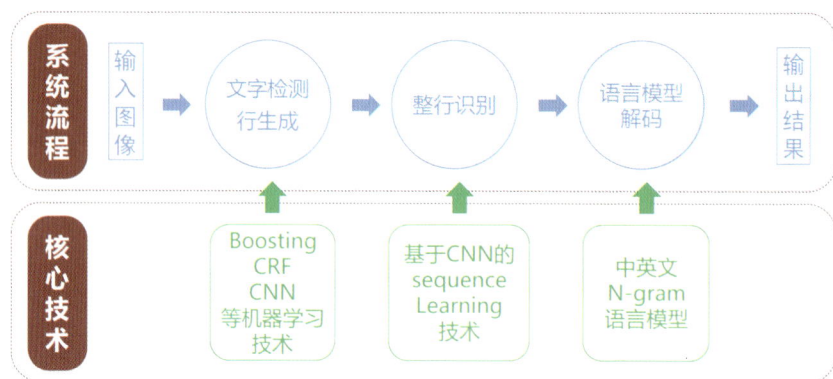

OCR 技术流程示意图

图像、表格等相应属性，判定识别顺序，将识别结果还原成与扫描文稿的版面布局一致的新文本。

2. 技术应用层面遇到的难题

目前，光学字符识别技术应用在刑事证据领域主要遇到两方面的困难。**一是识别率瓶颈期亟待突破**。识别率达到一定程度后很难继续提高，提高每个百分点甚至每个千分点都要付出极其艰巨的劳动；对印刷质量差的印刷材料识别率会受到极大限制。中文汉字因其特殊复杂的笔画、形态各异的书写以及象形的构造使得对它的识别非常困难。这种困难体现在识别过程的多个环节。如：图像预处理、版面分析、特征提取、字的切分、分类器的设计等。因此，一直以来中文字符识别的发展过程格外缓慢，且识别率也不理想。**二是刑事证据材料混杂，干扰因素繁多**。刑事证据由于内容、类别、格式、排版等问题，造成在识别证据材料上不仅存在传统光学字符识别技术上的中文、数字混杂干扰等问题，同时由于证据材料中下划线、印章等新型干扰因素也导致识别准确率降低。

3. 研发刑事司法定制化模型，运用手写识别技术和图像识别转换技术，突破刑事证据自动识别率低的难题

我们针对上述难点集中力量进行攻关。一方面，通过定制化模型排除识别干扰因素，降低误识率，提高证据信息抽取的准确度；另一方面，通过提升手写识别技术和图像识别转换技术的精准度。截至 2018 年 10 月底，印刷体类文书材料识别率达到 98%，复杂卷宗类（包括插图、签章、手写体等）文书材料识别率达到 92%（目前处于世界领先水平），实现了"206 系统"的预设目标，为信息的深度挖掘、机器智能学习分析奠定了基础，从而突破了刑事证据自动识别的难关，实现了中文字符信息的自动识别录入，解决了司法领域的识别准确率问题。具体体现在：

（1）**提升手写识别技术精确度**。电子证据中含有当事人的签名、手写体等内容，如何将手写的内容进行准确的识别转写是整个手写识别技术关键所在。手写识别技术第一步需要做的就是对文档版面进行分割，而要准确地进行文档版面分割，则需要具备证据图像的版面分析理解。这部分主要进行图像文档的文字区域定位、手写体文字字符的定位、手写体文字与印刷体文字的区分、手写体文字区域的行切分、检测涂抹块、检测插入等异常情况。

手写图像的版面分析理解主要是对电子证据进行前端处理，这个环节的主要处理步骤是：

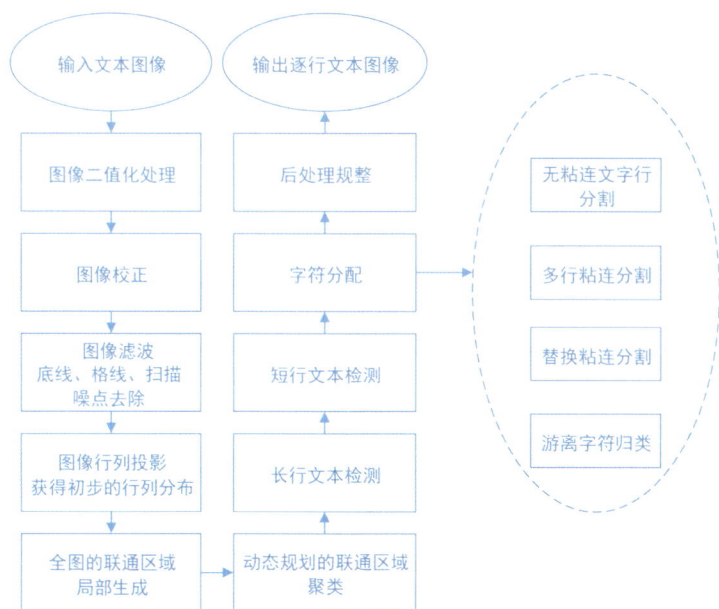

手写体版面分析流程

a. 整张文本图片的预处理和明显异常拒识：对图片中的显著性非正常图片，例如空白图片、书写内容极少不符合规范要求的图片、乱涂乱画的图片等异常情况提前进行检测，从而防止对后续处理造成干扰。

b. 非文字滤除：证据上的标记块、外框、数字、印刷体等非手写文字需要滤除，否则会对前端处理造成干扰。

c. 框线检测和滤除：将证据中线条的位置、框线的位置检测出来并且加以滤除；对于没有框线和线条的文档，需要根据文字的书写情况进行定位。

d. 涂抹滤除：滤除证据中的涂抹文字块，防止造成误识别。

e. 插入行的检测和定位：将作文中的插入行检测和定位出来，防止对识别造成干扰。

f. 本行定位和分割：得到文档图像中每一文字行的精确边界。

g. 证据版面质量评价：得到文档图像的整体整洁水平评价，通过分析统计非规范书写、涂抹、插入等数量，大联通区域数量，小联通块的分布情况等综合给出判断。

在完成上述关键流程以后，切分后的文本行就可以进行手写字符的识别转写。主要是进行已完成文本行分割的文本图像的识别转写，这个环节的主要步骤是：

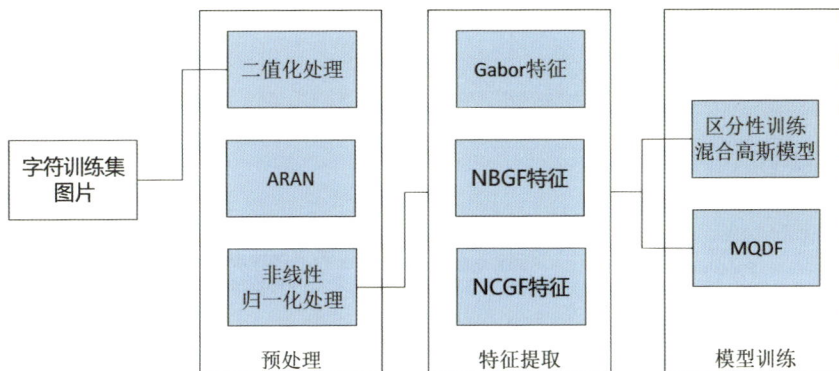

文本图像识别流程

a. 单行文本行的预处理，这个过程主要包括图像尺寸归一化调整，将不同分辨率的扫描图像其大小放缩到同一尺度，我们通常选择 300dpi 标准，其次进行单一文本行行内文本图像的倾斜矫正。

b. 单行文本行的特征提取，这里主要参考手写问题的特点，比如中文字符具有方向上的统计稳定特性，英文字符具有各个片段的矩规整后特征的稳定性，并且经过图像分帧滑窗的连续特征提取，单一行的手写字符就变成计算机可以通过各类分类方案进行分类学习的特征了。

c. 单行文本行的模型训练，这一步骤主要实现手写体字符的统计识别模型训练。目前人工智能发展阶段，已经由传统的单一使用混合高斯模型发展到了深度神经网络模型，例如 CNN、RNN、DNN 等深度学习模型。

d. 单行文本行的识别解码，这一阶段主要借助深度模型与隐马尔科夫模型的结合，综合使用高效率的基于维特比解码原理的连续识别解码算法，将单行文本内容完成识别转写。

（2）**提升图像识别转换技术精准度。**电子卷宗中证据类材料多为图像格式，需要利用图片分析引擎对其进行分析和处理，将其

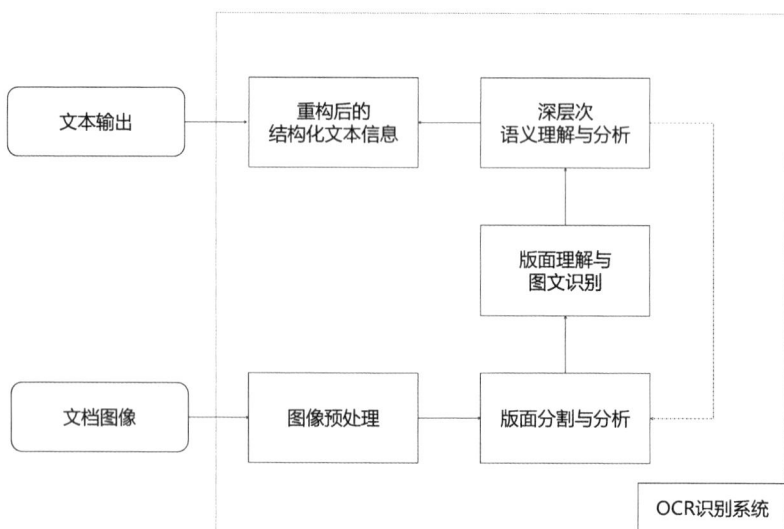

图片处理示意图

转换为结构化的数据。从图像输入开始到能够输出结构化的识别结果，需要经过图片预处理、图像的版面分割与分析、版面理解和文档内容识别等几个主要环节：

a. 文档图像的预处理：在这个过程中需要使用数字图像处理中的降噪方法，去除由于拍摄可能造成的外界噪声和干扰，并且将原始的彩色图片进行灰度图转换处理（RGB to Gray）或二值化处理（binarization），进行倾斜纠正等处理（skew correction）。

b. 版面分割与分析：在一副文档图像上采用各类边缘检测方法进行连通分支分析（connected component），检出文字和非文字区域后，继续使用如连通域分割、无向图分割等版面分割方法，综合采用自上而下或是自下而上的切分策略将整幅图像切分为多个候选区域子块将其进行属性识别，这些区域通常被分为文字区域（包含文字字符部分、独立公式部分、内嵌公式部分）、图片区域和表格区域。

c. 版面理解和图文识别：这个部分分为训练阶段和识别阶段两个部分，在训练阶段中，从海量试卷的文档图像数据上训练得到能够识别文本字符、公式中的字符和符号以及图片和表格中字符的卷积神经网络模型（Convolutional Neural Network，CNN）；在识别阶段可以使用这个模型对前一步中获得的切分结果送入识别分析模块对图文信息进行识别解码，识别结果转换为结构化的、可编辑的文本信息。

二、自然语言处理技术跨越了人机语言障碍，搭建了信息转换的桥梁

1. 自然语言处理技术原理

使用自然语言与计算机进行通信，这是人类所追求的目标。实现人机间自然语言通信就意味着要使计算机既能理解自然语言文本的意义，也能以自然语言文本来表达给定的意图、思想等。

自然语言处理（Natural Language Processing，NLP）是人工智能的重要应用领域，也是新一代计算机科学必须研究的课题。其主要目的是克服人机对话中的各种限制，使用户能用自己的语言与计算机对话，因而需要研制表示语言能力和语言应用的模型，通过建立计算框架来实现，并提出相应的方法不断加以完善；根据语言模型设计各种实用系统，并探讨这些实用系统的评测技术。通常而言，自然语言处理技术包括如下集合：

基础技术		应用技术	
语法与语句分析	知识图谱	机器翻译	信息抽取
语义分析	语言认知模型	信息检索	信息推荐与过滤
语篇分析	语言知识表示与深度学习	情感分析	文本分类与聚类
		自动问答	文字识别
		自动文摘	

NLP 相关技术示意图

152

2. 技术应用层面遇到的难题

刑事证据等材料大多属于非结构化文本，如何准确提炼有效信息，排除复杂的文本环境干扰，直接关系到"206 系统"主要功能能否实现，这也是自然语言处理技术在司法领域应用的难题。

3. 运用人工标注手段，提升机器自主学习能力，攻克语义分析的难题

非结构化文本数据只有通过自然语言处理解析并转变为结构化数据，才可以被计算机高效处理，从而构建司法专业知识图谱，实现人机交互和机器阅读理解。如：一个中文文本从形式上看是由汉字（包括标点、符号等）组成的一个字符串。由字可组成词，由词可组成词组，由词组可组成句子，进而由一些句子组成段、节、章、篇。无论在上述的各种层次：字（符）、词、词组、句子、段……还是在下一层次向上一层次转变中都存在着歧义和多义现象，即形式上一样的一段字符串，在不同的场景或不同的语境下，可以理解成不同的词串、词组串等，并有不同的意义。

为此，我们采取通过大量的文书标注打磨刑事司法知识的机器自学习；通过海量裁判文书、卷宗笔录的特征标注实现证据要素、案情要素的自动提取；通过语义分析实现证据要素、案情要素的准确抽取。在此基础上，通过语义识别和以知识图谱为依托的法律认知引擎技术识别待检索词语的含义，归入构建完成的特定知识图谱，畅通信息输入与输出机制，从而提升机器自主学习能力，实现机器的语义分析等功能。

三、智能语音识别技术优化了模型方案，攻克了音频与文字转换准确率低的难题

1. 智能语音识别技术原理

智能语音识别技术（Automatic Speech Recognition，ASR）是一种将人的语音转换为文本的技术。语音识别是一个多学科交叉的领域，与声学、语音学、语言学、数字信号处理理论、信息论、计算机科学等众多学科紧密相连。由于语音信号的多样性和复杂性，语音识别系统一般只能在一定的限制条件下获得较为满意的性能。语音识别系统的性能大致取决于以下五类因素：识别词汇表的大小、语音复杂性、语音信号质量、声源数量、硬件标准。

在线听写功能是指应用强大的神经网络模型来将语音转换为文字，让机器能够"听懂"人类语言，相当于给机器安装上"耳朵"，使其具备"能听"的功能，使得计算机不受词汇量限制，在各种噪声环境、语音信道下，能够实时、准确地识别不同方言、口音等特点的说话人的语句。

语音识别内部处理机理

自 2011 年微软研究院首次利用深度神经网络（Deep Neural Network, DNN）在大规模语音识别任务上获得显著效果提升以来，DNN 在语音识别领域受到越来越多的关注，目前已经成为主流语音识别系统的标配。

2. 技术应用层面遇到的难题

"206 系统"研发过程中，我们在充分调研的基础上发现，DNN 结构虽然具有很强的分类能力，但是其针对上下文时序信息的捕捉能力是较弱的，因此并不适合处理具有长时相关性的时序信号，从而导致音频与文字转换准确率低的难题。

3. 运用复杂信道环境手段进行模型优化，攻克了音频与文字转换率低的难题

相比前馈型神经网络 DNN，"206 系统"采取了循环神经网络（Recurrent Neural Network, RNN），在隐层上增加了一个反馈连接，即 RNN 隐层当前时刻的输入有一部分是前一时刻的隐层输出，这

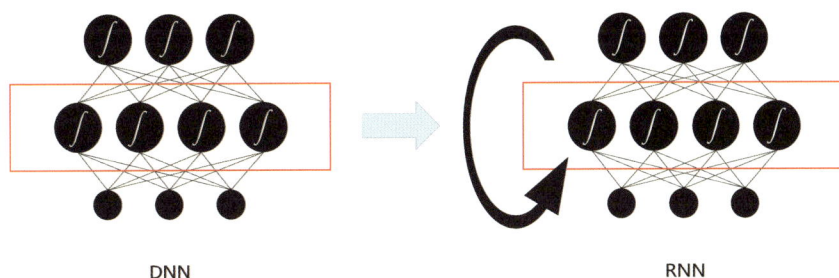

DNN 和 RNN 示意图

使得 RNN 可以通过循环反馈连接看到前面所有时刻的信息，相当于赋予了 RNN 记忆功能。

而传统的双向 RNN 方案，理论上需要看到语音的结束（即所有的未来信息），才能成功地通过应用未来信息来获得提升，因此只适合处理离线任务。其对于要求即时响应的在线任务（如语音输入法）往往会带来 3—5 秒的硬延迟，这对于在线任务是不可接受的。再者，RNN 对上下文相关性的拟合较强，相对于 DNN 更容易陷入过拟合的问题，容易因为训练数据的"局部不鲁棒"现象而带来额外的异常识别错误。

"206 系统"采用一种名为前馈型序列记忆网络 FSMN（Feed-forward Sequential Memory Network）的新框架。在这个框架中，可

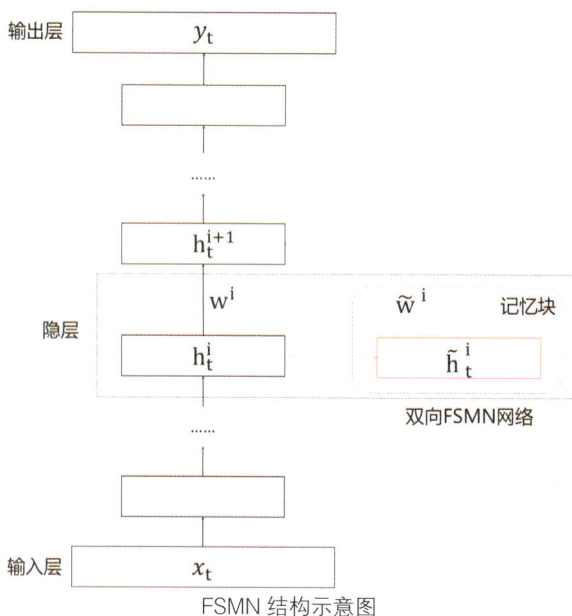

FSMN 结构示意图

以把上述几点很好的融合，同时各个技术点对效果的提升可以获得叠加。值得一提的是，研发团队在"206 系统"中创造性地提出 FSMN 结构，采用非循环的前馈结构，在只需要 180 ms 延迟下，就达到了和双向 LSTM RNN 相当的效果。其具体构成如下：

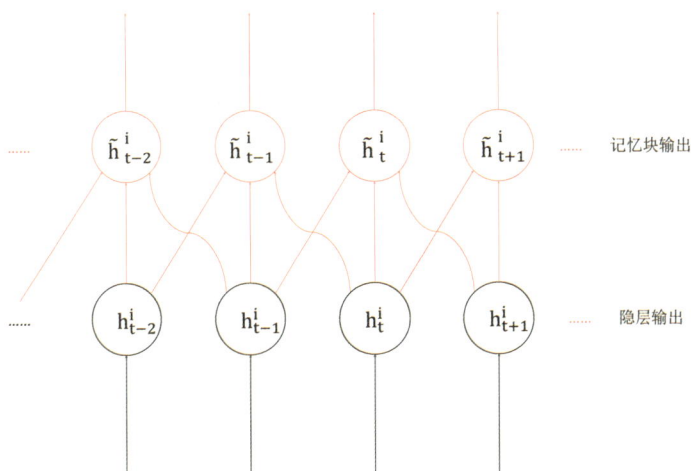

隐层记忆块的时序展开示意图

"206 系统"通过 RNN 方案的应用，有效适应了复杂的信道环境，满足了系统功能对时序信号的处理要求，大幅提升了转换准确率。智能语音识别技术将刑事领域音视频资料中的音频信息有效转换为文字，为后续通过文字对音视频中的相关内容准确定位，快速查找各个证据中的作案时间、地点、人物、工具、手段、后果等证明事项信息以及深度挖掘证明事项之间的印证、关联、矛盾等逻辑关系提供了基础技术支持。

四、要素抽取技术解决了机器自动标注难题，实现海量数据中关键信息的准确提取

1. 要素抽取技术原理

要素抽取技术的底层技术用到了实体识别技术（Named Entity Recognition，NER）。实体识别技术本质上是一个模式识别任务，即给定一个句子，识别句子中实体的边界和实体的类型，是自然语言处理任务中一项重要且基础性的工作，是知识图谱自动构建和自然语言理解的基础。

实体关系描述客观存在的事物之间的关联关系，定义为两个或多个实体之间的某种联系，实体关系学习就是自动从文本中检测和识别出实体之间具有的某种语义关系，也称为关系抽取。实体关系抽取是预定义关系抽取和开放关系抽取分类的主要依据。预定义关系抽取是指系统所抽取的关系是预先定义好的，如上下位关系、国家—首都关系等。开放式关系抽取不预先定义抽取的关系类别，由系统自动从文本中发现并抽取关系。

（1）实体关系抽取。实体和实体之间存在着语义关系，当两个实体出现在同一个句子里时，上下文环境就决定了两个实体间的语义关系。

完整的实体关系包括两方面：关系类型和关系的参数，关系类型说明了该关系是什么关系，如雇佣关系、类属关系等；关系的

参数是指发生关系的实体，如雇佣关系中的雇员和公司。关系的参数至少是两个，两个参数的关系叫二元关系，两个以上参数的关系是多元关系。关系有对称关系和非对称关系，对称关系的参数不考虑参数的顺序，非对称关系的参数要考虑顺序，不同的顺序表达不同的关系。有时候实体关系还会有时间属性，即实体关系存在的有效期。

（2）实体识别算法。主要有基于规则的方法、基于统计的方法及混合方法三种思路。

一是基于规则的方法：主要是根据待识别的命名实体（Named Entity）的语言学上的表现形式，人为设定一些规则来识别命名实体的方法。这类方法实现的效果很大程度上依赖于规则的设定且需要大量的专业知识，而且因为不同领域内的实体具有不同的规则，所以对每个新领域的文本处理都要重新设定规则。

使用基于规则的方法来进行命名实体识别比较消耗时间和消耗人力。基于规则的方法多采用语言学专家手工构造规则模板，选用特征包括统计信息、标点符号、关键字、指示词和方向词、位置词（如尾字）、中心词等方法，以模式和字符串相匹配为主要手段，这类系统大多依赖于知识库和词典的建立。基于规则和词典的方法是命名实体识别中最早 使用的方法。一般而言，当提取的规则能比较精确地反映语言现象时，基于规则的方法性能要优于基于统计的方法。

二是基于统计的方法：主要利用原始的或经过加工的（人工标注的）语料进行训练，其语料的加工（标注）不需要非常多的语言学的知识，而且小规模的语料可以在可接受的时间和人力代价下完成，且基于统计的方法实现的命名实体识别在新的领域使用时可以不作改动或者作较少的改动，只需要利用新领域的语料进行训练即可。

由于基于统计的方法获取的概率知识，不如基于规则的方法所具有的专家的语言学知识具有可靠性，所以基于统计的命名实体识别系统的性能要比基于规则的命名实体识别的性能要低。用于命名实体识别的基于统计的方法主要有：N元模型、隐马尔克夫模型（Hidden Markov Mode，HMM）、最大熵模型（Maxmium Entropy，ME）、条件随机场（Conditional Random Fields，CRF）、决策树（Decision Tree），等等。目前评价性能最好的是隐马尔克夫模型。

三是混合方法：自然语言处理并不完全是一个随机过程，单独使用基于统计的方法使状态搜索空间非常庞大，必须借助规则知识提前进行过滤修剪处理。目前几乎没有单纯使用统计模型而不使用规则知识的命名实体识别系统，在很多情况下使用的是混合方法：一是统计学习方法之间或内部层叠融合；二是规则、词典和机器学习方法之间的融合，其核心是融合方法技术，在基于统计的学习方法中引入部分规则，将机器学习和人工知识结合起来；三是将各类模型、算法结合起来，将前一级模型的结果作为下一级的训练数据，并用这些训练数据对模型进行训练，得到下一级模型。

这种方法在具体实现过程中需要考虑怎样高效地将两种方法结合起来，采用什么样的融合技术。由于命名实体识别在很大程度上依赖于分类技术，在分类方面可以采用的融合技术主要包括 Voting，

XVoting，GradingVa，Grading 等。

2. 技术应用层面遇到的难题

纷繁复杂的案件大多具有海量的证据材料和文书材料，其中存在着大量重复冗余的信息以及复杂的干扰因素。研究如何在海量司法信息中挖掘出有价值的数据，是构建司法知识图谱、进行自然语言处理的第一步。

为了有效提取有价值的数据，人工智能需要通过自动学习不断改善智能化程序模型，而这依赖于数据人工标注的质量和数量。通过人工标注建立机器学习的识别校验规则，优化业务应用的智能学习模型，是"206 系统"形成智能化学习应用的基础。

然而数据标注工作，尤其是中文语义下的文本数据标注，在实践中存在一定的难度，具体到刑事司法领域，知识的文本标注存在的问题更加复杂。高质量与高数量"标定数据"是机器学习效果的保障，但获取"标定数据"需要耗费大量人力和财力，并且人的知识具有极强的主观性。基于中文语义的模糊性以及语言的多义性，司法知识专家与数据标注人员在做文书标注时，根据业务人员不同对文本知识理解有所不同，数据标注结果个体差异较大。

3. 通过构建多层级数据标注体系，提高数据标注质效

为了解决上述问题，"206 系统"研发团队根据刑事罪名、罪状等内容构建了多层级数据标注体系，保证数据标注过程的可解释性，同时尽力消除数据标注表述中的语义分歧。同时，采用规则描

述与统计模型结合的方案，以实现对于自定义语义要素的抽取。

主体技术方案以及基于深度学习的语义和要素抽取框架如下所示：

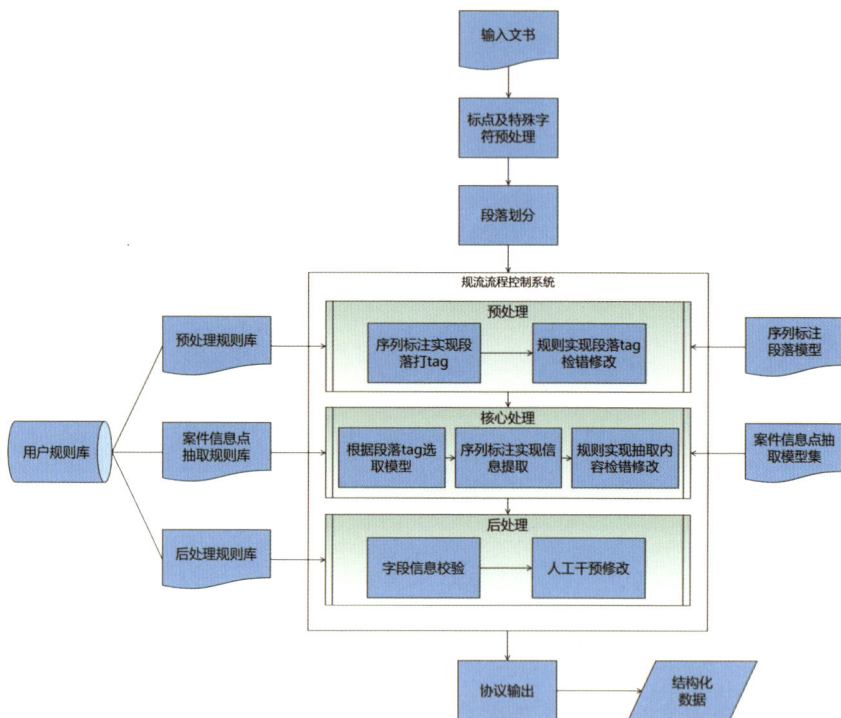

要素点抽取核心框架图

第一步，"206系统"采用Character-CNN，利用字符的embedding向量经过CNN的卷积来生成词向量；第二步，与传统的词向量进行拼接，得到最终的词向量；第三步，经过BiLSTM的编码得到每个词的后验概率；第四步，利用CRF来得到最优的要素标注序列。

具体模型网络结构如下所示：

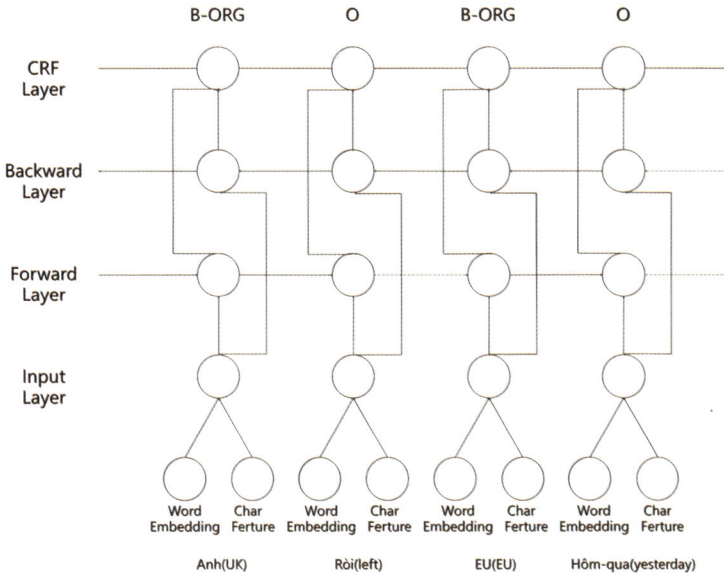

基于阅读理解技术的要素抽取模型结构示例

序列标注预测后，采用规则对抽取的要素进行合法及合理性检测；若不满足规则，则会对要素点进行修改或删除。目前采用的是正则表达式规则，对要素点进行匹配；若匹配失败，则删除或者修改要素点。

在讯问笔录、起诉书、庭审笔录等文书上标注要素抽取结果，训练基于阅读理解技术要素抽取模型。如下述结构为其中一种阅读理解算法示例，输入包括非判决文书（下述网络结构中的 Context text）和要素标签名称，为了更好地提升阅读理解模型的效果，我们将要素标签名称改写为问题的形式，如标签"是否认罪"，我们改写为"对于你的所作所为，你是否认罪？"，即下述网络结构中的"Query Text"。

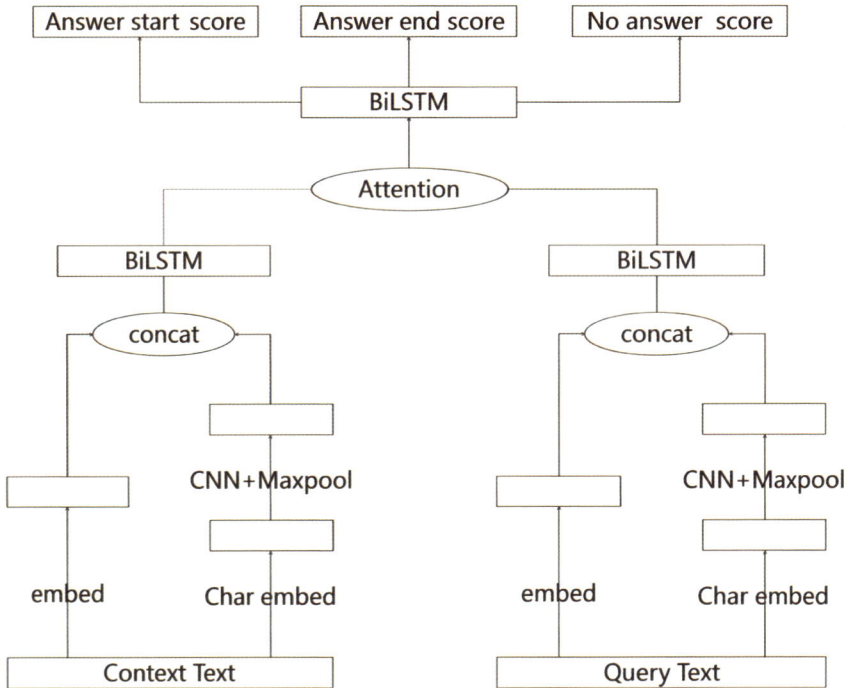

基于阅读理解技术的要素抽取模型结构示例

其中"Answer start score"为预测答案的起始位置得分，"Answer end score"为预测答案的结束位置得分，"No answer score"为预测答案为空的得分，其输入为所有输入文本的串联"Vector"。

五、通过机器学习构建司法知识图谱，提升智能量刑的可信度与类案推送的可解释性

1. 机器学习原理

机器学习（Machine Learning，ML）一般被定义为计算机程序可以在给定某种类别的任务 T 和性能度量 P 下学习经验 E，如果其在任务 T 中的性能恰好可以用 P 度量，则随着经验 E 的积累而提高。通俗来说，机器学习用计算机程序模拟人的学习能力，从实际例子中学习得到知识和经验。机器学习是人工智能的一个重要分支，也是人工智能的一种实现方法。它从样本数据中学习得到知识和规律，然后用于实际的推断和决策。它和普通程序的一个显著区别是需要样本数据，是一种数据驱动的方法。

机器学习所研究的主要内容是关于在计算机上从数据中产生"模型（model）"的算法，即学习算法（learning algorithm）。有了学习算法，我们把经验数据提供给它，它就能基于这些数据产生模型；在面对新的情况时，模型会给我们提供相应的判断。可以说，机器学习是研究关于"学习算法"的学问，机器学习算法其实就是普通算法的进化版，通过自动学习数据规律，让计算机程序变得更聪明些。

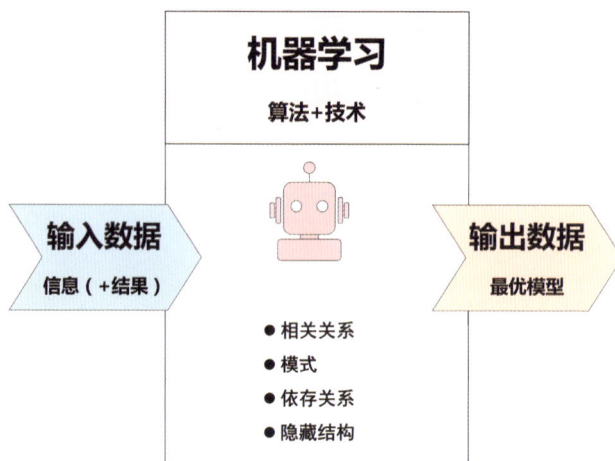

机器学习示意图

根据数据类型的不同，对一个问题的建模有不同的方式。在机器学习或者人工智能领域，人们首先会考虑算法的学习方式。在机器学习领域，有几种主要的学习方式，其主要算法以有监督学习算法和无监督算法来区分。

（1）有监督学习算法：

一是 K-近邻算法：通过建立和样本之间的距离求和，然后通过选择最近的 K 个样本数据，样本数据类型多的就是需要分的类型。

二是决策树算法：通过求最大信息增益来得到需要判断和拆分的标签类目，然后建立递归数，进行继续拆分到叶子节点结束。

三是朴素贝叶斯算法：通过和全量样本对比，有不同的样本概率求和，选择概率最大的作为分类。

四是逻辑回归算法：通过样本数据来计算逻辑回归系数，确定样本的分类概率，系数越大，准确性越高，结果数据大于0.5为一类，小于0.5为另一类。

五是支持向量机算法：和逻辑回归类型的不同之处就是支持的向量的特征维度相对较少，最后通过建立一个绝对平面来进行绝对正反分类。

（2）无监督学习算法：

一是聚类算法：通过设定任意的质心，然后计算周边所有点的聚类，取最近的K个数的平均值作为新的质心，不断迭代，进行分类到结束。

二是协同过滤算法：主要是划分数据集，然后计算支持度进行过滤无效数据，然后通过计算置信度得出数据出现的概率。

2. 技术应用层面遇到的难题

"206系统"通过对上海公检法机关已经积累的刑事案件典型案例、司法信息资源、办案经验、上海高院指定的证据标准、证据规则和证据模型的机器学习，深度挖掘、及时发现、及时提示进入系统的刑事案件中存在的证据标准适用不统一、办案程序不规范，证据中的瑕疵及证据之间的矛盾等问题，确保提请逮捕，移送审查起诉的案件符合法律规定的标准。

然而在机器学习的具体应用过程中，由于算法存在黑箱模型，机器学习在量刑的可信度、智能推送相似案例参考（类案推送）的可解释性等方面受到质疑。司法审判属于强逻辑推理的领域，并且司法审判的结果关乎人权与公正等价值判断，如何保证智能量刑结果的可信度、类案推送的可解释性，是"206系统"研发过程中面临的极大挑战。

3."206系统"运用深度学习算法，有效提升系统功能的可信度和可解释性

机器深度学习是一种特殊的机器学习方法。为了解决上述问题，研发团队充分运用机器深度学习算法构建司法知识图谱，通过科学的算法模型、海量的司法信息、丰富的文书材料，让系统功能更加稳定，让法官裁判的依据更丰富、更科学、更有说服力。对于可信智能量刑和可解释类案推送的探索之路，是实证法学发展的关键一步。

（1）"206系统"运用深度学习算法构建智能量刑模型

首先，在充分提供学习样本的基础上保证量刑模型的准确性。例如，盗窃罪量刑模型的学习样本为全国30万盗窃罪案件，学习样本涵盖了盗窃罪现有全部的案情要素及量刑情节要素。

其次，为了保证量刑模型的可信度，"206系统"采用了增强学习与迁移学习算法。例如，影响案件量刑结果的因素包括：犯罪行为、犯罪主观方面、犯罪人基本情况、罪前罪后表现等法定和酌定量刑情节，"206系统"则通过构建要素抽取模型将案件中影响量刑结果的要素准确抽取，同时结合法官的经验常识，输入影响案件量刑结果的通用和个案情节，运用深度学习的算法构建智能量刑模型。

深度学习技术包括：

一是词向量。将文本中的词映射成为低维稠密的向量，生成的向量表示就是每个词的词向量。

例如：

我是中国人

我 ---->vec1:{0.4，0.2，0.1，0.2}

是 ---->vec2:{0.1，0.2，0.3，0.3}

中国 ---->vec3:{0.3，0.2，0.1，0.2}

人 ---->vec4:{0.5，0.1，0.1，0.3}

二是多层感知机。多层感知机英文名是 Multi-layer perceptron neural networks，简称 MLP，是一种前向结构的人工神经网络，映射一组输入向量到一组输出向量。在介绍 MLP 之前需要先介绍每个神经元的处理输入输出的方式。示意图如下：

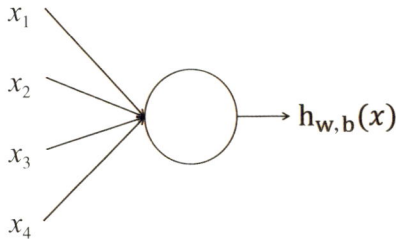

神经元示意图

其对应的公式如下：

$$h_{w,b} = f(W^T x) = f\left(\sum_{i=1}^{3} W_i x_i + b\right)$$

输入：x_1、x_2、x_3，$x_i \in R$，d 是 x 的维度，图中 d=3。其中 W 是权重矩阵 $W \in R^{d*n}$，其中 d 是输入向量 x 的维度，n 是输出的维

169

度，图中 n=1。b 是偏置（对应于上图中的 +1 项），f 是激活函数，我们这里用 sigmod 激活函数来代替 f。公式所代表的含义是将输入向量 x 通过非线性变换后得到输出 $h_{w,b}(x)$。

MLP 的模型图如下图所示。

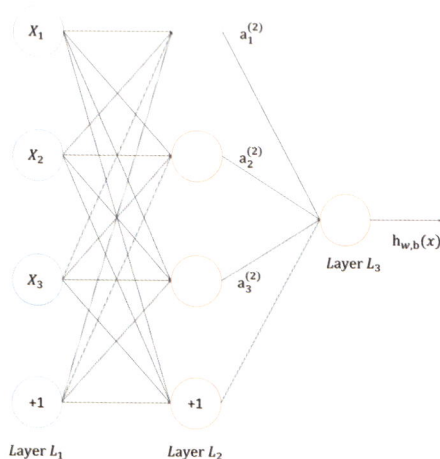

多层感知机示意图

对应的公式如下：

$$a_1^{(2)} = f(W_{11}^{(1)}x_1 + W_{12}^{(1)}x_2 + W_{13}^{(1)}x_3 + b_1^{(1)})$$
$$a_2^{(2)} = f(W_{21}^{(1)}x_1 + W_{22}^{(1)}x_2 + W_{23}^{(1)}x_3 + b_2^{(1)})$$
$$a_3^{(2)} = f(W_{31}^{(1)}x_1 + W_{32}^{(1)}x_2 + W_{33}^{(1)}x_3 + b_3^{(1)})$$
$$h_{w,b}(x) = a_1^{(3)} = f(W_{11}^{(2)}a_1^{(2)} + W_{12}^{(2)}a_2^{(2)} + W_{13}^{(2)}a_3^{(2)} + b_1^{(2)})$$

其中 LayerL1 是输入层，LayerL2 是隐藏层，LayerL3 是输出层。其中 W 是权重矩阵，其中 Li 代表第几层隐藏层，b 是偏置向量。

三是卷积神经网络。 卷积神经网络（Convolutional Neural Network），即 CNN。一般地，CNN 的基本结构包括两层：第一层为特征提取层（又称为卷积层），每个神经元的输入与前一层的局部接受域（固定大小的卷积窗口，又称卷积核）相连，并提取该局部的特征；一旦该局部特征被提取后，它与其他特征间的位置关系也随之确定下来。第二层是特征映射层（又称为 pooling 层），通过 maxpooling，averagepooling，sumpooling 等操作对卷积层的特征进一步归纳表示，这种特有的两次特征提取结构减小了特征的表示维度。如下图所示卷积神经网络正向传播的原理。

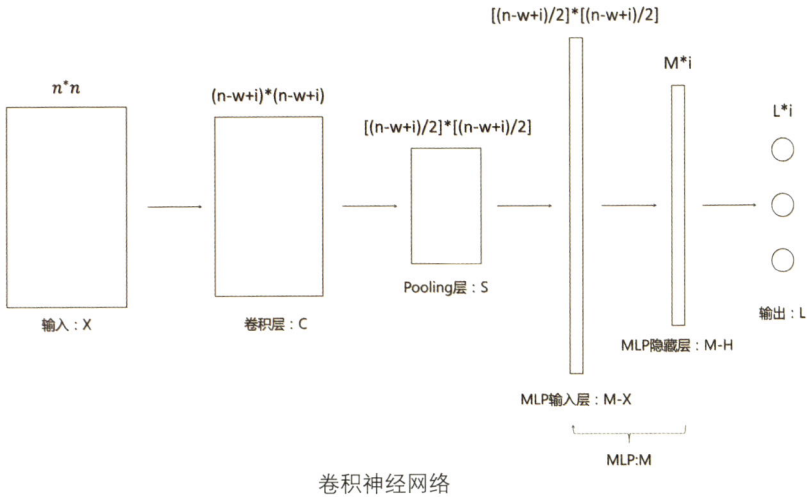

卷积神经网络

图例所示的卷积神经网络使用了一个 w*w 大小的二维矩阵作为卷积核，在输入 X 上使用了窄卷积（也可以使用等长卷积和宽卷积）操作得到了卷积层 C，通过 2*2 大小的 pooling 窗口得到了 pooling 层，这里的 pooling 操作可以是 maxpooling，averagepooling，sumpooling。将 pooling 层得到的二维矩阵，通过变换得到一维的向量，该一维向量作为 MLP 的隐藏层的输入，通过 MLP 得到最终的目标输出。

四是循环神经网络。循环神经网络（Recurrent Neural Network，

RNN）的主要用途是处理和预测序列数据，在全连接神经网络或卷积神经网络中，网络结果都是从输入层到隐含层再到输出层，层与层之间是全连接或部分连接的，但每层之间的结点是无连接的。要预测句子的下一个单词是什么，一般需要用到当前单词以及前面的单词，因为句子中前后单词并不是独立的。比如，当前单词是"很"，前一个单词是"天空"，那么下一个单词很大概率是"蓝"。循环神经网络的来源就是为了刻画一个序列当前的输出与之前信息之间的关系。从网络结果上来说，RNN 会记忆之前的信息，并利用之前的信息影响后面的输出。也就是说，RNN 的隐藏层之间的结点是有连接的，隐藏层的输入不仅包括输入层的输出，还包含上一时刻隐藏层的输出。

典型的 RNN 结构如下图所示，对于 RNN 来说，一个非常重要的概念就是时刻，RNN 会对于每一个时刻的输入结合当前模型的状态给出一个输出，从下图中可以看出，RNN 的主体结构 A 的输入除了来自输入层的 Xt，还有一个循环的边来提供当前时刻的状态。同时 A 的状态也会从当前时刻传递到下一时刻。

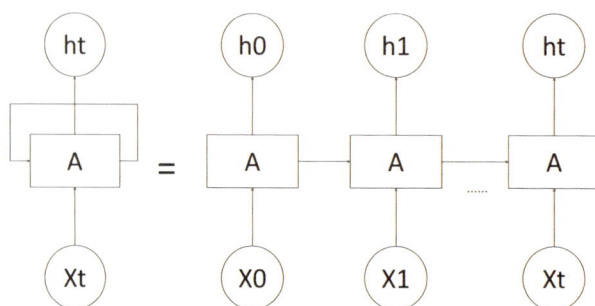

循环神经网络

计算公式如下：

$$ht = \sigma(W_f \bullet [h_{t-1}x_t] + b_f)$$

五是注意力机制。注意力机制（Attention）是在机器翻译中提出的。注意力机制出现之前的机器翻译算法结构如下图所示：

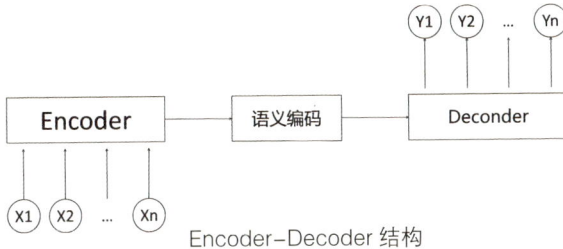

Encoder–Decoder 结构

其中的 Encoder 和 Decoder 分别是两个不同的 RNN 结构。

$$h_t = f([x_t, h_{t-1}])$$
$$c = q(\{h_1, h_2, \cdots, h_n\},\ )$$
$$p(y) = \prod_{t=1}^{m} p(y_t | \{y_1, y_2, \cdots, y_{t-1}\}, c)$$

添加注意力机制之后的机器翻译结构如下：

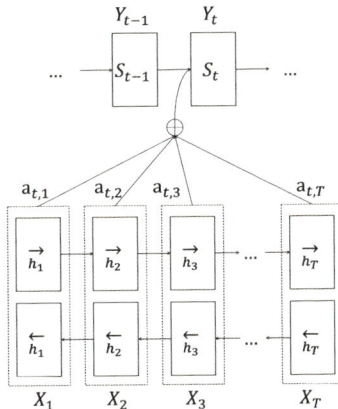

带 Attention 机制的 Encoder–Decoder 结构

语义编码 c 不再是一个固定的向量：

$$e_{ij} = a(s_{i-1}, h_j)$$

$$a_{ij} = \frac{\exp(e_{ij})}{\sum_{x-1}^{Tx} \exp(e_{ik})}$$

$$c_i = \sum_{j=1}^{Tx} ai_j h_j$$

表示当前输出词与原始上下文之间的交互，这种机制在自然语言处理的阅读理解任务中得到大量运用。

六是批标准化（Batch Normalization）。 网络训练过程中参数不断改变导致后续每一层输入的分布也发生变化，而学习的过程要使每一层适应输入的分布，需要降低学习率、选择好的初始化。对数据归一化后，原因在于神经网络学习过程本质就是为了学习数据分布，一旦训练数据与测试数据的分布不同，那么网络的泛化能力也大大降低；另外，一旦每批训练数据的分布各不相同，网络就要在每次迭代都去学习适应不同的分布，这样将会在很大程度上降低网络的训练速度。所以需要使用 BN 时，对数据都要做一个归一化预处理。把 BN 放在激活函数之前，这是因为 Wx+b 具有更加一致和非稀疏的分布。

Input:Value of x over a mini-batch:β={$x_{1...m}$};
        Parameters to be learned:γ,β
Output:{y_i=B$N_{γ,β}(x_i)$}

$$\mu_β \leftarrow \frac{1}{m}\sum_{i=1}^{m} x_i \qquad //\text{mini-batch mean}$$

$$\sigma_β^2 \leftarrow \frac{1}{m}\sum_{i=1}^{m}(x_i - \mu_β)^2 \qquad //\text{mini-batch variance}$$

$$\hat{x}_i \leftarrow \frac{x_i - \mu_β}{\sqrt{\sigma_β^2 + \epsilon}} \qquad //\text{normalize}$$

$$y_i \leftarrow γ\hat{x}_i + β \equiv BN_{γ,β}(x_i) \qquad //\text{scale and shift}$$

Algorithm 1： Batch Normalizing Transform，applied to activation x over a mini-batch.

算法计算公式

正如公式中列出来的 $\mu β$ 是 m 个输入数据的均值，$\sigma_β^2$ 是 m 个输入数据的方差。$\hat{x}_i$ 是对输入数据进行标准化，使输入的特征能够服从一定的分布，这样会加快收敛的过程。y_i 让我的网络可以学习恢复出原始网络所要学习的特征分布其中当 $γ^{(k)}=\text{Var}[x^{(k)}]$，$β^{(k)}=E[x^{(k)}]$ 时我们就可以重现原始的特征分布。

智能量刑模型包括：

一是知识库。知识库是领域知识的存储器，将业务法官（专家）经验、法律法规、专门知识、常识性知识囊括在内，包括法律库、经验库和判例库三大部分。

二是数据库。数据库存储司法领域内的初始数据和推理过程中得到的各种信息（卷宗材料、询问 / 讯问笔录、庭审笔录等案件材料）。这些内容是专家系统需要处理的一些事实，包括案件推理过程中影响案件量刑结果的量化数据。

三是推理机。控制协调输入数据即数据库中的信息，利用知识库中的知识，采用一定的逻辑推理策略，提取决策信息，将量刑情节的专业知识和经验整理归纳若干推理规则，在策略控制下进行推理判断并得出量刑结果，保证机器量刑的可信度。智能量刑系统汇总广大审判人员的办案经验，全面分析案情事实中与量刑有关的基本因素和具体因素，有助于审判人员克服外界非法律因素的干扰，提高量刑的公正性。

（2）**"206 系统"不断增强类案推送模型的可解释性**。知识图谱是一种表示知识的数据结构，它是通过"结点—边—结点"这一结构，表示知识和事实的实体关系三元组。知识图谱之所以具有强大的实体关系表达能力，是因为知识图谱表达的知识方法与人类认知的模式相一致，与自然语言表达语义的方式相一致。

知识图谱适用到司法领域，通过对司法领域的概念分类、分层，叠加维度，允许司法知识与语言相对独立的表示，在保证法律概念知识、司法实践知识、司法实践涉及的领域知识、一般社会常识等案情要素的准确抽取基础上，运用知识图谱表示各证据要素、案情要素、证据要素与案情要素之间的实体关系，运用逻辑推理机制构建案情画像。当办案人员在办理具体案件时，通过输入案情要素、证据要素等内容，"206 系统"通过后台存储的知识图谱为办案人员推送相似度最高的案例。

第七章

"206 系统"应用的成效

一、研发进程

截至 2018 年 10 月底,"206 系统"研发已经历了五个阶段:

1. 启动研发阶段

(1)成立领导机构,保障研发工作的顺利开展。

(2)制定工作方案。上海高院研究制定了《关于研发"推进以审判为中心的诉讼制度改革软件"的工作方案》,统一认识,明确思路方向、目标、任务、措施。

(3)确定合作公司,与科大讯飞公司合作。

(4)建立研发基地,上海高院建立了"206 工程研发基地"。建立了研发队伍,最初研发队伍有 279 人,其中上海法院、检察院、公安机关抽调的业务骨干 64 人,科大讯飞公司技术人员 215 人,不含协调保障人员。

（5）确定试点单位。

（6）开展调研。在最初的一个月，调研 34 批次。广泛深入地征求意见和建议，共收集意见、建议 78 条，需求 132 条；通过公检法系统收集案件退查退捕说明、电子卷宗、裁判文书、庭审笔录、审理报告等材料近 17 万份，提供机器学习样例。

（7）根据中央政法委下达的任务书，向上海市发改委、经信委等部门申请做好项目立项、经费预算等工作。

（8）开展研发攻关。按照边研发、边试用、边完善的思路，开展研发攻关，至 2017 年 4 月底完成了初步研发任务，具备试运行条件。

2. 试运行阶段（1.0 版本上线）

2017 年 5 月 3 日至 2017 年 7 月 10 日：以 5 月 3 日系统上线试运行为标志。"206 系统" 1.0 版本在 25 家试点单位上线试运行，**系统 1.0 版本具备 9 项功能，涉及 4 个罪名证据标准指引**：故意杀人罪、盗窃罪、非法吸收公众存款罪、诈骗罪（电信网络诈骗），通过案件在系统流转试运行对系统各项功能进行检验测试。2017 年 5 月至 7 月 10 日，经过两个月的试运行检验、测试，并在测试中发现问题进行改造提升、完善，基本达到设计标准，效果良好，证明研发是成功的。同时为公检法办案人员开展培训 13 次，培训人员 500 余人。

3. 扩大试点阶段（2.0 版本上线）

2017 年 7 月 10 日至 2018 年 3 月 8 日：以 7 月 10 日，中央政

法委在贵阳召开全国司法体制改革推进会为标志。会上，我作了题为《人工智能在司法领域中的深度应用——上海高院开发"推进以审判为中心的诉讼制度改革软件"》的汇报演示，得到了与会者的充分肯定和高度赞扬。贵阳会议之后，"206 系统"试点应用由 25 家扩展至 47 家试点单位试运行。系统 2.0 版本上线运行。2.0 版本具备 16 项功能，7 个罪名的证据标准指引。在此期间，共收集问题建议 36 个，对"206 系统"进行了完善、提升。

4. 全市推广应用阶段

2018 年 2 月 28 日至 8 月 17 日：以 2018 年 2 月 28 日上海市委政法委召开会议确定"206 系统"在全市全面应用为标志。2018 年 2 月 28 日，市委政法委召开会议，决定在全市全面推广应用"206 系统"。

上海高院制定了"206 系统"二期研发工作方案及预算。系统应用的证据标准指引罪名拓展至 24 个，通过全市推广应用"206 系统"，全面测试和检验了系统在不同地区、不同应用环境和办理大量案件的情况下进行压力测试。累计培训一线办案人员 2500 人，到各使用单位上门巡访 72 次，解决一线办案人员提出的问题建议 43 个，系统性能得到进一步完善提升。

2018年2月28日，上海市委常委、市委政法委书记陈寅同志主持召开专题会议，研究"上海刑事案件智能辅助办案系统"全市推广应用工作，上海市副市长、市公安局局长龚道安，市高院院长刘晓云，市检察院检察长张本才，市高院崔亚东同志，市司法局局长陆卫东出席会议

5. 全面提升阶段（3.0 版本上线）

这一阶段以 2018 年 8 月 17 日市委政法委召开专题会议确定"三个 100%"为标志。2018 年 8 月 17 日，上海市委政法委召开专项工作会议，确定了坚持以审判为中心的刑事诉讼制度改革的指导思想为指引，在抓紧完成前阶段确定的研发任务基础上，围绕实行电子卷宗"单轨制"，构建数据实时交互的政法办案平台，年内达到"三个 100%"的工作目标，一是证据标准指引制定覆盖常涉罪名达到 100%；二是本市常涉罪名案件录入系统达到 100%；三是一线办案民警检察官法官运用系统办案达到 100%。10 月底，3.0 版本上线运行。3.0 版本具备 26 项功能，71 个罪名的证据标准指引，实现了上海常涉案件罪名全覆盖。

二、系统运行

从 2017 年 5 月 3 日试运行以来，截止到 2018 年 10 月底，系统功能不断改进和完善，运行情况良好。

公安机关累计录入案件 16222 件；

检察院批准逮捕 5969 件；

检察院审查起诉 4521 件；

法院收案 2334 件；

法院审结 1445 件。

累计：录入证据材料 969924 页；

提供证据指引 282362 次（依系统点击量统计）；

提供知识索引 5737 次；

提示证据瑕疵 6179 个。

各具体罪名录入情况详见下表。

"206 系统"案件录入情况统计表

（2017 年 7 月 10 日至 2018 年 10 月 31 日）

罪名	公安			检察院						法院				
				批准逮捕			审查起诉							
	录入	标注案件数	标签	收案	标注案件数	标签	收案	标注案件数	标签	收案	标注案件数	标签	结案	生效
故意杀人罪	76	57	1276	33	9	117	27	9	139	3	0	0	0	0

盗窃罪	10913	9889	243089	4770	1695	15744	3650	1587	16309	2038	15	86	1296	867
非法吸收公众存款罪	545	280	12599	252	45	192	108	28	233	11	0	0	2	0
诈骗罪	246	168	4129	65	13	173	32	7	93	8	0	0	5	2
污染环境罪	25	16	368	18	8	170	7	5	120	2	0	0	1	0
走私、贩卖、运输、制造毒品罪	1278	869	16777	633	257	4590	558	175	1078	234	1	17	126	33
非法持有毒品罪	143	86	1262	50	13	133	54	11	132	18	1	11	8	3
挪用资金罪	49	16	316	16	1	14	1	0	0	0	0	0	0	0
内幕交易、泄露内幕信息罪	4	2	49	1	0	0	1	0	0	0	0	0	0	0
利用未公开信息交易罪	1	1	6	0	0	0	1	0	0	0	0	0	0	0
操纵证券、期货市场罪	3	2	29	2	0	0	1	0	0	0	0	0	0	0
生产、销售假药罪	124	82	1622	52	32	323	46	26	349	19	2	17	6	0
生产、销售不符合安全标准的食品罪	6	2	32	2	2	37	2	2	37	0	0	0	0	0
生产、销售有毒、有害食品罪	12	7	162	6	3	35	3	2	19	1	0	0	1	0
抢劫罪	40	9	164	3	0	0	0	0	0	0	0	0	0	0
故意伤害罪	418	58	1088	14	0	0	2	0	0	0	0	0	0	0
信用卡诈骗罪	121	2	15	1	0	0	0	0	0	0	0	0	0	0

虚开增值税专用发票、用于骗取出口退税、抵扣税款发票罪	83	2	50	0	0	0	0	0	0	0	0	0	0	0
虚开发票罪	22	1	9	0	0	0	1	0	0	0	0	0	0	0
重大责任事故罪	16	1	76	0	0	0	1	0	0	0	0	0	0	0
非法行医罪	14	4	49	0	0	0	0	0	0	0	0	0	0	0
强奸罪	138	18	327	7	0	0	3	0	0	0	0	0	0	0
危险驾驶罪	515	26	436	0	0	0	6	0	0	0	0	0	0	0
猥亵儿童罪	20	2	45	2	0	0	0	0	0	0	0	0	0	0
强制猥亵、侮辱罪	52	7	101	4	0	0	1	0	0	0	0	0	0	0
非法拘禁罪	32	2	29	0	0	0	0	0	0	0	0	0	0	0
妨害信用卡管理罪	17	1	33	0	0	0	0	0	0	0	0	0	0	0
销售假冒注册商标的商品罪	70	3	112	2	0	0	2	0	0	0	0	0	0	0
制作、复制、出版、贩卖、传播淫秽物品牟利罪	21	1	1	0	0	0	0	0	0	0	0	0	0	0
职务侵占罪	108	11	273	4	0	0	2	0	0	0	0	0	0	0
抢夺罪	8	1	4	0	0	0	0	0	0	0	0	0	0	0
引诱、容留、介绍卖淫罪	214	12	162	5	0	0	1	0	0	0	0	0	0	0
组织卖淫罪	108	1	4	0	0	0	0	0	0	0	0	0	0	0
寻衅滋事罪	780	65	1243	27	0	0	11	0	0	0	0	0	0	0
合计	16222	11704	285937	5969	2078	21528	4521	1852	18509	2334	19	131	1445	905

三、系统作用

系统从试运行到全面应用，在一年多的时间里，得到实践的全面检验，不仅运行良好，作用逐步显现，而且得到一线办案人员的认可，深受办案人员欢迎，尤其是得到公安机关一线办案人员的认同。公安机关一线办案民警反映：对"206系统"经历了从最初的不了解、很反感，到能接受、真欢迎的过程。称赞"206系统"既是指导老师，又是办案帮手。其作用主要体现在：

1. 统一网络平台，实现互联互通

在公检法三机关之间搭建了统一网络运行平台，第一次实现了公检法办理刑事案件网上运行、互联互通、数据共享。系统中心服务器设在上海高院，公检法司之间依托办案平台，真正实现了数据自动对接、同步交换，上海刑事案件办理从立案、侦查、报捕、起诉、审判均在"206系统"内运行，大大提升了办案的质量和效率。第一次真正打破了长期以来，在信息化应用上存在的各自为政、自成体系、互不联通、不能共享的数据壁垒。这是一个历史性的突破。

具体应用场景体现：

（1）统一的网络办案平台，实现了电子卷宗的同步生成，在电子卷宗编目的同时对犯罪嫌疑人姓名、讯问次数等信息的抽取，实现了对笔录类证据的自动标识区分，办案人员浏览笔录名称即可快速定位查找到所需材料，提高了电子卷宗阅卷效率。

（2）通过全流程的网络办案平台，实现了对案件诉讼各环节的信息的提取、汇总、串接，办案人员可以了解案件从公安立案至法院审判的诉讼过程全貌，快速掌握案件基本信息及进展情况，解决了以往跨部门案件信息获取困难的问题。

办案人员使用心得：

公安机关以往提请批捕和移送审查案件均需要基层办案民警将纸质卷宗材料送交各区公安局的法制部门，人工操作，往返耗费大量警力、时间。目前系统内通过电子卷宗移送，实现一键传输，可以直接进行材料补正和补充，节约了大量时间、精力，受到基层办案人员普遍欢迎。

2. 统一证据标准，实现标准化、规范化、数据化

系统设计的证据标准、证据规则指引等功能，为办案人员提供了证据标准、证据规则指引清单，把法律规定的犯罪构成要件、证据认定标准、刑事证明标准具体化、数据化、标准化、规范化，实现了证据标准、证据规则"看得见、摸得着、可操作"，有助于增强办案人员的证据意识、程序意识、规则意识、责任意识、人权意识，倒逼办案人员从案件一接手，就按照法律规定的证据标准和证据规则收集、固定证据。

证据规则的制定让办案人员明晰了在收集某类证据时应当收集哪些内容、如何收集、以及收集后如何处理，等等。这既确保了所收集的证据材料合法有效，又增强了规则意识和责任意识，减少了司法任意性，解决了公检法机关之间长期以来存在的证据标准适用不

统一、办案行为不规范等问题。开创了国内外刑事司法实践的先河。

具体应用场景体现：

证据标准、规则指引不仅嵌入智能辅助办案系统中，我们还制作成手机 APP，可随时随地为办案人员提供指引，方便、快捷、高效（鉴于保密问题尚未推广）。证据标准、规则指引 APP 功能深受一线办案人员的欢迎。

在办案现场，办案人员可在手机 APP 指引下，完成取证工作。

办案人员使用心得：

现在，公安机关办案人员通过证据标准和证据规则的指引，在刑事立案、勘查、取证、制作笔录以及案卷时，需要做什么、怎么做，一目了然。如同一名"指导老师"。

系统将刑事案件证据标准、证据规则进行了具体化、类型化的构建，减少了检察官、法官在梳理审查证据时的工作量，大大减轻了阅卷的负担。这不仅大大提高了工作效率，更重要的是使办案人员能够更专注于审判的核心价值——证据是否达到确实充分的判断上。实践证明，证据越复杂、卷宗越多的案件，系统的优势越明显。

3. 实现校验、把关、提示，有效防止冤假错案

系统设计的对证据的校验、把关、提示、监督和对全案证据链的审查判断等功能，确保侦查、审查起诉的案件事实证据经得起法律检验。

一是能及时发现证据中存在的瑕疵和证据之间的矛盾，及时提示给办案人员，由办案人员及时决定是否补正或者作出说明。特别是侦查作为第一道关口，在最初阶段如果不能及时发现、及时补正，事后有些证据一旦灭失，就再也补不回来了。

二是对办案证据由事后审查变为事前指引、事中把关，系统从案件立案开始至审理结束，对案件办理的全过程中的每一个环节，均能适时对录入的证据进行检验、把关、提示、监督。使整个刑事诉讼活动全程可视、全程可控、全程留痕、全程监督。

三是克服了办案人员个人判断的差异性、局限性、主观性，提高了对证据审查判断的科学性、精准性、全面性，防止了"起点错、跟着错、错到底"，确保移送审查起诉的案件事实证据经得起法律的检验，有效防范冤假错案，保证公正司法。

具体应用场景体现：

（1）单一证据校验功能

对证据进行校验、审查判断，为办案人员在办案时提供了对所收集的证据进行自检、自测的技术手段，便于及时发现，及时补正。

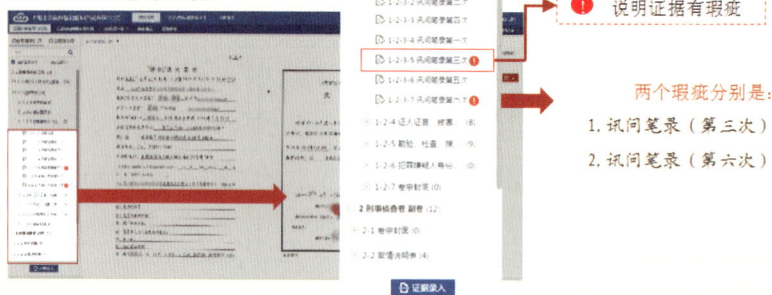

例：张XX故意杀人案

说明证据有瑕疵

两个瑕疵分别是：
1. 讯问笔录（第三次）
2. 讯问笔录（第六次）

（2）证据链和全案证据审查判断功能

对证据的校验、把关、监督，及时发现证据中存在的瑕疵和证据之间的矛盾，及时提示给办案人员，由办案人员决定是否补正或者作出说明。

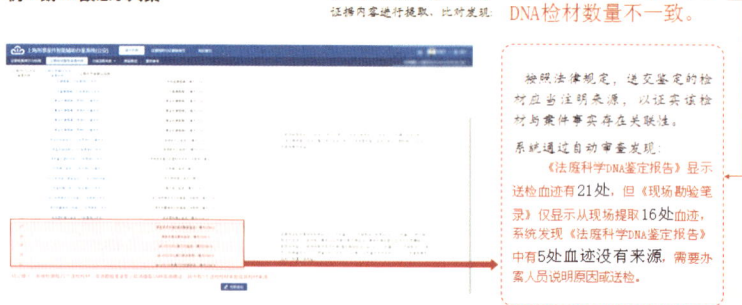

例：戴XX故意杀人案

现场提取血迹的数量与DNA检材数量不一致。

办案人员使用心得：

一是公安机关： 以前，办案有时靠经验，特别是勘查、取证、笔录、制作案卷等环节，凭个人的判断和取舍，难免会有瑕疵或者遗漏，事后难以发现，有的问题甚至到了法院审理阶段才发现。

以勘验笔录这份证据为例：一份合法合规的勘验笔录需要以下校验点：勘验的事由、时间、地点、现场条件，勘验情况、勘验人员签名、见证人签名，录入勘验笔录，还需要有《提取痕迹、物证登记表》，勘验笔录需要附着勘验照片，询问笔录尾部需要有证人签名。如被询问人员为未成年人时，需要法定代理人在场，并提供身份证明。这些要点要求的材料内容，在侦查阶段如果不能及时收集、制作，到了审查起诉、审理阶段就难以补正，证据就不能达到确实充分。

二是公安机关、检察院、法院：系统的推广应用，提高了公安机关的办案质量和水平，有效减少了"退侦、退查"现象的发生，确保了刑事诉讼活动依法顺利推进。

根据统一适用的证据标准、证据规则审查证据，有助于及时纠正刑事案件办理中的执法问题，从源头上减少证据收集、固定、运用等违反法定程序、"带病"进入下阶段刑事诉讼程序问题，真正实现从"抓人破案"到"证据定案"的转变。

4. 多项功能集成应用，节约资源成本，提升办案质效

截至 2018 年 10 月底，"206 系统"集成了 26 项功能，节约了司法资源、成本，大大提高了办案质量和效率，逐步破解案多人少的瓶颈问题，成为办案人员离不开的智能助手（AI 助理）。

具体应用场景体现：

（1）文书自动生成功能

目前公安机关批准逮捕意见书、检察机关起诉意见书自动生成功能初步实现，大大地提高了办案效率。

证据链和全案证据审查判断功能：

实践表明，卷宗越多、证据越复杂的案件，系统的优势越明显。（以盗窃案件为例，据初步统计，法官梳理证据的时间平均减少了30%-50%。）

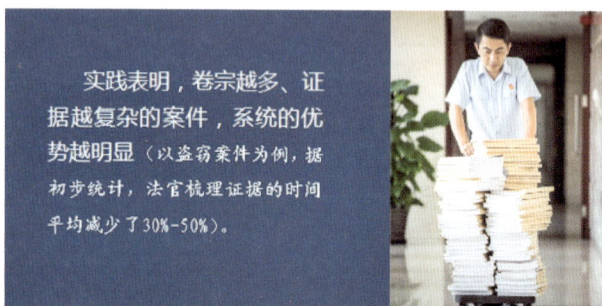

（2）电子卷宗移送功能：

通过电子卷宗移送，实现一键传输，并直接在系统上进行材料补正和补充，节约了大量时间精力，受到基层办案人员的普遍欢迎。

（3）要素式讯问指引功能

通过对海量讯问笔录的机器学习，根据案件类型建立讯问模型，列明讯问要点，为办案人员提供讯问指引，避免办案人员因经验不足造成案件讯问细节缺失的情况，确保笔录证据的全面性、合法性。

办案人员使用心得：

一是公安机关、检察院办案人员反映：公安机关、检察机关批准逮捕意见书、起诉意见书自动生成功能的实现，大大地提高了办案效率。

二是检察院、法院办案人员反映：检察官可运用"206 系统"形成的案件证据链条，将相关电子卷宗材料按质证要求进行排列组合，当庭示证过程中可对证据材料进行批注、缩放、标记，实现所有证据在庭审过程中即时调取和当庭出示，有效推进庭审实质化，保证庭审在查明事实、认定证据，公正裁判中的作用。

实现审讯录像在庭审中当庭播放，通过快速定位，关键词检索等功能，实现对证据合法性的快速审查，从而排除非法证据，保障人权。

三是法院办案人员反映：系统突出的优势在于人工智能和机器学习的深度运用，依靠类案推送及量刑建议功能，在刑事诉讼程序的每个阶段，都会根据案件具体情况推送最相似的案件，为办案人员提供参考，最大程度解决因个体因素造成同案不同判的负面影响，保证适法统一、量刑均衡、公正司法。

5. 系统全面应用，实现流程再造，促进司法责任制落实

系统的全面应用，实现对刑事诉讼办案的流程再造，更好地体现了公检法三机关"分工负责、互相配合、互相制约"的刑事诉讼原则，更好地落实了司法责任制，防止司法任意性，促进公正司法，保证了以审判为中心的诉讼制度改革落地见效。

办案人员使用心得：

刑事诉讼流程的主体是公检法司，每一个诉讼主体负责相应的诉讼阶段，根据诉讼阶段要求和职责确保案件从立案侦查到审查起诉，再到审判裁决，最后进入到执行阶段，传统办案模式以各家为主且均为纸质化，信息、数据互不相通、不能共享。案件流转均为书面材料（传统卷宗）的交换，耗费大量的人力、物力、精力，影响质量、效率和效果。例如，在审判阶段，公诉机关申请延期审理，对于被告人的换押手续需要法院、检察院和看守所三方的配合，不仅耗时耗力，而且容易出现差错，但"206系统"一键送达功能就很好地解决了这些问题。

"206系统"实现对办案流程的再造，对每个诉讼阶段的每一项

工作的职责、要求、规范等都编入程序、嵌入系统，一旦逾越或者迟滞都会引起系统的警示或阻止，从而倒逼办案人员在诉讼各阶段依法规范操作，增强了办案人员规范意识、责任意识，克服了以往相互推诿、主观随意等弊端。

让系统而非有意识的人按照既定的诉讼规则，去操控刑事诉讼办案流程远比人更可靠、更规范和更有效。诉讼程序的每一个环节都在网上运行，促进了诉讼行为的标准化、具体化、系统化，标准统一、程序规范、操作简便，一旦发生违规行为，系统就会自动提示或者报警，真正实现了刑事诉讼流程的全程可视、全程可控、全程留痕、全程监督，更好地体现了分工负责、互相配合、互相制约的刑事诉讼原则，保证了司法责任制的落实。

四、通过评审与验收

1. 专家评审

2018 年 1 月 29 日至 30 日，中央政法委副秘书长景汉朝率专家组一行 15 人到上海对"206 系统"进行评审。专家组听取了情况汇报，实地进行了考察调研。1 月 30 日，景汉朝副秘书长主持专题会议，就评审情况作了反馈。景汉朝副秘书长在反馈中，充分肯定和高度评价了上海"206 系统"研发工作以及试运行所取得的成效，同时就进一步完善"206 系统"等提出具体要求。评审情况报告给郭声琨同志，并得到郭声琨同志的同意，在全国七省八市先行推广应用。

2018 年 1 月 29 日上午，中央政法委副秘书长景汉朝率专家组在上海高院实地调研"206 系统"运行情况并听取汇报

2018 年 1 月 29 日下午，中央政法委副秘书长景汉朝率专家组在上海浦东公安分局实地调研"206 系统"运行情况并座谈交流

2018 年 1 月 29 日傍晚，中央政法委副秘书长景汉朝率专家组在上海市检察院实地调研"206 系统"运行情况并座谈交流

2. 评估验收

根据上海市委政法委专题会议精神和项目流程的要求，上海市高院提请市委政法委组织市发改委、市经信委等对"206 项目"（一期）工程进行评估验收，经过与会专家组听取项目建设单位的情况介绍、承建方的项目建设情况汇报、审阅了相关项目资料，系统综合测试等验收程序，于 2018 年 8 月 16 日顺利通过了上海市信息安全测评认证中心的评估验收。专家一致认为"206 项目"（一期）功能齐全、性能稳定、安全可靠、文档完备等各方面符合国家规定的软件质量要求。

五、评价与关注：开创历史先河、蹚出新路子

2017 年 7 月 10 日，中央政法委在贵阳召开全国司法体制改革推进会上，上海刑事案件智能辅助办案系统一经亮相，立即受到社会各界的广泛关注，在司法界、科技界产生了积极的影响。

会上，我作了题为《**人工智能在司法领域中的深度应用——上海高院开发"推进以审判为中心的诉讼制度改革软件"情况的汇报**》的汇报演示，引起了极大反响，得到了与会者的充分肯定和高度赞扬。

2017 年 7 月 10 日，全国司法体制改革推进会上，崔亚东同志作《人工智能在司法领域中的深度应用——上海高院开发"推进以审判为中心的诉讼制度改革软件"情况的汇报》的汇报演示

1. 高度肯定与评价

（1）中央政法委

时任中央政法委书记孟建柱同志，2017 年 7 月 10 日，当天在全国司法体制改革推进会上的讲话中，给予了充分肯定和高度评价。

同天晚上，**孟建柱同志**会见了上海政法各部门参会的主要领导，再次给予高度评价和充分肯定，他指出："**这是向全国政法干警交了一份合格的答卷，为各地创造了可复制、可推广的经验。**"

2017 年 10 月 13 日，孟建柱同志在《上海法院司法体制改革探索与实践》一书序言中指出："**上海法院始终坚持体制机制改革和现代科技运用深度融合，积极运用大数据、人工智能等现代科技破解司法工作难题，努力让司法变得更智能、更精准、更高效。特别是在时间紧、任务重，要求高的情况下，积极推进以审判为中心的刑事诉讼制度改革，把基本证据标准指引转化为数据模型，嵌入智能辅助办案系统，开启了人工智能在司法领域深度应用的先河，蹚出了刑事司法文明发展的新路子。**"[1]

2018 年 1 月 22 日，中央政治局委员、中央政法委书记郭声琨同志在中央政法工作会议上要求："**要认真学习借鉴，应用好上海刑事案件智能辅助办案系统软件，构建适应实际需要的刑事司法新模式，防止另起炉灶、重复建设。**"

2018 年 7 月 24 日，郭声琨书记在全国全面深化推进司法体制改革推进会上强调："**要加快推进跨部门大数据办案平台建设，在**

---

1 崔亚东主编：《上海法院司法体制改革的探索与实践》，人民法院出版社 2018 年版，第 3 页。

全国推广应用刑事案件智能辅助办案系统，实现数据互联互通、人机互动互补。"

（2）上海市委高度肯定

2017年6月7日，韩正同志专程到上海高院调研，深入"206工程"研发基地，听取"206项目"进展情况汇报，观看了基地研发人员演示，对"206项目"研发给予了高度评价：**从"206工程"可以看到将作为简单符号的数据，迅速转变为宝贵资源的能力，所以"206工程"意义重大。这个系统如应用到全国，司法水平会显著提高。**

① **上海市委常委学习会在高院举行——上海打造国家的人工智能发展高地**

2017年6月20日，中共上海市委以"国际国内人工智能的发展和应用"为主题的上海市委常委学习会在上海高院举行，重点围

2017年6月20日，崔亚东同志在上海市委常委学习会上作《实施大数据战略　推动"数据法院"建设　实现审判体系和审判能力现代化》的汇报演示

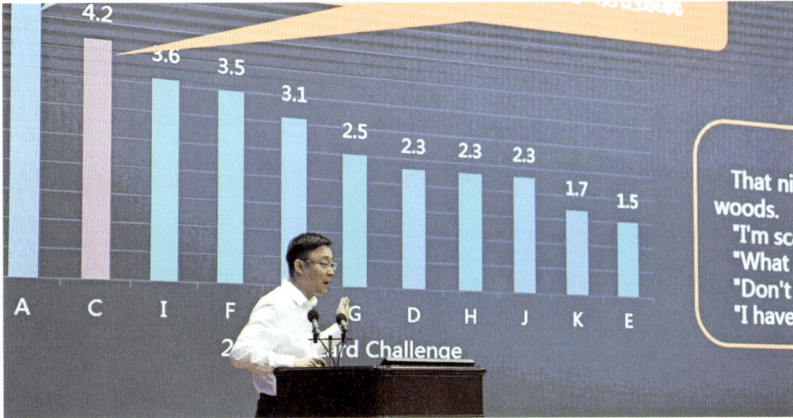

2017年6月20日，科大讯飞有限公司董事长刘庆峰在上海市委常委学习会上就"人工智能最新进展及典型应用"作讲解

《解放日报》2017年6月21日报道

绕国际国内人工智能的发展和应用开展学习讨论。会上，崔亚东院长汇报演示了上海法院人工智能的应用成效。科大讯飞有限公司董事长刘庆峰就"人工智能最新进展及典型应用"作讲解。韩正同志在讲话中对"206工程"给予充分肯定，同时提出："**上海要努力打造国家的人工智能发展高地。**"

2017年6月20日，中共上海市委以"国际国内人工智能的发展和应用"为主题的上海市委常委学习会在上海高院举行

② 写入中共上海十一届市委二次全会工作报告

7月13日在中共上海十一届市委二次全会，韩正同志在报告中强调："深化司法体制改革。坚持以落实司法责任制为核心，搞好司法体制综合配套改革试点，完善刑事案件智能辅助办案系统，力争为全国提供更多可复制、可推广的制度成果。"

2018 年 4 月 9 日，中央政治局委员、上海市委书记李强同志在上海高院调研时，专门听取"206 工程"建设应用情况的汇报，提出要充分运用智能化手段，深化完善智能辅助办案系统，进一步促进审判质效提升。

③ 上海市委政法委高度重视"206 系统"的研发及推广应用工作

两任上海市委常委、市委政法委书记姜平同志、陈寅同志多次到"206 系统"研发基地和一线应用场地进行调研指导、召开专题会议，听取"206 系统"研发运行情况汇报，给予强有力的领导。

2017 年 5 月 26 日，上海市委常委、市委政法委书记陈寅深入上海高院"206 工程"研发基地，调研指导"上海刑事案件智能辅助办案系统"研发工作

2017 年 4 月 17 日，时任上海市委常委、市委政法委书记姜平到上海高院"206 工程"研发基地，调研指导"上海刑事案件智能辅助办案系统"研发工作

（3）最高人民法院高度肯定

周强院长先后五次听取"206 系统"的研发情况的汇报，先后作出多次重要批示，对系统研发给予了强有力的指导和支持。

2017 年 2 月 23 日，崔亚东院长、郭伟清副院长等赴最高人民法院，向周强院长专题汇报上海高院落实中央政法委研发"推进以审判为中心的诉讼制度改革软件"任务的初步方案

2017 年 4 月 7 日，最高人民法院党组书记、院长周强听取关于"上海刑事案件智能辅助办案系统"研发任务落实情况的汇报

2017 年 6 月 21 日，最高人民法院院长**周强同志**指出："经济学之所以能够快速发展，是由于将数学的模型、算法引入，相比较而言，法学之所以落后，就是因为没有把现代科学技术，包括智能的算法引入。把机器深度学习、证据模型、算法等引入司法领域，使得司法活动更加科学、精准，可以为司法办案发挥更好的作用。"[1]

2018 年 6 月 19 日下午，最高人民法院院长**周强同志**主持召开最高院司法改革领导小组 2018 年第二次全体会议，专题听取上海高院关于"206 系统"研发及全国推广应用情况的汇报，审议下步工作分工方案。

1　2017 年 6 月 21 日周强院长听取上海高院汇报研发"上海刑事案件智能辅助办案系统"情况时的讲话。

周强院长听取了汇报后，对上海高院在中央政法委的领导下，在上海市委、市委政法委的领导和大力支持下，在最高院的指导下，精心组织、攻坚克难，积极推进"206系统"研发及推广应用工作，并对取得的阶段性重要成效给予充分肯定和高度评价。会议要求：进一步加强对"206系统"全国推广应用的组织领导工作，并审议通过了《最高人民法院关于"206系统"在全国推广应用的分工方案》，明确该项工作由李少平副院长牵头负责，司改办落实与全国法院以及中央政法委相关单位的联络沟通工作。

沈德咏常务副院长先后两次听取"206系统"研发情况的汇报，作出指示，并于2017年6月27日，深入上海高院"206工程"研发基地实地考察调研指导。

2017年6月27日，最高人民法院党组副书记、常务副院长沈德咏到上海高院"206工程"研发基地调研指导"上海刑事案件智能辅助办案系统"工作

　　最高院副院长李少平、姜伟、张述元，时任最高院政治部主任徐家新，专委胡云腾、裴显鼎均多次听取汇报，并实地调研考察"206 系统"研发。对系统给予了充分肯定，促进了研发工作的进程。

2017 年 6 月 12 日，中央司改办副主任姜伟到上海高院"206 工程"研发基地调研指导"上海刑事案件智能辅助办案系统"研发工作

　　李少平：为"206 系统"的进展感到惊讶。从现代科技和司法的关系看，现代科技的应用是基本趋势，司法要标准化、规范化、现代化。上海的"206 系统"在这方面就是一个很好的探索，开辟出了一条好的路径。[1]

　　姜伟："206 系统"不仅对法院是新课题，而且在全世界也是首

---

[1]　2018 年 6 月 19 日，最高人民法院召开最高院司法改革领导小组 2018 年第二次全体会议上的讲话。

例。能够取得现阶段的成绩，充分说明了中央的决策方向是正确的，研发的路径是可靠的。[1]

张述元："206 系统"在证据标准指引、证据规则指引，图文、语音，影像识别，证据分析、电子扫描，文书起草等方面，具有强大的功能作用，这对提高全国刑事案件的审判质量效率，推进以审判为中心的诉讼制度改革起到很大作用。[2]

徐家新："206 系统"实现了几十年来司法科技工作者的梦想，更可喜的是上海"206 系统"已经向民事、行政案件延伸，实现法院案件的全覆盖，非常不容易。[3]

2018 年 6 月 7 日，最高人民法院党组成员、政治部主任徐家新到上海高院"206 工程"研发基地调研指导"上海刑事案件智能辅助办案系统"研发工作

1　2017 年 6 月 12 日，中央司改办副主任在上海高院召开"以审判为中心的诉讼制度改革软件"开发座谈会上的讲话。

2　2018 年 6 月 19 日，最高人民法院召开最高院司法改革领导小组 2018 年第二次全体会议上的讲话。

3　2018 年 6 月 19 日，最高人民法院召开最高院司法改革领导小组 2018 年第二次全体会议上的讲话。

2. 社会各界广泛关注

贵阳会议召开后的短短 24 小时，网络各平台传播情况为：新闻平台 63 篇、微信平台 48 篇、微博平台 219 条、网络论坛相关帖文 8 篇。网民观点均予以微信与微博平台点赞、支持，得到了社会媒体的广泛关注。解放日报、法制日报、人民法院报、中央电视台、上视新闻等纷纷对上海法院研发刑事案件智能辅助办案系统进行首发报道，人民网、新华网、中国法院网、法制网、中国日报网等各大网络平台和微信平台转载。

（1）新闻平台

新闻报道和网媒转载共计 63 篇。7 月 10 日，《解放日报》、《人民法院报》、东方网、上观新闻等以相似标题《揭秘"206"：法院未来的人工智能图景——上海刑事案件智能辅助办案系统 154 天研发实录》《代号"206"，这个人工智能系统能取代法官、防冤假错案吗？》。7 月 11 日，《法制日报》以《上海应用"人工智能"办案防范冤假错案——全国首个"智能辅助办案系统"问世》为题进行首发报道，共引起

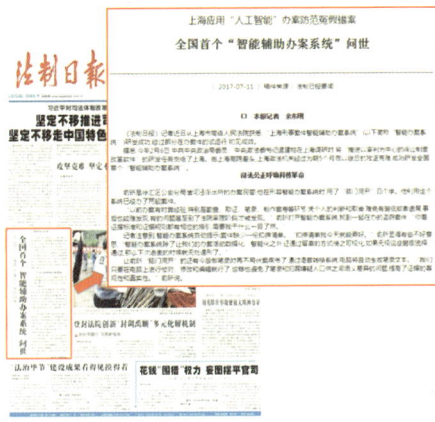

《法制日报》2017 年 7 月 11 日报道

新华网、中国法院网、法制网、上海政法综治网、人民网、中国日报网、网易新闻、新浪新闻、光明网、华龙网、东方法治网等转载58篇。

（2）微信平台

各类微信平台上的相关文章48篇，内容主要是转载相关新闻报道，未见倾向性的评论文章。重点公号包括"最高人民法院""人民法院报""智慧法院进行时""平安徐汇""东方网政法频道""法眼观察"等。其中"最高人民法院"发表的文章《揭秘"206"：法院未来的人工智能图景——上海刑事案件智能辅助办案系统154天研发实录》关注度最高，阅读20015次，点赞105次，显示评论5条。

（3）微博平台

相关微博文章共有219条，内容以转发陈述性新闻报道为主，主要来源于新浪微博，舆情热度主要聚焦于各级法院官微及部分媒体官微。其中关注度最高的为最高人民法院发表的博文《揭秘"206"：法院未来的人工智能图景——上海刑事案件智能辅助办案系统154天研发实录》，引起转发168次，评论3条，点赞45次；其次是@解放日报发表的相关博文《代号"206"，这个人工智能系统能取代法官、防冤假错案吗？》，引起转发4次，评论6条，点赞1次。

（4）专家学者高度评价

① 叶青教授赞誉

华东政法大学校长叶青教授认为，"206系统"是第一次将法定的统一证据标准嵌入到公检法三机关的数据化刑事办案系统中去，并且连通了公检法三机关的办案平台，这将极大地促进公检法三机关办案人员执行统一的证据标准，同时倒逼侦查、审查起诉、审判各个诉讼环节，严格按照法律的规定办理刑事案件。系统的出台，对于上海法院，甚至对推动整个上海的司法制度改革意义非凡。叶青教授在《关于"捕诉合一"办案模式的理论反思与实践价值》一文中提出，"206 系统"着眼于把统一适用的证据标准嵌入数据化程序，应作为大数据时代司法机关办案信息化的范式。

② 苏惠渔教授赞誉

2018 年 7 月 12 日，崔亚东同志专程拜访中国刑法学泰斗、《量刑与电脑》的作者苏惠渔教授。苏惠渔教授热情赞誉上海法院将现代科技与司法实践结合，研发刑事案件智能辅助办案系统，推进以审判为中心的诉讼制度改革，开创了历史先河，确实是做了一件功德无量的大事。

2018 年 7 月 12 日，崔亚东同志专程拜访苏惠渔教授，与苏惠渔教授进行交流

3. 兄弟省市考察交流

2017 年 7 月 11 日，在全国高级法院院长座谈会分组讨论时，许多高院院长表示：听了上海高院的发言以及观看上海的视频片后，上海法院"将以审判为中心的诉讼制度改革与信息化结合起来，真有长出了翅膀的感觉"；上海的做法"具有重要引领作用，可复制、可推广"。

全国司法体制改革推进会之后，截至 2018 年 10 月底，上海高院已接待中央国家机关、各地政法机关、人大、政府、政协相关部门前来专题学习考察的 100 批次 2100 人，其中接待国外司法交流 11 批次 142 人。

中央政法委信息中心至上海高院参观考察"206 工程"

最高法院司改办至上海高院参观考察"206 工程"

安徽省委政法委到上海高院参观考察"206 工程"

安徽省公安厅到上海高院参观
考察"206 工程"

安徽省公安厅至上海高院参观
考察"206 工程"

贵州省黔西南州政法委到上海
高院参观考察"206 工程"

北京市委政法委至上海高院参
观考察"206 工程"

四川省委政法委至上海高院参观考察"206 工程"

内蒙古自治区党委政法委至上海高院参观考察"206 工程"

宁夏回族自治区党委政法委至上海高院参观考察"206 工程"

四川高院、东方网至上海高院参观考察"206 工程"

江西南昌市委政法委至上海高院参观考察"206 工程"

湖北省委政法委至上海高院参观考察"206 工程"

浙江省检察院至上海高院参观考察"206 工程"

河南省委政法委至上海高院参观考察"206 工程"

六、部分省市推广应用

2018年1月10日，时任中央政法委秘书长汪永清在中央政法委主持会议，中央政法委副秘书长景汉朝、白少康，上海陈寅书记、崔亚东院长等参加会议，崔亚东院长汇报了"206系统"试运行情况和根据中央政法委的要求代拟的"206系统"《全国推广应用方案》。汪永清同志在讲话中，对上海系统研发及应用工作给了了充分的肯定，认为这是中国法制史上的一次革命，有助于实现中国法治建设的弯道超车。同意上海草拟的"推广方案"，并明确"206系统"的推广应用由中央政法委统一负责，不能由各地搞重复开发建设。

2018年1月22日，中央政治局委员、中央政法委书记郭声琨同志在中央政法工作会议讲话中明确要求："要认真学习借鉴，应用好上海刑事案件智能辅助办案系统软件，构建适应实际需要的刑事司法新模式，防止另起炉灶、重复建设。"

2018年7月24日，郭声琨书记在全国全面深化推进司法体制改革推进会上强调："要加快推进跨部门大数据办案平台建设，在全国推广应用刑事案件智能辅助办案系统，实现数据互联互通、人机互动互补。"

1. 中央政法委决定部分省市先行试点推广应用

2018年4月，中央政法委决定在七个省八个地市先行试点推广应用，具体有山西省太原市，安徽省合肥市、芜湖市，福建省福州市，云南省昆明市，浙江省温州市，吉林省长春市，宁夏自治区银川市。

2. 上海承担协助推广应用任务

根据中央政法委的要求，上海承担协助做好在全国先行试点应用工作。在上海市委政法委的领导下，上海高院"206 工程"办公室调整了机构：全市推广应用推进办公室、综合办公室、全国推广应用推进办公室。

（1）承担了培训工作

一是举办了证据标准指引制定培训班。根据中央政法委的要

2018 年 4 月 9 日，来自内蒙古等 11 个省、自治区、直辖市的高院同志在上海高院参加证据标准指引制定培训班

求，2018 年 4 月 9 日，上海高院对承担的 31 个罪名证据标准指引制定任务的内蒙古、辽宁、山东、广东、广西、重庆、四川、贵州、云南、陕西、新疆 11 个省、直辖市、自治区的法院、检察院、公安分管刑事工作的领导、业务和技术骨干进行了培训，参训人员

合计 43 人。培训的内容主要是"206 系统"的研发及功能作用，证据标准制定的方式方法等内容。最高院司改办规划处处长**何帆同志**与会进行了开班动员。

"206 系统"先行试点应用培训班在上海政法学院上合组织培训中心顺利举办

二是举办了先行试点省市应用培训班。根据中央政法委的安排，培训共分二期进行。

第一期 4 月 18 日至 20 日，参加地区为山西省太原市，安徽省合肥市、芜湖市，福建省福州市，云南省昆明市；

第二期 4 月 23 日至 25 日，参加地区为浙江省温州市、吉林省长春市、宁夏自治区银川市。

上述七个省八个地市的政法委、高级法院（中院、基层院）、省检察院（分院、基层院）、公安厅（市、县公安局、派出所）的分管领导、业务和技术骨干共计 389 人参加培训。培训的内容主要是系统研发情况介绍、推广应用注意事项、证据标准指引制定、系统功能和操作演示、相关技术问题等。上海市委政法委、市高院、市检察院、市公安局作了精心准备，市高院崔亚东同志、市高院副院长郭伟清同志、市高院副院长黄祥青同志、市高院信息管理处处长曹红星同志、市检察院陈漫卿及丁琪同志、市公安局税兵同志、科大讯飞金泽蒙同志等人授课。通过这场培训，使参训人员全面了解"206 系统"的功能和应用前景、充分掌握了"206 系统"的用途和使用方式。

参加培训的学员们表示，通过集中授课，收获颇丰、启示很大，深刻感受到"206 系统"的研发对推进以审判为中心的诉讼制度改革落地起到举足轻重的作用，具备广阔的发展前景；通过了解证据标准制定的原理、程序、具体要求，深刻感受到制定看得见、摸得着的证据标准和证据规则，对减少司法任意性，解决刑事证据标准适用不统一、刑事办案行为不规范的问题，防范冤假错案的产生具有重大意义。学员们纷纷表示，将按照中央政法委、最高院的工作部署和要求，认真学习消化本次培训课程内容，制定好相关罪名的证据标准指引，坚决完成中央政法委交办的工作任务。

崔亚东同志为培训班授课

郭伟清同志就"206 系统"功能进行演示介绍

黄祥青同志就证据标准指引制定进行授课

上海高院信息管理处处长曹红星就"206 系统"全过程应用技术进行介绍和演示

检察机关陈漫卿、丁琪，公安机关税兵分别就"206系统"在本系统应用技术进行演示讲解，科大讯飞公司金泽蒙就技术问题进行授课讲解

（2）跟踪、指导、推进先行试点地区工作。根据中央政法委在七个省八个地市先行试点的要求，在上海市委政法委的领导下，上海高院成立了"206系统"推广应用专门办公室，主动加强与七个省八个地市的沟通联系，指导各试点单位做好相关工作。

2018年7月3日，崔亚东同志、郭伟清同志率队赴安徽省芜湖市进行了实地考察，先后到芜湖市确定的先行试点弋江公安分局弋江派出所、弋江区法院、检察院实地听取汇报、观看操作演示，与一线干警座谈交流。

2018 年 7 月 3 日，崔亚东同志、郭伟清同志率队赴安徽省芜湖市进行实地考察

上海市高院"206 工程"办公室组织了专业技术人员于分别赴安徽省合肥市、芜湖市，山西省太原市，云南省昆明市听取意见，帮助指导试点工作。

（3）先行试点推进情况：

先行试点推广应用进度不一。截至 2018 年 10 月 31 日，七个省八个地市的进展如下：

安徽省芜湖、合肥两个市进入试运行阶段。公安共录入案件 337 件、流转到检察院 286 件、流转到法院 178 件。

山西省太原市进入试运行阶段，公安录入 914 件，流转到检察院 350 件，流转到法院 175 件。

云南省昆明市进入系统测试阶段，共录入案件 59 件，流转到检察院 65 件，试点法院选取 150 件已结案件进行录入。

福建省福州市进入系统测试阶段，其中公安录入 122 件、流转到检察院 91 件、流转到法院 63 件。

浙江省温州市、宁夏自治区银川市、吉林省长春市处在准备阶段。

2018 年 11 月 2 日，新疆建设兵团政法委与兵团对接。积极要求加入试点，并经请示中央政法委同意。新疆兵团政法委与上海"206 工程"办公室联系，已启动相关工作，进展迅速，计划在年底前完成试点单位（六师）系统部署上线工作。

（4）中央政法委对试点工作提出新要求。11 月 6 日下午 3 时，中央政法委副秘书长景汉朝同志在北京主持召开部分省市"206 系统"试点应用情况座谈会。上海、安徽、山西、宁夏、浙江、云南等试点有关人员，这些地区的政法委及法院、检察院、公安机关相关负责同志，以及科大讯飞的有关人员参加。参会的同志作了情况交流。崔亚东同志对上海本地工作进展及协助部分省市试点工作作了发言，并就各省提出的问题作了解答。会上，景汉朝同志充分肯定了上海"206 系统"研发应用工作取得的阶段性成果，尤其是对上海完成 71 个常涉罪名证据标准和规则的制定、全市全面推广应用和已有 16000 多个案件上线流转的成果给予高度肯定。并明确上海继续承担试点省市推广应用工作。会议进一步明确了推广应用"206 系统"的重要性和必要性，就做好试点工作提出了要求。

景汉朝同志在讲话中强调：**一是要树立战略眼光，高度重视人工智能在司法办案中的应用**。当前世界已进入信息化时代，甚至是人工智能时代。司法改革的重要成果之一就是把现代科技手段引入应用到政法工作中。我们可以建立全国统一的证据标准，并嵌入系统，运用人工智能技术实现以审判为中心的诉讼制度改革目标，这是一件了不起的事，我们这一成果已处于世界前列，这充分体现了中国特色社会主义的体制优势。如果在司法办案过程中还忽略人工智能的应用，注定会被时代所淘汰。谁早搭上人工智能这班车，谁在今后的发展中就会取得先发优势。上海始终处于改革开放前沿，科技发达，人工智能在上海司法实践中率先得到应用，取得了良好的成效。现在上海已经完成 71 个罪名的证据标准指引制定，上海97% 的刑事案件罪名实现全覆盖。其他全国常见、上海不常见的罪名证据标准指引制定工作也正在稳妥推进中，系统功能大大提升，运行情况良好，与 2018 年 1 月份相比，已是突飞猛进。如果全国按照上海的范本模式抓好系统应用，肯定会极大地提高我国刑事案件的办案质量和效率。这个系统的研发就是要提升办案质效，防范冤假错案。假设二十年前全国普遍使用"206系统"，这些冤假错案可能就防止了。现在使用"206系统"，从今往后冤假错案出现的概率就会降低。**二是要加强沟通协调，形成试点单位与研发单位的互动互进**。与会省份提出的建议非常好，以往公文往来效率低、效果不好。为切实解决系统使用中沟通不畅等问题，我们应建立系统应用层面的工作沟通平台，这个平台由上海来承担，请崔亚东同志继续负责。各省要充分利用好这个平台，推进工作。**三是要完善系统设计，提供方便高效实用便于推广的科技产品**。试点单位要进一步深化思想认识，提高改革的积极性。科大讯飞公司要在系统的方便、高效、实用上下大功夫，方便基层一线的干警使用，真正地让系统更好用。

第八章

拓展研发"上海民事、行政案件智能辅助办案系统"

　　刑事案件智能辅助办案系统的研发成功，尤其是运用人工智能等高科技破解刑事诉讼中存在的难题，助力以审判为中心的诉讼制度改革落地，进一步开拓了我们的思路，坚定了我们的信心和决心，激发了我们应用人工智能的热情。2017年7月10日，贵阳会议之后，我们在总结"刑事206系统"成功经验的基础上，决定将人工智能拓展至民事、行政案件办理应用中，研发民事、行政案件智能辅助办案系统。

一、研发的必要性

1. 推进办案智能化，提升办案效率

民事、行政案件数量多、占比高，上海法院近三年年平均收案

约 71 万件，其中刑事案件约占 4%，民事、行政案件约占 65%。因此探索构建具有上海法院特色的人力与科技深度融合的标准化、规范化、智能化的民事、行政审判模式，破解案多人少矛盾，向科技要质量、向科技要效率，实现办案规范化、智能化、集约化十分必要。

2. 促进适法统一，提升司法公信力

传统的民事、行政案件在审理中，适用法律不统一、自由裁量权不规范等问题更为突出。通过现代科技辅助法官办理民事以及行政案件，可以发挥其在认定事实、适用法律、采信证据、公正裁判中的作用，以促进法律适用统一，规范法官的自由裁量权行使，减少司法任意性，提升办案质效和司法公信力。

二、制定方案，有序推进

我们制定了《上海市高级人民法院关于研发"上海民事、行政案件智能辅助办案系统"（一期）的工作方案》。上海市委政法委高度重视，市委常委、市委政法委书记陈寅同志专门听取了工作汇报，批复同意，从而开启了"上海民事、行政案件智能辅助办案系统"的研发征程。

研发工作于 2017 年 8 月 18 日正式启动；2017 年 11 月 29 日系

统上线试运行；2018 年 9 月召开民事、行政案件智能辅助办案系统全市法院应用动员部署会，截至 2018 年 10 月底，系统累计录入案件 77435 件。

1. 指导思想

以习近平新时代中国特色社会主义思想为指引，认真贯彻落实党中央、国务院、上海市委、最高人民法院党组关于全面实施大数据战略，积极推进互联网＋行动、人工智能＋行动的重大决策部署，深刻领会、准确把握互联网、大数据、人工智能等现代科技为司法事业提供的重大战略机遇，按照**边研发、边应用、边总结、边完善**的工作思路，坚持问题导向、需求导向和目标导向，以互联网、大数据、人工智能等现代科技为引领和支撑，整合现有司法资源和技术资源，研发"上海民事、行政案件智能辅助办案系统"，构建具有上海法院特色的标准化、规范化、智能化的民事、行政审判新模式，全面提升上海法院的司法质量、司法效率和司法公信力，实现审判体系和审判能力现代化。

2. 基本原则

（1）坚持于法有据

以民事、行政领域的实体法、程序法以及最高人民法院有关民事、行政审判的司法解释为依据，精心设计方案，确保系统研发始终沿着法治轨道进行。

（2）坚持司法规律

认真研究审理民事、行政案件的司法规律，坚持将现代科技与司法规律相融合，确保司法规律真正成为可视化、可量化的科学。

（3）坚持问题导向

民事、行政案件的审理关系到人民群众切身利益的维护。要广泛听取一线法官和律师的意见建议，紧紧抓住影响司法公正、制约司法能力的深层次问题开展调研，确保系统的研发应用针对性强，能够解决实际问题。

（4）坚持科技引领

把现代科技应用与司法人员创造力结合起来，树立大数据战略思维，充分发挥互联网大数据、云计算、人工智能等现代科技的引领作用，形成科技理性和司法理性融合效应。

（5）坚持方便实用

系统的研发应用要突出法官主体地位，注重法官的使用体验，确保系统设计科学、使用简洁，管用、实用、好用，成为法官办案的智能助理。

（6）坚持先易后难、循序渐进

在遵循司法规律的前提下，坚持先易后难、循序渐进的原则，逐项攻关，有重点、有步骤、有计划地推进。

3. 总体目标

以"努力让人民群众在每一个司法案件中感受到公平正义"为总目标，以提高司法公信力为根本尺度，找准互联网、大数据、人工智能等现代科技和民事、行政案件审判实践的融合点，通过对海量司法数据，民事、行政办案要件的机器学习、深度挖掘，研发出符合民事、行政案件审判规律，契合一线审判需求，智能化程度高的民事、行政案件辅助办案系统，切实发挥其在辅助法官采信证据、认定事实、适用法律、公正裁判等方面的重要作用，有效解决民事、行政案件审判实践中存在的办案思路不统一、证据审查不全面、自由裁量权行使不规范、裁判结果偏离度过大等问题，减少司法任意性，全面打造民事、行政案件审判从立案到执行的全流程网上办案系统，提高司法能力和水平，增强人民群众对公平正义的获得感。

4. 主要任务

（1）建立完善民事、行政案件证据规则指引

证据是诉讼的灵魂。建立完善民事、行政案件证据规则指引是研发"上海民事、行政案件智能辅助办案系统"的**核心**。要紧紧围绕推进以审判为中心的诉讼制度改革的要求，牢固树立"办案必须经得起法律检验"的理念，依据民事诉讼法、行政诉讼法以及有关司法解释的规定，制定统一适用的证据规则指引，对案件当事人提出的诉讼主张所应当提供的证据，人民法院应当调查收集的证据种类、形式要件以及有关举证责任分配、举证认证规则等作出详细规定。

（2）建立完善民事、行政案件办案要件指引

建立完善民事案件、行政案件办案要件指引，是研发"上海民事、行政案件智能辅助办案系统"的重点。要根据立案、审判的不

同办案阶段，为办案人员提供统一规范、简明易行、数据化、清单式、全流程的办案指引。

建立完善民事案件办案要件指引。遵循诉讼要件审查——固定诉请与抗辩——明确请求权基础——确定争议焦点——要件事实证明——要件事实认定——具体法律适用——裁判文书生成等民事案件审理步骤，研究建立民事案件办案要件指引，为法官统一办案思路、确定案件审理方向、规范案件审理流程、减少裁判结果偏离度提供办案指引。

建立完善行政案件办案要件指引。结合行政案件审判经验，从行政行为的执法目的、职权依据、认定事实、行政程序、法律适用等要件出发，研究制定行政案件办案要件指引，进一步明确行政案件审判要件，为法官统一办案思路、确定案件审理方向、规范案件审理流程、减少裁判结果偏离度提供办案指引。

结合上海司法实践，聚焦民事、行政领域常见多发、重要、新类型的案件，在证据规则指引下先选择六类八个案由构建办案要件指引。

三、系统的框架及功能

融合互联网、大数据、人工智能等现代科技手段，将民事、行政案件证据规则指引和民事、行政案件办案要件指引转化为数据模型，嵌入智能辅助办案系统，由其对证据的合法性、关联性等进行自动**审查、提示、把关、监督**，对办案要件审查是否完整、齐全进行**指引、提示、监督，**对整个诉讼流程实行全程可视、全程可控、全程留痕，有效统一民事、行政案件的审理思路，规范自由裁量权的行使、统一法律适用，提升司法质量、司法效率和司法公信力。

系统主要用于法院办案部门，为民事、行政案件审理法官提供智能辅助。

1. 建立上海民事、行政案件大数据资源库

包括证据规则，办案要件（初建时包括六类八个案由办案要件等），电子卷宗，案例（包括最高人民法院公报案例、指导性案例；上海法院参考性案例、百例精品案例等），裁判文书，法律法规司法解释，办案业务文件等子库，为办案提供信息资源支撑和保障。

上海民商事、行政案件大数据资源库	证据规则库	办案要件库	实体法律法规库	程序法库
	立案审查规则库	诉请库	抗辩库	诉请与证据关联关系库
	庭审规则库	文书模板库	案例库	电子卷宗库

2. 建立上海民事、行政案件智能辅助办案系统

运用图文识别（OCR）、自然语言理解（NLP）、智能语音识别、司法实体识别、实体关系分析、司法要素自动抽取等人工智能技术，完成系统开发。该系统由若干应用软件支撑，初步考虑设计27项功能（功能描述详见附表，其中，立案阶段有三项功能：案件受理标准审查、诉讼费缴纳智能提示、程序性文书智能生成；诉前调解阶段有三项功能：明确诉请、明确抗辩主张、明确事实与理由；庭前阶段有六项功能：智能阅卷、无争议事实预归纳、争议焦点预归纳、证据缺失性检验、证据合规性校验、要件式庭审提纲构建；庭审阶段有五项功能：无争议事实归纳、争议焦点归纳、庭审程序智能提示、庭审无纸化质证、庭审笔录智能生成；评议阶段有两项功能：合议无纸化示证、评议笔录智能生成；裁判阶段有六项功能：法条推送、类案推送、裁判结果预判断、文书模型智能匹配、裁判文书智能生成、裁判偏离度提示；知识指引有两项功能：办案要件指引、证据审查判断指引）。

"上海民事、行政案件智能辅助办案系统"功能表

序号	功能名称	功能描述
1	办案要件指引	通过构建要件指引的方式，对办案思路、办案步骤予以规范，为法官查明要件事实、正确适用法律、依法作出裁判提供要件式、科学性、实用性的办案要件指引。
2	证据审查判断指引	对案件当事人及其诉讼代理人提出的诉讼主张所应当提供的证据，人民法院应当调查收集的证据种类、形式要件以及有关举证责任分配、举证认证规则等作出详细规定，为法官办案提供清单式的指引。
3	智能阅卷	对案件审理中整理、标记和抽取的案件摘要信息进行模块化展示，并在案件办理的关键节点给予必要提示，辅助法官办案。
4	法条推送	根据原被告诉辩对抗后所认定的法律关系，为法官自动推送匹配的实体法律规范。根据案件审理进程，为审判程序性环节推送可能涉及的程序性法律规范。
5	类案推送	为办案人员自动推送同类案例，进行裁判智能分析比对，提高适法统一度。
6	案件受理标准审查	对案件是否符合民事诉讼法、行政诉讼法有关立案的规定进行智能审查。
7	诉讼费缴纳智能提示	通过数据比对，提示法官在庭审前、案件判决前了解当前案件的减免缓情况，并根据情况处理诉讼费的补交、催缴等。

8	明确诉请	对当事人诉讼请求及其提交的证据材料进行智能识别和信息自动提取、归类、提示，帮助法官及时固定当事人的诉讼请求。
9	明确事实与理由	对当事人诉讼请求及其提交的证据材料进行智能识别和信息自动提取、归类、提示，帮助法官及时固定案件事实与理由。
10	明确抗辩主张	对当事人诉讼请求及其提交的证据材料进行智能识别和信息自动提取、归类、提示，帮助法官及时固定抗辩主张。
11	无争议事实预归纳	通过大数据学习归纳，构建诉请和抗辩之间的关系，将诉请和事实与理由中未抗辩部分归纳为无争议事实。
12	争议焦点预归纳	通过人工智能手段，大数据学习归纳，构建诉请和抗辩之间的关系，将诉请和事实与理由中抗辩部分归纳为争议焦点。
13	证据缺失性校验	在通过要件知识库，进行对应的要件证据梳理，找到支持当前诉请和抗辩所需要的证据。通过原被告提供的证据清单做智能匹配，发现缺失性证据遗漏。
14	证据合规性校验	根据证据审查标准，对于书证、物证等进行证据合规性判断，包括签章、签名、日期、真伪等内容的合规性验证。
15	要件式庭审提纲构建	支持针对不同案由，以个性化庭审笔录模版为基础，结合诉辩状和证据资料，提取庭审提纲中核心信息，回填到庭审提纲中，形成庭前的庭审提纲。

16	无争议事实归纳	通过大数据学习归纳，构建诉请和抗辩之间的关系，将诉请和事实与理由中未抗辩部分归纳为无争议事实。
17	争议焦点归纳	通过大数据学习归纳，构建诉请和抗辩之间的关系，将诉请和事实与理由中抗辩部分归纳为争议焦点。
18	庭审程序智能提示	通过梳理庭审过程中涉及的庭审规则，形成庭审规则数据库，对接庭审系统，为庭审环节提供不同流程情况的庭审程序提示。
19	庭审无纸化质证	在庭审过程中，基于各方的发言，实时调度电子证据，并在终端屏幕上同步显示，主要运用于质证和辩论环节，减少翻阅纸质卷宗带来的不便。
20	庭审笔录智能生成	将庭审笔录提纲对接到智能语音庭审系统中，智能语音庭审系统完整记录庭审过程中所有人的发言内容，辅助书记员现场人工修正，智能生成庭审笔录。
21	合议无纸化示证	基于各方的发言，实时调度电子证据，并在终端屏幕上同步显示，主要运用于合议过程对案件介绍和主动调阅电子卷宗过程环节，减少翻阅纸质卷宗带来的不便。
22	评议笔录智能生成	通过智能语音合议系统完整记录评议过程中所有人的发言内容，辅助书记员现场人工修正，智能生成合议笔录。

续表

23	程序性文书智能生成	运用文本信息智能提取技术，从电子卷宗中自动识别、抓取有关信息，一键生成案件办理过程中所需的有关文书。
24	裁判结果预判断	根据案件相关信息，法律要点的裁判指引生成预判。
25	文书模型智能匹配	根据审理案件特点自动匹配当前案件适用的裁判文书、调解书、裁定书等。
26	裁判文书智能生成	运用文本信息智能提取等人工智能技术，以系统内置的裁判文书模型为框架，结合不同案由的不同特性，基于庭审笔录和合议笔录的内容进行信息点的智能抽取与回填，智能生成裁判文书。
27	裁判偏离度提示	根据案件所涉及的法律要点，自动抓取案件重要信息，结合大数据分析得出的类案裁判结果，对草拟的裁判文书判决主文进行偏离度校验及提示，确保类案之间裁判尺度保持一致，推动法律适用统一。

3. 实行电子卷宗随案同步生成

电子卷宗随案同步生成是保证民事、行政案件智能辅助办案系统优质高效顺畅运行的基础。全面开发和支持电子卷宗在司法实践中的深度融合和全面应用，从立案阶段开始，采取统分结合方式，同步采集案卷材料，确保录入的数据全面、准确、及时、鲜活，实现电子卷宗自动生成、数字化流转，为法官提供全流程网上办案、同步阅卷、同步提取案件信息、同步生成文书、裁判文书辅助制作、庭审示证、电子卷宗移送、一键归档等功能，提高审判工作质效。

4. 建立系统运行的维护机制

建立系统专业维护团队，建立可视化应用监管平台，通过实时应用监管，确保系统始终处于高效顺畅的运行状态。

四、系统研发推进情况

1. 调研准备

（1）成立专门工作组

"上海民事、行政案件智能辅助办案系统"是"206工程"的重要组成部分。上海高院在"206工程"办公室下设民商事、行政业务组、技术组、综合组、专家咨询组等。其中，业务组有44人，技术组有99人（科大讯飞公司93人、上海高院信息处6人）。

（2）建立会议联络制度

建立研发会议联络制度，会议联络办公室设在高院。各小组确定一名负责人作为联络员，负责日常联络沟通协调工作，确保研发工作顺利有序推进。

（3）开展专题调研

自办案系统研发工作启动以来，据不完全统计，各业务小组开会讨论一百多次；先后召开 9 次法官和律师参加的座谈会，收集各方对系统研发的意见建议，并整理出 50 条业务需求和建议，供研发人员参考。

2. 业务攻关

在前期认真调研的基础上，我们确定了首批系统研发的范围，我们依据法律规范和司法实务操作规范等，开展业务攻关，制定了办案要件指引、证据规则指引等。

（1）制定办案要件指引

办案要件指引是指通过构建办案要件指引的方式，对办案思路和办案步骤予以规范，为法官查明事实要件、明确法律适用、依法作出裁判提供科学性、实用性的办案要件指引。

第一，确定范围。"上海民事、行政案件智能辅助办案系统"（一期）从 467 个民商事案由、61 个行政案由中首批选择了六大类八个案由（**六大类**是指民事、商事、海商、金融、知产、行政类；**八个案由**包括道路交通损害赔偿纠纷案件、股权转让纠纷案件、海上、通海水域货物运输合同纠纷案件、银行卡纠纷案件、融资租赁合同纠纷案件、信息网络传播权纠纷案件、计算机软件委托开发合同纠纷案件、政府信息公开纠纷案件）作为研发对象。这八个案由中既有具有司法前瞻性、体现上海经济社会发展特色的案由，如股权转让纠纷、融资租赁合同纠纷、信息网络传播权纠纷等；又有量大面广、具有普遍性，且规范化、标准化操作程度高、有利信息化开发的案由，如道路交通事故人身损害赔偿纠纷、信用卡纠纷、政府信息公开纠纷等（2016 年，全市人民法院民商事案件收案 495864 件，道路交通事故纠纷案件收案 51312 件，占 10.35%；信用卡纠纷案件收案 98261 件，占 19.82%）。

第二，明确要件功能。根据确定的六大类八个案由，我们针对每类案由项下的法律规定、司法解释、法理依据、实务操作等方面进行全方位的系统梳理，整理案件办案要件指引，为系统提供具备学习性的办案要件，使其具备即时指引功能，同时在办案智能笔记中关联推送对应诉请下的案件信息。办案要件指引是民事、行政案件智能辅助办案系统的关键和基础，对其他功能的实现具备搭桥、辅助的全局作用。

（2）制定民事、行政案件证据规则指引

证据是诉讼的灵魂，此次系统首批开发六大类八个案由，覆盖了民事、商事、海商、金融、知产、行政全领域，为此我们针对各类案由制作了民商事、行政案件证据规则指引。

证据规则指引是指对案件当事人及其诉讼代理人提出的诉讼主张所应当提供的证据，人民法院应当调查收集的证据种类、形式要件以及有关举证责任分配、举证认证规则等作出详细规定，为法官办案提供清单式的指引。目前已制定民商事案件统一适用的民事诉讼证据规则指引、行政诉讼证据规则指引，以及八个案由各自的证据指引，为案件审理的证据审查判断提供规则指引。

（3）构建证据模型

证据模型是以办案要件、证据规则为支撑，以民商事、行政案件的审理思路为脉络构建的可供机器审查判断、学习的知识图谱，为机器的识别、判断提供学习和参考的标准样本。

3. 技术攻关

（1）建立上海民商事、行政案件大数据资源库

已建立了12个大数据资源库（办案要件库、证据规则库、实体法律法规库、程序法库、立案审查规则库、诉请库、抗辩库、诉请与证据关联关系库、庭审规则库、文书模版库、案例库、电子卷宗库），为系统研发提供了基础数据。

（2）开发上海民事、行政案件智能辅助办案系统软件

办案系统软件根据案件审理的立案、诉前调解、庭前、庭审、评议和裁判等六个阶段，确定每个阶段系统的基本功能，共设计了27项功能（功能描述详见附表，其中，立案阶段有三项功能：案

件受理标准审查、诉讼费缴纳智能提示、程序性文书智能生成；诉前调解阶段有三项功能：明确诉请、明确抗辩主张、明确事实与理由；庭前阶段有六项功能：智能阅卷、无争议事实预归纳、争议焦点预归纳、证据缺失性检验、证据合规性校验、要件式庭审提纲构建；庭审阶段有五项功能：无争议事实归纳、争议焦点归纳、庭审程序智能提示、庭审无纸化质证、庭审笔录智能生成；评议阶段有两项功能：合议无纸化示证、评议笔录智能生成；裁判阶段有六项功能：法条推送、类案推送、裁判结果预判断、文书模型智能匹配、裁判文书智能生成、裁判偏离度提示；知识指引有两项功能：办案要件指引、证据审查判断指引）。

目前已研发完成19项功能（办案要件指引，证据审查判断指引，智能阅卷，明确诉请，明确事实和理由，明确抗辩主张，案件受理标准审查，诉讼费缴纳智能提示，无争议事实预归纳，争议焦点预归纳，证据缺失性校验，要件式庭审提纲构建，庭审程序智能提示，无纸化质证，庭审笔录智能生成，文书模型智能匹配，法条推送，类案推送，裁判文书智能生成）。

通过道路交通损失赔偿纠纷为例，来演示介绍系统的**重点功能：**

重点功能介绍 (以道交案件为例)

诉前调解	立案	庭前	庭审	评议	裁判
明确诉请	案件受理标准审查	无争议事实预归纳	无争议事实归纳	合议无纸化示证	裁判结果预判断
明确事实与理由	诉讼费缴纳智能提示	争议焦点预归纳	争议焦点归纳	评议笔录智能生成	裁判偏离度提示
明确抗辩主张		证据缺失性检验	庭审程序智能提示	（赔偿计算）	文书模型智能匹配
		证据合规性预判断	庭审无纸化质证		裁判文书智能生成
		要件式庭审提纲构建	庭审笔录智能生成		类案推送

明确事实与理由：

系统依据办案要件指引，通过人工智能手段，自动抽取诉状或者其他诉讼材料中的事实和理由。

案件受理标准审查：

根据诉讼请求，智能抽取、比对案件信息是否符合立案标准。

证据缺失性校验：

从诉请中提炼案件待证事实，智能比对证据指引库，将各个待证事实所需证据清单予以明确，校对案件所提供证据，提示缺失情况。

通过对电子卷宗材料识别抓取，结合诉讼请求，确定待证事实。针对待证事实检索诉请与证据关联关系库，智能提示本案事实所需证据清单。根据证据清单与在案证据比对，对缺失证据进行智能提示。

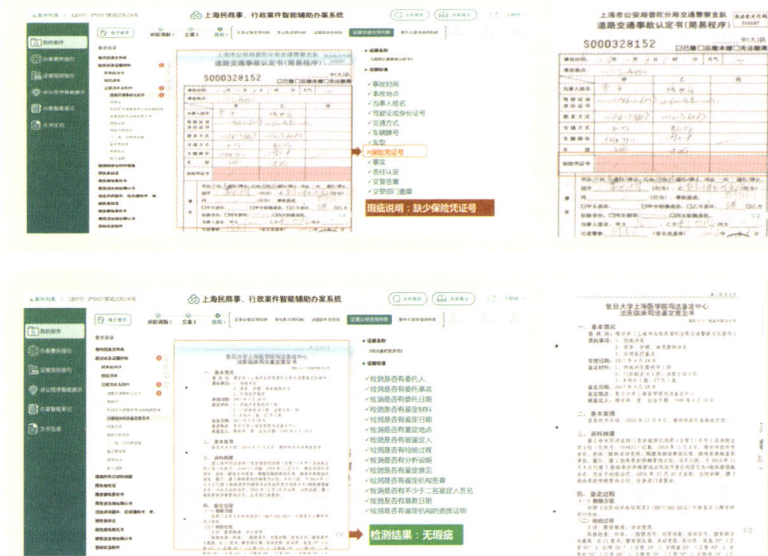

证据合规性预判断：

根据证据规则库对不同类型证据制定了不同的证据审查标准。

例如：针对道路交通事故认定书，制定了 12 个合规性审查标准。

例如：针对司法鉴定意见书，制定了 14 个合规性审查标准。

例如：针对费用单据，制定了 5 个合规性审查标准。

争议焦点归纳：

智能比对起诉状、答辩状信息，结合庭审笔录，归纳本案争议焦点。

文书智能生成：

通过从起诉书、庭审笔录中智能抽取相关要素，嵌套到制作文书模板，智能填写文书内容，初步达到裁判结果预生成，自动推送法条等功能，实现裁判文书辅助生成。

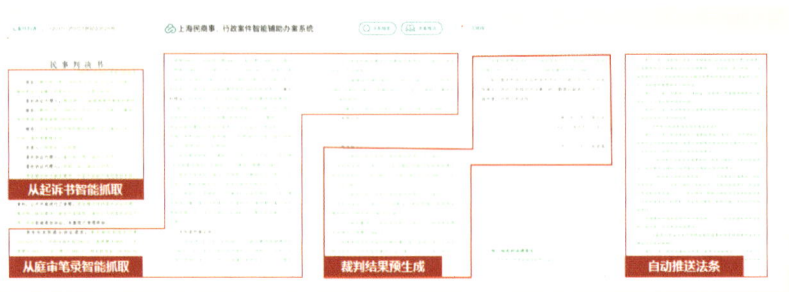

裁判偏离度提示：

根据办案要件库对案件所涉法律争点进行校验，提示是否存在偏离。

（3）搭建人工智能技术支撑平台

人工智能支撑平台是以神经网络、机器学习等技术为基础，结合一线法官的审判经验，通过人工标注，建立案件核心要素标签体系，实现从电子卷宗抓取诉讼请求、事实理由、抗辩主张、争议焦点等案件核心信息，为应用软件提供能力支撑。目前，已建立了八个案由的标签体系；已完成了三个案由（政府信息公开、

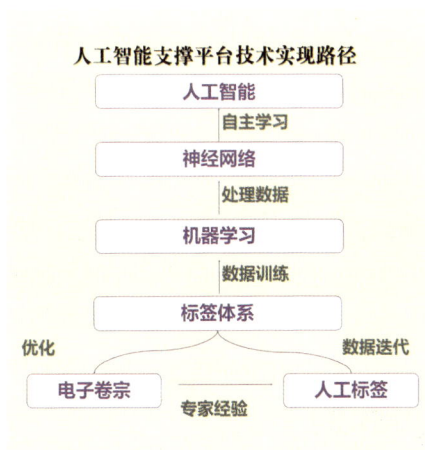

机动车交通事故责任纠纷、银行卡纠纷）的卷宗标注工作，标注电子卷宗 2000 余份，标注点数量 10 万个，实现三个案由案件要素抓取的高度智能化。

五、系统试运行情况

1. 系统试运行成效良好

2017 年 11 月 29 日，"206 系统"上线试运行。**民事、行政办案系统**已完成 20 个案由的办案要件指引的制定工作；完成了证据审查判断、争议焦点预归纳等 19 项功能研发工作；建立了八个案由的标签体系，标注电子卷宗 5800 余份，标注点数量达 12 万个，让机器能识别抽取，实现案件要素自动抓取。自 2017 年 11 月底试运行以来，截至 2018 年 10 月底，进入系统的道路交通事故纠纷案件 16884 件、信用卡纠纷案件 60193 件、政府信息公开纠纷案件 358 件。

2017年11月29日，上海市委常委、市委政法委书记陈寅同志听取上海民事、行政案件办案系统的专题汇报，当天系统正式进入试运行

　　系统功能有：办案要件指引、证据审查判断指引、明确诉请、明确事实与理由、明确抗辩主张、案件受理标准审查、诉讼费缴纳智能提示、无争议事实预归纳、争议焦点预归纳、要件式庭审提纲智能生成、卷宗智能管理、庭审程序智能提示、无纸化质证、类案推送。

　　系统的应用规范了法官自由裁量权的行使，促进法律适用统一，减少司法任意性，提升了办案质效和司法公信力，受到各级领导充分肯定和社会高度关注。

2. 系统得到充分认可

（1）各级领导充分肯定

周强院长多次给予充分肯定。2018年1月12日，周强院长批示："要认真总结上海在研发民事、行政案件智能辅助系统方面的经验。"

2018年1月10日，最高人民法院专委胡云腾同志受周强院长委托听取专题汇报，胡云腾同志边听边不时询问系统研发的思路、功能设计等细节问题。听取汇报后，胡云腾专委对上海高院研发的"206系统"给予充分肯定和高度评价。

2018年6月19日，在最高人民法院司法改革领导小组2018年第二次全体会议上，最高人民法院副院长李少平听取上海高院关于"206系统"研发及全国推广应用情况的汇报后，对"206系统"取得阶段性成效表示肯定，并要求进一步加快上海的民事、行政案件智能辅助办案系统的研发进度，切实解决法院的案多人少矛盾问题，使办案标准更加规范化。

（2）办案法官一致称好

办案法官对系统给予高度评价，尤其是对"无争议事实预归纳""争议焦点预归纳""要件式庭审提纲智能生成""赔偿费用计算器"等功能一致称好。切实发挥了在辅助法官认定事实、适用法律、采信证据、公正裁判中的作用。

（3）媒体高度关注

《法制日报》、《人民法院报》、《文汇报》、上视新闻等纷纷对上海人民法院研发民商事、行政案件智能辅助办案系统进行首发报道，《从10%到80%：人工智能辅助办案升级——民商事及行政案件智能辅助办案系统首批开发六大类八个案由》《上海智能辅助办案覆盖民商行政全领域"206工程"民商事版试运行上线》，人民网、新华网、中国法院网、法制网、中国日报网等各大网络平台和微信平台转载。

展望篇

AI 人工智能　机遇与挑战

——构建人工智能未来法治

发展新一代人工智能是关系我国核心竞争力的战略问题，是必须抓住的战略制高点。

人工智能时代到来，为实现司法现代化提供了难得的历史机遇，必须紧紧抓住。同时，人工智能是一把双刃剑，其发展可能带来的风险与挑战，已成为人们的关切和担忧，是摆在我们面前的新课题。

构建人工智能未来法治体系，将人工智能发展与应用纳入法治的轨道，促进、规范、保障人工智能安全、健康、持续发展。

在这一新课题面前，司法的任务是双重的：一是要抓住这一战略机遇，加快推动人工智能与司法深度融合应用，推进司法智能化，实现司法现代化。二是要积极推动构建人工智能未来法治体系，在应对未来风险和挑战上发挥司法独特的不可替代的作用。

2018 年 9 月 17 日，2018 世界人工智能大会在上海召开。

习近平主席为大会发来贺信，贺信中指出：

"新一代人工智能正在全球范围内蓬勃兴起，为经济社会发展注入了新动能，正在深刻改变人们的生产生活方式。把握好这一发展机遇，处理好人工智能在法律、安全、就业、道德伦理和政府治理等方面提出的新课题，需要各国深化合作、共同探讨。"

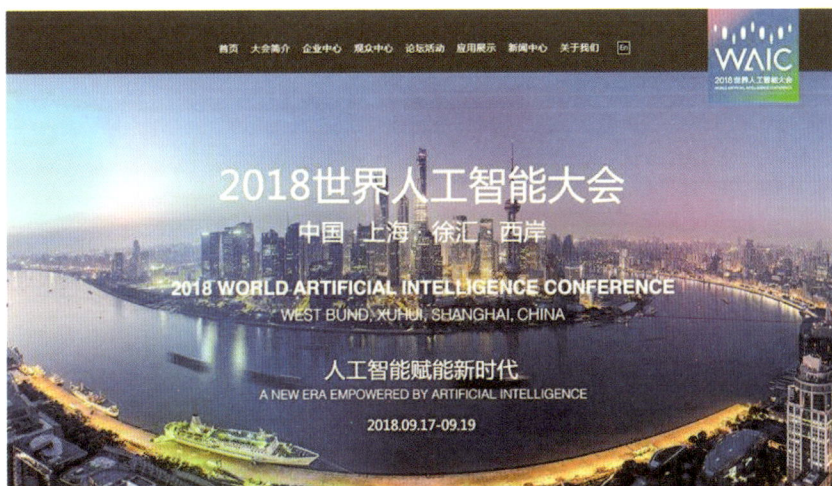

2018 年 9 月 17 日，2018 世界人工智能大会在上海召开

自著名的"图灵测试"诞生至今，人工智能的发展已历经60多年，不知不觉地向社会各领域渗透、融合、发展。尤其是近十几年来，大家可以感受到，新一轮兴起的人工智能是科学技术进步最引人注目的成就，代表了人类科技发展的崭新方向，将深刻地改变世界。

2017年7月，国务院发布了《新一代人工智能发展规划》，人工智能上升为国家战略。

抢占人工智能发展的先机，这是国家确定的战略思想。

在一些重要科技领域中，中国过去是"跟跑者"，但在新一轮科学技术竞争中，中国正向"并行者""领跑者"转变。

在科技日新月异的今天，谁拥有科技，谁拥有明天。

第一章

把握时代机遇，紧盯科技前沿，推进司法现代化

一、理念引领战略，机遇成就未来

理念是行动的先导，也是战略的引领者。

习近平总书记指出："人工智能、大数据、量子信息、生物技术等新一轮科技革命和产业变革正在积聚力量，催生大量新产业、新业态、新模式，给全球发展和人类生产生活带来翻天覆地的变化。我们要抓住这个重大机遇，推动新兴市场国家和发展中国家实现跨越式发展。"[1]

韩正同志指出："上海按照以习近平同志为核心的党中央的要求，建设具有全球影响力的科技创新中心是一项国家战略，**要努力打造国家的人工智能发展高地**。"[2]

李强书记强调："加快推进人工智能深度应用和产业发展，努

1　2018 年 7 月 25 日，习近平主席在金砖国家工商论坛上的讲话。

2　2017 年 6 月 20 日，韩正同志在上海市委常委学习会上的讲话。

力打造国家人工智能发展高地，成为全国领先的人工智能创新策源地、应用示范地、产业集聚地和人才高地。""拥抱人工智能才能拥有未来。"[1]

这些先进的思想理念，指引着我们前进的方向。

机遇稍纵即逝，抓住机遇即抓住未来。

棋诀：宁失一子不失一先。说的就是这个道理。

人工智能作为现代一项战略性技术、颠覆性技术，已成为未来发展的新的核心竞争力，并上升为国家战略。**谁拥有人工智能，谁拥有未来**。

习近平总书记强调："科技是国之利器，国家赖之以强，企业赖之以赢，人民生活赖之以好。中国要强，中国人民生活要好，必须有强大科技。"

我们正处在人工智能到来的时代，要有强烈的战略意识、科技意识，坚持积极主动、开放兼容、持续提升、稳定成效的原则，紧紧抓住这一难得历史机遇，着力推动 AI+ 司法、AI+ 执法、AI+ 治理等行动，真正用好人工智能这一新技术，实现司法现代化的梦想。

---

1 2018 年 7 月 10 日，李强书记在市委中心组学习会上的讲话。

二、紧盯科技前沿，应用最新成果，促进司法进步

科技是第一生产力。

司法只有与科技结合，才能更好地发展进步，才能成为真正的科学，才能更好地彰显公平正义的本质。

近年来，互联网、大数据、云计算、人工智能等现代科技的发展，为司法活动注入了科技伟力，为实现司法现代化提供了强大的技术支撑。如，深度学习算法的完善与迭代使人工智能司法应用向深度推进，多来源、多类型、实时、海量的大数据使对司法活动的描述更逼真、更全面。使司法活动更加科学，更加精准。最大限度地克服司法人员认识的局限性和主观随意性的弊端，最大限度地减少误差、防止人情关系的干扰，形成**科技理性**和**司法理性**的融合效应，从而促进司法进步，提升司法质量、司法效率（事半功倍）、司法公信力。

科技的生命在于应用。多年的实践使我认识到：科技创新是无止境的，必须紧盯科技发展最新最前沿技术，与时代同步，始终坚持运用科技最新成果与司法实践深度融合，让司法插上科技的翅膀，**成为真正的科学**。

三、坚持问题导向，结合司法实际，破解司法难题

习近平总书记强调："全面深化改革，关键要有新的谋划、新的举措。要有强烈的问题意识，以重大问题为导向，抓住重大问题、关键问题进一步研究思考。"[1]

随着现代科技在司法领域的广泛应用，如法院系统在审判管理、诉讼服务、审判执行、智慧法院等方面的大量应用实践，已让我们充分认识到：互联网、大数据、人工智能等现代科技，**是破解司法难题、推进司法工作的利器和动力**。科技与司法深度融合构建起的司法运行新模式，有助于促进理念思路的提升、体制机制的创新、司法行为的规范，对于促进公正司法、司法为民，加快建设公正高效权威的社会主义司法制度，发挥了重大作用。

问题是改革的切入点，也是工作的导向。推动现代科技与司法活动的深度融合不是一句口号，也不是一种形式，而是具体行动，必须坚持问题导向，结合司法实际，解决突出问题。否则就是形式主义、形象工程、徒劳无益。当前，司法体制改革进入深水区，面临着诸多问题和困难，其难度不亚于40多年前。科技是破解难题的利器、推进改革的动力，在司法体制改革的实施中，我们需要借力人工智能等现代科技的力量，破解体制、机制上的难题，以提升司法质量、司法效率、司法公信力，确保公正司法。同时，这也为人工智能自身的创新与发展、融入司法、服务司法，体现其自身价值提供了广阔平台。

1　2013 年 9 月 17 日，习近平总书记在党外人士座谈会上的讲话。

第二章

遵循司法规律，推动人机协同，让人工智能更好地服务司法

虽然人工智能在司法领域的应用越来越广泛，不仅效果良好，而且前景广阔。但目前人工智能发展仍处于**初级阶段**，在司法实践中尤其是在办理案件中，只能是**"智能辅助办案"**，绝不能替代法官、检察官、侦查人员办案。因此坚持人机协同辅助司法，是人工智能与司法应用的正确途径。

一、司法规律及其特点决定 AI 只能是辅助办案

任何事物都有其自身发展的内在规律。凡是违背事物发展内在规律的，都必然会失败。

司法具有其特有的规律。如司法的中立性、独立性、亲历性等，司法的这些特殊性，决定了办案人员是案件办理的主体，人工

智能只能是辅助办案人员办案。无论是推进司法体制改革还是推进人工智能的司法应用，都必须遵循这些规律。

二、人工智能发展阶段特征决定 AI 只能是辅助办案

目前，人工智能的发展仍处于**初级阶段**，也是大家所说的**弱人工智能阶段**，具有一定的局限性、不确定性。比如说，目前大家认为机器已进入**能听、会说，能思考、会判断**的阶段，尤其是 AlphaGo 战胜了李世石，震惊了世界。但现阶段，机器远远做不到**像人类那样**去思考、去判断。特别在司法活动中，法官、检察官、侦查人员是在集知识结构、实践经验、人生阅历等多种因素下，理解并适用法律办理案件的，而人工智能目前**不可能做到像法官、检察官、侦查人员那样去思考和判断**。"上海刑事案件智能辅助办案系统"，是科技理性、法律理性、人类理性深度融合的创新，可以说智能辅助办案系统这一重大创新**标志着人工智能在司法领域由初级应用迈进高级应用**。但人工智能在系统中的主要作用，仍然只是为办案人员收集、固定证据提供指引，及时发现证据中存在的瑕疵和证据链之间存在的矛盾并及时提示给办案人员，由办案人员决定是否补正、是否采信等。其作用依然是**辅助法官、检察官、侦查人员办案**。不是机器办案，也不是机器定罪量刑，更不能代替法官、检察官、侦查人员办案。案件事实证据的查明与认定，如何定罪量

刑等必须通过庭审来完成，案件最终的裁判决定权在法官。这也就是研发初期我们坚持将"206系统"定性为"上海刑事案件**智能辅助办案系统**"的原因。

三、推动人机协同增强智能辅助司法

推动人机协同是人工智能与司法深度融合应用的正确路径。我们应准确把握司法规律和特点，准确把握人工智能发展阶段和特征，将二者紧密结合起来，用好这一科技利器，通过深度融合应用，促进理念思路的提升、体制机制的创新、司法行为的规范、诉讼制度的完善，以更好地服务司法。**我的观点是：对人工智能既不能夸大，更不能排斥。趋利避害，让AI做其能做的、又能做好的事情。**

第三章

积极推进人工智能的司法应用，全面提升司法智能化水平

人工智能在司法领域中的深度融合应用，是司法实现现代化的**必由之路**。

一、完善刑事案件智能辅助办案系统功能，更好地服务刑事诉讼制度改革

1. 完成三个 100%，实现既定目标

作为一项技术研发项目，我们确定了"三个 100%"的目标，即至 2018 年年底：证据标准指引覆盖常涉罪名达到 100%；上海市常涉罪名案件录入系统达到 100%；一线办案干警检察官法官运用系统办案达到 100%。这一目标的实现，将标志上海"206 系统"研

发任务阶段性的完成。

2．持续优化提升，确保应用实效

改革无止境，科技发展无止境。"206 工程"集中研发目标任务虽然已完成，但系统本身还存在不够完善的地方，在正常的使用过程中，尤其是新技术不断出现，改革的不断推进，一线办案人员的需求也在不断增加的情况下，必须持续不间断地对"206 系统"进行优化提升，保证系统在刑事诉讼活动中管用、好用、实用、持久。**"206 系统"没有止步时。**

3．拓展应用领域，实现跨界融合

为进一步拓展研发与应用空间，我们设计了从刑事案件立案、侦查、审查起诉、庭审、判决链接到刑罚执行、减刑假释、服刑人员刑满释放、回归社会等环节，以实现人机协同，线上线下**跨界融合**，实现从刑事办案单一系统向刑罚执行、社会治理领域综合系统的转变。

二、完善民事、行政案件智能辅助办案系统的功能，更好地发挥系统作用

通过试运行，上海民事、行政案件智能辅助办案系统运行情况

稳定，效果良好。一线法官对系统给予充分肯定，尤其是所提供的"无争议事实预归纳""争议焦点预归纳""要件式庭审提纲智能生成""赔偿费用计算器"等功能受到法官们的一致赞扬，认为切实发挥了辅助法官认定事实、适用法律、采信证据、公正裁判的作用，有助于规范法官的自由裁量权行使，促进法律适用统一，有助于提升办案质效和司法公信力。

1. 加快办案要件指引制定

目前已经完成了20个案由办案要件指引的制定工作。要使这一系统全面应用，必须要实现案由全覆盖，在现有的基础上，加快开展民商事、行政案件案由的办案要件指引的制定工作（经梳理，民商事、行政案件案由有467个，其中行政案件案由54个）。

2. 强化系统功能的研发完善

在总结机动车交通事故责任纠纷、政府信息公开纠纷、信用卡纠纷办案系统研发及试运行的经验基础上，根据各案由的通用性功能和个性化要求，强化研发工作，不断完善优化，提升办案系统，使系统适应办案的需要。

3. 扩大系统的试点范围

需进一步扩大试点范围。通过试运行，暴露问题，发现问题，改进问题，为全面推广使用奠定基础。

三、扩展人工智能司法应用，实现司法智能化

信息化和司法改革被称为实现司法现代化的**"车之两轮，鸟之两翼"**。高科技快速发展的今天，我们需要通过推进法院信息化建设的转型升级，进一步推进人工智能在审判执行、司法公开、诉讼服务、法院管理、司法监督、司法决策等方面的深度融合，改造和提升系统功能，实现法院工作全方位、更高层次的智能化。

1. 推进审判执行智能化

进一步依托人工智能等新技术，完善审判辅助体系，在发挥法官主体责任前提下，为法官办案提供类案推送、法条推送、量刑参考推送、法律文书自动生成、辅助裁判文书制作、智能分析裁判文书差错等功能，辅助法官办案，实现审判执行工作的智能化，提高办案质量和效率。

2. 推进司法公开智能化

进一步运用人工智能新技术，建立全方位、多层次、互动式、智能化的司法公开体系，构建开放、动态、透明、便民的阳光司法机制，推动办案全流程重要节点信息，如审判流程、执行流程、裁判文书、庭审等的智能关联、主动推送，充分保障人民群众的知情权、参与权、表达权和监督权。

3. 推进司法服务智能化

进一步推进现代科学技术与司法为民、诉讼服务紧密结合，充分运用"大数据""互联网+""人工智能+"等新技术，构建网络化、阳光化、智能化司法服务体系，做到服务群众诉讼全方位、全天候、零距离、无障碍。

4. 推进司法管理智能化

进一步运用人工智能技术，强化法院管理的全程可视化，推进审判管理数字化智能提示、审判执行流程可视化智能跟踪管理、审判质效目标化智能动态管理、法官业绩数字化智能评价等，大大提高管理能效。

5. 推进司法监督智能化

进一步运用大数据分析、视频图像识别、语义分析等技术，实现对审判执行办案过程全程可视、全程留痕、全程监督，有效防止"关系案""人情案""金钱案"，为公正、廉洁司法提供坚强保障，确保权力在阳光下运行。

6. 推进司法决策智能化

进一步依托大数据、人工智能等技术，推进对司法改革成效、司法公信力指数、法官绩效等的大数据智能评价，对各类案件的发展态势、案件分布、案件成因等提供大数据智能相关性分析，为实现法院现代化提供智力支撑。

第四章

积极拓展人工智能在社会治理领域的应用，
实现治理能力现代化

党的十九大明确提出：提高社会治理社会化、法治化、智能化、专业化水平。

推进人工智能在社会治理领域的深度应用，是实现国家治理体系和治理能力现代化的必由之路。

社会治理智能化抓住了实现社会治理现代化的"牛鼻子"，具有重大的现实意义。以人工智能为代表的高新技术的蓬勃发展，一方面带来了社会模式和结构的新变革、新挑战，另一方面也为创新社会治理提供了新动能和新机遇。积极拓展人工智能在国家治理、社会治理等领域的应用空间，充分运用人工智能准确感知、预测、预警社会安全运行重大态势，及时把握群体认知及心理变化，主动作出决策反应等技术优势，运用人工智能等提升社会治理的能力水平，让社会治理过程更为科学、智慧和优化。

一、创新智能化的社会治理理念

在现代化背景下，治理由一元的单向管理向多元共治转变，需要政府明确自身的角色定位，主动适应治理智能化新要求，树立共建共治共享的理念，吸纳社会公众参与进来，并调动起积极性与创造性。同时，**多元的社会治理主体要构建"大科技应用理念"，坚持把高新科技的应用作为治理智能化的强大动能**。如将人工智能深度学习、自我更新技术运用到新业态安全监管方面，构建基于大数据的研判模型，增强防控工作的动态性、精准性。**要坚持以公众需求为导向**，通过对公共数据的收集、分析与整合，不断优化业务流程，使信息更加集成、资源配置更加优化、公共产品与服务更加高效优质。社会治理主体还要注重成本与效率的理念，充分利用大数据、人工智能发展带来的极大便利提升社会治理的绩效，事半而功倍。

二、推动社会治理体系的智能化

推进社会治理的智能化，一个重要前提就是推进治理体系的智能化。为了更好地运用先进科技推进社会治理智能化，**必须不断优化改进社会治理体系，实现制度与技术的耦合发展**。这便首先要求，社会治理主体要把握机制的时效性，要注重抓好社会治理过程中制度建设的薄弱环节，不断探索和完善适应新的治理环境的新制度，从而形成具有复杂性和灵活性的治理制度。李强书记在 2018 世界人工智能大会上提出：上海建设人工智能四个高地，其中就有制度供给高地。其次，要加强顶层设计，以建立一体化安防体系。如，"坚持以立体化、信息化社会治安防控体系建设为支撑，织密织牢公共安全网，建立健全社会面、重点行业、单位内部、城乡社区等治安防控网络"。第三，要建构智能化监管机制。要依托现代智能科技，通过一整套高效完善的制度来管权管事管人，落实好社会治理的主体责任以及权力制约权力的监督机制。如，应用大数据技术建立全流程、全环节、全要素的信息化监管机制。

三、推进社会治理能力的智能化

在人工智能时代，要积极将人工智能运用到提升社会治理能力水平上。要充分运用人工智能准确感知、预测、预警社会安全运行重大态势，及时把握群体认知及心理变化，主动作出决策反应等技术优势，**利用人工智能来提升社会治理的能力水平**，提升公共服务的层级效能，维护好社会和谐稳定，进而把社会治理提高到新水平。[1] 尤其是要围绕社会综合治理、新型犯罪侦查、反恐等迫切需求，研发集成多种探测传感技术、视频图像信息分析识别技术、生物特

1　阙天舒：《人工智能时代，社会治理何去何从》，载《学习时报》2018 年 3 月 10 日。

征识别技术的智能安防与警用产品，建立智能化监测平台；加强对重点公共区域安防设备的智能化改造升级，支持有条件的社区或城市开展基于人工智能的公共安防区域示范；强化人工智能对食品安全的保障，围绕食品分类、预警等级、食品安全隐患及评估等，建立智能化食品安全预警系统；加强人工智能对自然灾害的有效监测，围绕地震灾害、地质灾害、气象灾害、水旱灾害和海洋灾害等重大自然灾害，构建智能化监测预警与综合应对平台，等等。通过人工智能在社会治理、公共安全领域的深度应用，实现社会治理体系和治理能力的现代化。

第五章

构建人工智能未来法治体系，保障人工智能发展安全、可靠、可控，更好地造福人类

习近平主席在 2018 世界人工智能大会的贺信中指出："新一代人工智能正在全球范围内蓬勃兴起，为经济社会发展注入了新动能，正在深刻改变人们的生产生活方式。把握好这一发展机遇，**处理好人工智能在法律、安全、就业、道德伦理和政府治理等方面提出的新课题，需要各国深化合作、共同探讨。**" [1]

2018 年 10 月，习近平总书记在政治局学习时强调："人工智能技术发展和其他技术进步一样，也是一把双刃剑……我们要未雨绸缪，加强战略研判，确保人工智能安全、可靠、可控。" [2]

2017 年 6 月 20 日，时任中央政治局委员、上海市委书记**韩正同志**在市委常委学习会上强调："要及时关注人工智能发展中可能面临的挑战和问题，比如对政府管理体制、监管模式的挑战，可能

1　2018 年 9 月 17 日，习近平主席致 2018 世界人工智能大会的贺信。

2　2018 年 10 月 31 日，习近平总书记在中央政治局就人工智能发展现状与趋势第九次学习时的讲话。

出现的新的社会问题、法律空白等。"

一、风险与挑战，人类的忧虑

作为一项现代颠覆性技术，人工智能给人类社会带来革命性的变化，受益已充分显现。但同时人工智能发展的不确定性，可能带来的风险与挑战，如改变就业结构、冲击法律与社会伦理、侵犯个人隐私、挑战国际关系准则等，将会对政府管理、经济安全、社会稳定乃至全球治理产生深远影响。对此，人们产生了极大的忧虑。**如何趋利避害，共享发展，保证人工智能发展应用不与人类价值观和思想背道而驰，已引起人们的高度关注。**

早在 2014 年，有关"人工智能恶魔论"就在学术界和产业界引发了激烈争论。例如，英国著名物理学家史蒂芬·霍金曾频繁发出对人工智能发展的警告，"人工智能可能毁灭人类"，"人工智能的全面发展将宣告人类的灭亡"。比尔·盖茨曾表示："人类需要敬畏人工智能的崛起。"这些代表了人类对人工智能未来发展的担忧。

对此，2016 年美国白宫发布的《**为人工智能的未来做好准备**》中提出：美国要应对好人工智能的进步对社会和公共政策提出的问题。

2017 年，我国《**新一代人工智能发展规划**》中提出：到 2025 年要初步建立人工智能法律法规、伦理规范和政策体系，形成人工智能安全评估和管控能力，最大限度地防范风险。

如何研究应对人工智能发展带来的风险挑战，这一新的重大课题摆在了我们面前。

二、法治——保障人工智能健康持续发展

人工智能具有技术属性和社会属性高度融合的特征。一方面其推动经济社会发生巨大变革，深刻地影响着我们的社会生活，并已上升为国家战略，成为新的核心竞争力；另一方面其可能带来风险与挑战，管理失控将会危害的问题，已不能忽视。

法治是社会治理的最好方式，也应该是促进、规范、保障人工智能健康持续发展的最佳方式。

当下，法律界诸多专家学者已敏感地意识到这一问题，开展了积极研究，形成了许多研究成果。

我认为，对人工智能可能产生的风险与挑战的前瞻性思考、前瞻性研究十分必要、十分重要，**应列入人工智能国家战略同步推动**。而当前对人工智能风险挑战等安全问题的研究还是相对薄弱的，与人工智能的发展与应用领域相比，还有很大的差距，一个强，一个弱。存在着系统性、针对性、权威性不够，研究的方向、重点缺乏统一规划、指导，政策应对、法治建设相对滞后等问题。

如何解决这些问题？

人工智能发展应用与法治保障这一主题就凸显出来。构建人工智能未来法治，**用法治来规范、促进、保障人工智能的发展，**正逐渐成为人们的共识。

面对这一重大课题，我们应树立**前瞻意识、忧患意识、风险意识、法治意识，**站在未来的高度开展**前瞻思考、前瞻研究。**要坚持面向全球、面向未来、面向和平，坚持以人为本、向善安全、可靠可控、发展应用、规范有序的原则，**全力构建人工智能未来法治体系，**将人工智能发展及风险挑战的应对，纳入法治的轨道，促进、规范、保障人工智能的健康持续发展，造福人类。

三、建立人工智能发展的评估研究体制机制，保证安全、可靠、可控

要建立行之有效的人工智能发展评估研究体制、机制。针对人工智能发展在公民隐私权、信息权、知情权、知识产权保护、未成年人保护等方面可能带来的风险与挑战，**认真评估**人工智能发展可能引发的**法律、安全、伦理和社会治理等方面**问题，提前布局不断升级的智能化的法律问题**前瞻性研究，**确保人工智能**安全、可靠、可控发展。**

四、建立人工智能法律法规制度体系，
做到有法可依，依法规范

强化对人工智能发展相关法律问题的前瞻性思考与研究，建立健全人工智能开发应用的制度规则和法律规范，**加强人工智能领域的立法**。提高制度供给的及时性、有效性，保证人工智能发展有法可依、依法规范。

五、加强对涉人工智能案件司法研究，
发挥约束引导作用

高度重视涉及人工智能新类型案件的审理工作，加强对这类案件审理的指导研究，建立典型案例库，发挥典型案例**前瞻预防、约束引导**作用，同时为人工智能的立法提供实践支撑。

六、建立专门研究应对机构，防范风险挑战

应充分发挥中国特色社会主义制度优势，建立高层次、权威性的研究机构和应对风险与挑战的专门机构，规划、指导研究及成果

的转化应用，研究应对风险防范的措施，形成系统、权威、有效的研、防、控体系，**同时推进"政产学研用"合作**，整合科研机构、高等院校、高端智库资源，更好地发挥作用。

七、人工智能与法治，高端研讨成果丰硕

2018 年 9 月 17—19 日，"人工智能赋能新时代"2018 世界人工智能大会在上海成功举办。会议期间，由上海市法学会发起，上海市经济和信息化委员会、上海人民出版社、上海市科学技术协会、上海市科学学研究所、科大讯飞等单位共同主办，上海司法智库学会、《东方法学》、浙江清华长三角研究院司法改革与社会治理研究中心、优炫软件协办的**"人工智能与法治"**高端研讨会，于2018 年 9 月 19 日在上海科学会堂举行。在世界人工智能大会上举办"人工智能与法治"的高端论坛尚属首次。为此大会将其确定为本次大会四个特色活动之一，受到社会广泛关注。

2018年9月19日，"人工智能与法治"高端研讨会召开

　　中国法学会副会长张文显，上海市人民政府副市长、市公安局局长龚道安，上海市高级人民法院院长刘晓云，上海市人民检察院检察长张本才出席会议并致辞。研讨会开幕式由上海市法学会党组书记崔亚东主持。会议特邀了8位国内外较为著名的专家学者作了主题演讲，发布了《人工智能与未来法治构建上海倡议》（国内外首次），取得了丰硕成果。

中国法学会副会长张文显致辞

上海市人民政府副市长、市公安局局长龚道安致辞

上海市高级人民法院院长刘晓云致辞

上海市人民检察院检察长张本才致辞

1. 高端研讨，引领理论前沿

"人工智能与法治"高端研讨会聚合了理论和实务界的一流专家团队。上海市法学会党组书记、二级大法官**崔亚东**、科技部中国科学技术信息研究所党委书记**赵志耘**、微软全球资深副总裁**洪小文**、腾讯云总经理**王栋**、中国刑法学研究会副会长**刘宪权**、科大讯飞股份有限公司高级副总裁**赵志伟**、中国法学会民法学研究会常务理事**彭诚信**、北京优炫软件股份有限公司联合创始人**赵春学**等 8 位专家学者作了主题演讲。研讨提出了一批有见地的核心观点。**一是认为人工智能的"发展应用与法治保障"是关键**。要从顶层设计层面解决好人工智能相关法律问题，推动人工智能法治应用发展和法律保障体系的完善，架构未来法治的基本共识。

上海市高级人民法院原党组书记、院长，上海市法学会党组书记、会长、二级大法官崔亚东作《人工智能与司法现代化》主题发言

二是倡导正确认知人工智能的积极作用及其风险。人工智能技术在为经济社会发展带来重大机遇的同时，也带来了诸多风险与挑战。要进行超前研究、因势利导，促进现代科技力量和司法人员创造力有机结合，科技理性和司法理性深度融合，促进发展与应用，造福人类社会。

科技部中国科学技术信息研究所党组书记、科技部国家新一代人工智能发展研究中心主任、研究员、博士生导师赵志耘作《把握趋势 迎接挑战》主题发言

三是指出司法领域人工智能的应用大有作为。要准确把握司法规律与人工智能特征的结合，积极拓展司法应用的空间，使人工智能更好地服务司法，推进司法本身现代化的实现。

科大讯飞股份有限公司高级副总裁、政法事业群总裁赵志伟作《人工智能最新进展及在政法领域的应用思考》主题发言

四是提出应当尽快找到推动人工智能发展和有效规范之间的平衡点。从当前经济社会发展的现实需求来看，要把发展放在第一位，同时做好相应的制度、法律、规范和标准等方面的准备。人工智能的发展有可能使已存在的国家间数据鸿沟和技术鸿沟更加凸显，最终会转变成发展鸿沟，从而对全球治理提出新挑战，中国一定要提前布局，为全球治理贡献更多中国智慧，掌握人工智能发展的主动权。

五是明确要以延展人类智能的方式设计人工智能。要坚持"公平、可靠和安全、私密和有保障、包容、透明、负责"等人工智能开发原则，要在负责任的人工智能原则、政策和法律下发展人人共享的人工智能，全面驱动经济和社会进步。AI数据安全风险越来越大，应加强法律保障促进AI数据安全技术加速发展。

微软全球资深副总裁、微软亚太研发集团主席兼微软亚洲研究院院长洪小文作《人工智能的社会角色与未来愿景》主题发言

北京优炫软件股份有限公司联合创始人赵春学作《中国 AI 数据安全技术发展与法律保障》主题发言

六是提出可以探索赋予人工智能有限法律人格。要明确"刺破人工智能面纱"的归责原则，为人工智能强制投保责任保险，建立人工智能储备基金，以及在一国范围内先行制定具体的"人工智能发展法"，以更好地促进人工智能发展。要加快研究强人工智能的刑事风险和刑法应对的问题，重构刑罚体系，将强智能机器人纳入刑罚处罚的范围，并设立适应其特点的有效刑罚处罚方式。

中国法学会民法学研究会常务理事、上海交通大学凯原法学院副院长彭诚信作《人工智能的法律主体地位》主题演讲

中国刑法学研究会副会长刘宪权教授作《人工智能时代的刑事责任演变：昨天、今天、明天》主题演讲

腾讯专家、腾讯云总经理王栋作《人工智能与社会治理》主题演讲

2. 发布《上海倡议》，引领未来法治

会议发布了《**人工智能与未来法治构建上海倡议**》，这是国内外第一个有关人工智能与法治的倡议，为人工智能的发展贡献了上海智慧。《上海倡议》从人工智能与未来法治构建的理念框架、促进规范保障人工智能发展的法治路径、加强人工智能法律领域的教育研究与实践、推动人工智能未来法治的国际交流与合作等四个方面提出了14项具体倡议，着力打造人工智能法治研究的高端品牌，推动形成关于人工智能法治问题的国际话语体系。倡议坚持面向全球、面向未来、面向和平，坚持以人为本、向善安全、创新发展、共享成果、可靠可控、规范有序的理念，构建人工智能未来法治体系，将人工智能发展应用纳入法治轨道。提出加强对人工智能创新发展及风险挑战的前瞻性研究预判和约束性引导，开展人工智能与法治的基础理论研究，为人工智能的安全、可靠、可控发展提供支撑。同时，推动制定技术设计阶段的法律规范，通过规则设定促进人工智能算法的公正、透明、安全，避免算法歧视，杜绝有悖伦理价值及公序良俗的技术应用。开展预防和惩治涉人工智能违法犯罪的相关研究，避免人工智能被应用于违法犯罪活动。倡导在法学学科基础上拓宽人工智能等专业教学内容，重视人工智能与法学教育的交叉融合，培育一批具备法学素养并熟悉人工智能技术原理的复合型人才。呼吁推动人工智能发展应用的国际交流与合作，搭建人工智能与法治的国际合作框架，汇集各方智慧，共同探讨、共推发展、共护安全、共享成果。《上海倡议》创造性地运用智能语音合成技术由AI机器人在会议现场发布，引起了广泛关注并受到好评。

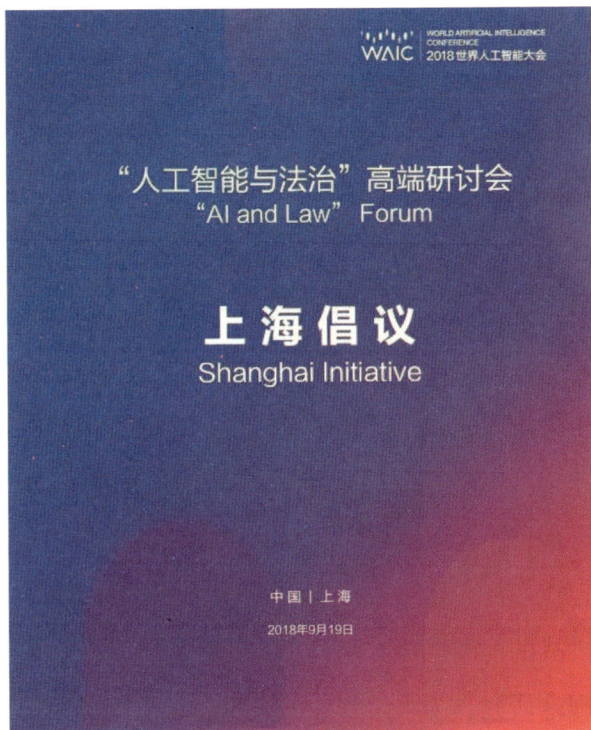

"人工智能与法治"高端研讨会发布《人工智能与未来法治构
建上海倡议》

3．社会广泛关注，反响积极

"人工智能与法治"高端研讨会的召开引发了社会对人工智能
与法治问题的强烈关注，参会人员报名空前踊跃，从预设的 40 余
人，扩展到 150 余人，最后实际与会 300 余人。其中，通过上海市
法学会微信公众号向社会公开邀请 10 名与会嘉宾，短时间内就收
到报名信息 200 余人，社会各方参会意愿高涨。会议举办期间，仍
有不少慕名前来的 2018 世界人工智能大会嘉宾。人民网、凤凰网、

看看新闻、腾讯新闻客户端、腾讯大申网等以《"人工智能与法治"高端研讨会》为题进行了网络直播，播放量总计 231 万余次。开通了直播云相册，照片浏览达数万余人次。媒体记者均对会议持积极态度，有关会议的新闻主要传播于视频广播、新闻网站、微信、微博、论坛五大平台，如《人民日报》、《法制日报》、《人民法院报》、央广网等给予了关注报道，上海本地媒体《文汇报》、《解放日报》、新民网、东方网、上海热线等亦高度聚焦。通过这次研讨会的成功举办，向社会展示了法治在人工智能发展与应用中的独特价值，进而吸引更多地区、更多行业的专家参与到法治完善的探索中来，有助于加快推进我国人工智能发展战略的实施进程。

在大力发展和应用人工智能的同时，必须高度重视可能带来的安全风险挑战，构建人工智能未来法治体系，加强前瞻预防和约束引导，最大限度地降低风险；在主动拥抱新一轮科技革命的同时，加强人工智能深度应用的制度规则，建立健全人工智能应用的体制机制，确保人工智能安全、可靠、可控发展，趋利避害，让人工智能更好地造福人类。

人工智能时代到来，你准备好了吗？

后 记

习近平总书记指出："历史上、现实中，很多人以顽强拼搏为人生信条，不断提升自己，立志追求卓越，因而创造了优秀业绩。"

"上海刑事案件智能辅助办案系统"（"206系统"）的研发成功，是旷古未有的伟大实践，是近千余名法律人、科技人汗水播撒的智慧结晶，是实现司法科技梦又一代人的接续奋斗。正是这群最可爱的人，以敢于担当之魂，力践笃定之行，勇攀高峰之神，在600多个日夜里忘我工作、自觉奉献、顶住压力、不畏艰难、奋力拼搏，出色地完成了这项伟大的工程。书写了这段光辉而难忘的历史，为促进司法体制改革、推动现代科技在司法领域深度应用蹚出了一条新路。在本书付梓之际，辑录了部分参与、见证"206"研发同志的心语，作为后记，以纪念这光荣伟大的历史瞬间。

崔亚东

2018 年 11 月 30 日

　　人工智能时代已经来临，我国已将人工智能上升为国家战略。"206系统"的研发应用，开启了人工智能应用司法领域的新纪元，助力司法插上了"科技的翅膀"，使司法真正成为科学，为推进审判体制和审判能力现代化作出了有益探索，将永载史册。我有幸参与这项伟大的工程，倍感荣光和自豪。

——上海市高级人民法院党组成员、二中院院长

上海高院"206工程"办公室主任　郭伟清

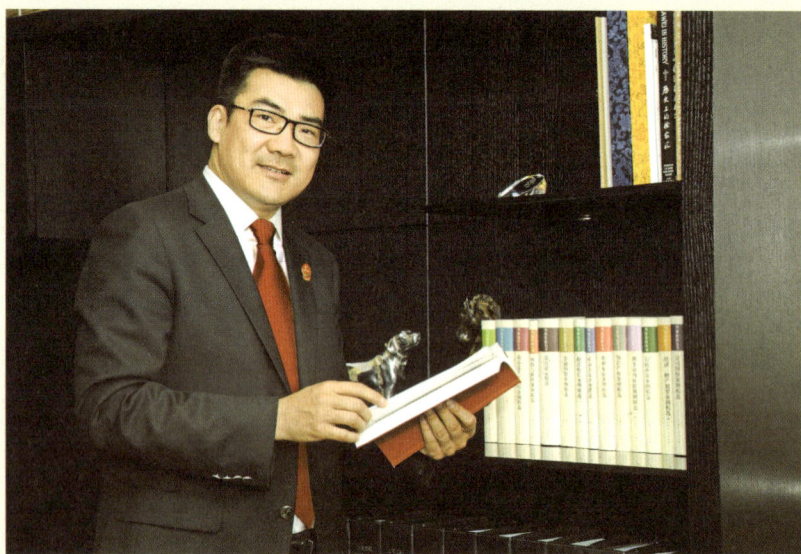

把人工智能技术运用于司法活动全程，恰如把最先进的科技运用于最复杂的社会工程，既需要敏锐与胆识，也需要信心与实力；既需要审慎拿捏，又需要果敢介入。任何犹豫不决或过犹不及，都在切忌之列。惟望司法的明天真正灿烂。

——上海市高级人民法院党组成员、一中院院长

上海高院"206工程"办公室副主任　黄祥青

18 世纪以来，人类先后经历了蒸汽时代、电气时代和信息化时代，每次科学技术革命都将推动人类社会发生巨大变化。21 世纪，我们有幸再次见证科技的力量，人工智能将与社会经济、教育、思想、文化等社会各方面的变革同步。"206 系统"是人工智能与司法体制改革尤其是以审判为中心诉讼制度改革同步的最佳例证和伟大创举，必将推动中国司法不断进步，早日实现现代化。

—— 上海市高级人民法院民五庭庭长

上海高院"206 工程"办公室综合组组长　张新

　　坚强的领导，正确的方向，攻坚的斗志，创新的锐气，众智的谐力，成就了从 0 到 1 的"206 工程"。坚定信息，不懈追求，精益求精，与时俱进，狠抓应用，"206 工程"定将翻开现代司法文明新篇章。

——上海市高级人民法院信息管理处处长
上海高院"206 工程"办公室技术组组长　曹红星

　　人工智能在推动社会发展与进步的同时，也为司法实现现代化提供了重大历史机遇。上海法院抢抓机遇，主动拥抱人工智能，创新研发的"206系统"，开启了人工智能在司法领域深度应用的先河，蹚出了一条刑事司法文明发展的新路子。我有幸参与这项伟大的工程，倍感荣光和自豪。

——上海市徐汇区人民法院副院长

上海高院"206工程"办公室业务组组长　徐世亮

　　在刑事司法领域运用人工智能的技术，这是人类司法体制进步与科学技术发展到一定阶段的必然结果。但意识到这一点比较容易，实践这一点却十分艰难，需要决策者的睿智和魄力，也需要研发者的智慧和恒心。"206 系统"已迈出了这关键的第一步，他必将坚定不移地继续走下去！我为自己是这条路上的一块铺路石而感到骄傲和自豪。

——上海市委政法委办公室副主任　董立武

从事信息化建设工作 23 年来，"206 工程"是我遇见的最具革命性、创新性与挑战性的一项伟大工程，通过把机器深度学习、证据模型、算法等引入司法领域，使得司法活动更加科学、精准，有效防范了冤假错案的产生，开创了人工智能在司法领域应用的先河。时至今日，"206 系统"已经 1 岁半了，盼望他茁壮成长，日渐强大，承载我们实现司法现代化的光荣梦想。

——上海市高级人民法院信息管理处副处长

上海高院"206 工程"办公室技术组副组长　吴海鋆

　　科技是推动社会发展的重要利器，也是助推司法现代化的强大驱动力。有幸参与"206 工程"的相关工作，目睹了开现代科技在司法领域深度应用先河的各种艰辛，见证了人工智能等现代科技的神奇之处，更加确信了谁拥有科技，谁拥有未来。祝愿"206 系统"功能越来越完善，应用越来越广泛，为法官、检察官、侦查人员办案提供更多、更好、更强大的智能辅助服务。

——上海市高级人民法院研究室副主任　陈树森

　　作为新一轮产业变革的核心驱动力，人工智能既为经济发展提供了新引擎，也为法治发展提供了重大机遇。"206 系统"是司法跟上时代步伐、主动拥抱新科技的伟大尝试，必能给司法工作注入前所未有的创造力，也必将进一步推进司法现代化的实现，促进司法公正和司法文明。

——上海市高级人民法院办公室副主任

上海高院"206 工程"办公室综合组成员　骁克

　　刑事智能辅助办案系统是人工智能在现代司法里升起来的第一道曙光！现在，他还只是个初生的婴儿，资深干警、检察官、法官们的每一次使用就是对他的一次"哺育"，相信他的成长速度会越来越快，终有一天他能集合所有专家的智慧，成为我们可以信赖、必须依赖的好帮手！

——上海市高级人民法院信息管理处副科长　田畑

　　推进"206 工程"建设，是我从部队转业到法院后从事的第一份工作。经过近一年的摸爬滚打，我深刻感受到了上海市公、检、法、司各部门务实的态度和为项目顺利推进而展现出的奋勇直前的精神。希望再经过几年的努力，把"206 系统"打磨得更加完美，让刑案数据在系统中更智能、更精确、更无缝地闭环流转。

——上海市高级人民法院信息管理处干部　刘昌根

　　历史发展规律告诉我们，任何一个领域或个体都必须积极拥抱所处的时代，它会带给你难以预估的惊喜，今天的时代就是人工智能时代。从最初人工智能嵌入司法领域的惴惴不安到现在的信心满满，一不小心成为这个时代的见证者和参与者，实属幸运。

——上海市高级人民法院刑二庭法官

上海高院"206 工程"办公室业务组成员　潘庸鲁

　　司法科技梦是前辈们毕生追求的伟大事业，我们能够有幸在社会科学、自然科学的大变革中勇当 AI 法律弄潮儿，是我们人生中最刻骨铭心的乐章之一，踏上征途，没有归期，只待接续奋斗！

　　　　　　　　　　——上海市高级人民法院研究室法官助理

　　上海高院"206 工程"办公室综合组成员　蔡一博

科学技术是第一生产力。人工智能能够应用于司法过程并渗透在审判实践的诸多要素之中而转化为生产力。智慧法院的建设，归根到底还是要通过每一个司法工作者持续的应用，从而不断进步和完善。

——上海市徐汇区人民法院刑庭法官助理

上海高院"206工程"办公室业务组成员　蒋骅

　　人工智能对于人类来说既是伙伴，又是挑战，如何驾驭人工智能，让它更好地造福人类将是未来很长一段时间内的宏伟命题。很荣幸能作为一个亲历者参与了人工智能与司法领域的第一次亲密接触，希望我们迈出的一小步，能够成为智慧司法进程的一大步。

　　　　　　　　　　——上海市浦东新区人民法院刑庭法官助理

　　　　上海高院"206 工程"办公室业务组成员　张凡

　　非常有幸参与"206 工程"这一伟大的任务，把人工智能运用到司法领域是一次令人激动的尝试，他的诞生也让我收获巨大，感触良多。同时也希望通过"206 工程"，讯飞能够为推进我国人工智能产业的发展和法律法规的建设发挥一点积极的作用。

——科大讯飞股份有限公司副总裁　刘江

通过"206工程",了解到了公、检、法一线刑事案件承办人员工作的繁重,但令我非常开心的是我可以通过专业知识,借助科技手段来为这一提高承办人员办案质效的工程添砖加瓦,也很荣幸能参与到这个通过科技追寻中国司法改革未来方向的项目中。

——科大讯飞股份有限公司司法业务线总经理　金泽蒙

在人工智能赋能新时代的背景下，如何从实践出发，以智能提升质效，是各行各业都需要探索和思考的重要课题。很幸运能参与到"206工程"，让我有机会真切感受到司法科技的魅力和前景，为其发展添砖加瓦。法律与科技在新时代的碰撞，已经奏响了创新发展的乐章，期待更多法律人的参与！

——科大讯飞股份有限公司工作人员

上海司法智库研究人员　吴涛

"206 工程"工作大事记

（2017.2.6 — 2018.10.30）

2017 年

2 月 6 日，时任中共中央政治局委员、中央政法委书记**孟建柱同志**与时任中共中央政治局委员、上海市委书记**韩正同志**到上海高院调研，并在上海高院召开了全市政法系统负责人参加的司法体制改革座谈会。孟建柱同志对上海全面深化司法体制改革部署了新的三项任务，提出了新的要求，其中一项即：**由上海高院承担研发"推进以审判为中心的诉讼制度改革软件"的任务**。参加调研的还有中央政法委秘书长汪永清同志、中央司改办副主任姜伟、中央政法委副秘书长侍俊，上海市委常委、市委政法委书记姜平，市委常委、秘书长尹弘等。

2 月 7 日，时任中央司改办副主任姜伟在上海市委政法委召开专题会议，就贯彻落实孟建柱同志讲话精神作出专门部署，进一步明确由上海高院承担研发"推进以审判中心的诉讼制度改革的软件"任务，并要求 2017 年 5 月底之前初步完成研发任务，7 月在全国司法改革推进会上作介绍。

2 月 9 日，崔亚东院长主持召开专题会议，听取了上海高院信息处处长曹红星关于开发建立"以审判为中心诉讼制度改革软件"

初步方案的汇报，并就认真贯彻落实孟建柱同志在 2 月 6 日上海高院调研时的讲话精神作专题部署。

2 月 12 日，崔亚东院长主持召开专题会议，听取关于研发推进以审判为中心的诉讼制度改革软件初步方案的汇报，会议决定成立上海高院"206 工程"领导小组及办公室，崔亚东院长就承担中央政法委交办研发任务作出部署。组长由崔亚东院长担任，成员由盛勇强、郭伟清、黄祥青、徐立明组成。

2 月 14 日，上海市委常委、市委政法委书记姜平同志主持召开专题会议，研究推进落实司法体制改革新的"三项任务"，会议进一步明确由高院牵头落实研发"推进以审判为中心的诉讼制度改革软件"任务。

2 月 14 日，崔亚东院长主持召开专题会议，研究落实市委政法委专题会精神。

2 月 14 日下午，上海高院与科大讯飞股份有限公司签署战略合作协议，崔亚东院长、刘庆峰董事长出席签约仪式。期间崔亚东院长与刘庆峰董事长就研发"推进以审判为中心的刑事诉讼制度改革软件"进行了交流。

2 月 14 日，上海高院黄祥青副院长召开专题会议，从上海高院、市一中院、市二中院抽调 6 名同志成立命案证据标准制定工作小组，证据标准制定工作正式启动。

2 月 21 日，上海研发"206 工程"工作联席会议第一次会议在市高院召开。会议围绕软件系统的研发进行了全面深入的讨论，并对有关重点内容形成了共识。

2月23日—24日，崔亚东院长率队赴北京，分别向最高人民法院院长**周强**、常务副院长**沈德咏**，中央司改办副主任**姜伟**专题汇报上海高院落实研发"推进以审判为中心诉讼制度改革软件"任务的初步方案，周强院长等领导给予了充分肯定。

2月26日，崔亚东院长主持召开研发"206工程"工作领导小组会议，听取"206工程"办公室关于修改《推进以审判为中心的诉讼制度改革软件方案》的汇报，并对进一步抓好软件研发工作提出要求。

2月27日，盗窃罪、非法吸收公众存款罪（集资诈骗罪）证据标准制定工作小组分别在浦东新区法院、徐汇区法院成立，市高院黄祥青副院长作动员讲话。

2月28日，上海高院研究制定了《关于研发"推进以审判为中心的诉讼制度改革的软件"的工作方案》，并报送市委政法委审批。

2月28日下午，崔亚东院长主持召开专题会议，研究"206工程"建设及智能语音识别系统的情况，市经信委主任陈鸣波表明市经信委将按照有关规定，全力以赴支持保障上海高院完成好国家交给的重大任务。

2月28日，中央政法委办公室发文市委政法委："为推进以审判为中心的诉讼制度改革，根据**孟建柱同志**在上海调研时的指示精神，请上海市高级人民法院牵头做好研发《推进以审判为中心的诉讼制度改革软件》的工作。请你委做好组织领导并给予大力支持，确保任务如期完成。"

3月4日上午（全国"两会"正式开幕前），孟建柱同志在办公室，听取了崔亚东院长关于"以审判为中心的刑事诉讼制度改革软件"研发情况的汇报，孟建柱同志对工作进展情况给予了肯定。进一步强调了研发以审判为中心诉讼制度改革软件的重大意义，并就软件研发工作作出重要指示。

3月5日晚（全国"两会"期间），崔亚东院长在北京会见科大讯飞公司董事长刘庆峰，双方就研发"推进以审判为中心的刑事诉讼制度改革软件"的合作问题进行了深入会商。

3月7日，上海高院副院长、政治部主任郭伟清主持召开研发"206工程"领导小组办公室会议，听取业务组和技术组的汇报，部署下一步工作。

3月8日，崔亚东院长在北京召集相关同志开会（参加全国"两会"期间），就认真贯彻落实孟建柱同志的讲话精神，进一步加快推进软件研发工作作出部署。

3月9日，上海高院信息处处长、"206工程"技术组组长曹红星带队赴徐汇区虹梅路派出所调研，了解公安民警办案规范，听取对软件研发的意见建议。

3月9日，上海高院副院长、政治部主任郭伟清率队到市检察院通报软件研发准备情况，提出需要帮助解决的有关检察院退侦、不起诉等案件材料收集等事项，并听取检察院的意见建议。

3月16日，上海市委常委、市委政法委书记姜平圈阅上海高院于2月28日报送市委政法委审批的《关于研发"推进以审判为中心的诉讼制度改革软件"的工作方案》，表示同意。

3月17日，崔亚东院长主持召开"206工程"领导小组会议，听取有关软件研发工作进展情况汇报。

3 月 22 日，上海高院副院长、政治部主任郭伟清主持召开"206 工程"调研座谈会，就软件研发工作听取公安、检察院业务和技术部门相关人员的意见和建议。

3 月 27 日，崔亚东院长主持召开司法体制改革领导小组会议，专题听取"206 工程"进展情况汇报。

3 月 31 日，上海高院对《关于研发"推进以审判为中心的诉讼制度改革软件"的工作方案》进行了修改完善后正式印发。

4 月 6 日下午，崔亚东院长、郭伟清副院长与科大讯飞股份有限公司刘庆峰董事长等在合肥科大讯飞公司总部出席合作交流沟通会。

4 月 6 日晚，崔亚东院长、郭伟清副院长，科大讯飞刘庆峰等在合肥，向最高法院院长**周强**（出席在合肥召开的全国法院减刑假释信息化办案平台建设推进会）专题汇报软件研发进展情况，周强院长对软件研发工作作出重要指示。最高院审委会专职委员胡云腾参加会议。

4 月 10 日，上海高院副院长黄祥青主持召开"206 工程"专题会议，研究关于非法集资类案件证据标准模型的整体构建及实施思路等。

4 月 17 日，时任上海市委常委、市委政法委书记**姜平**到上海高院的"206 工程"研发基地，调研指导软件研发工作。

4 月 17 日，崔亚东院长主持召开会议，听取"206 工程"进展情况汇报。

4 月 25 日，时任上海市委常委、市委政法委书记**姜平**率队赴中央政法委，汇报落实司法改革三项新任务的情况，崔亚东院长重点汇报了软件研发进展情况，**汪永清秘书长、姜伟副主任**对研发工作给予了充分肯定，并对软件系统功能的设计等提出具体要求。

4月25日，崔亚东院长主持召开会议，传达中央政法委秘书长**汪永清**讲话精神，并听取信息处关于赴贵州高院考察情况的汇报。

4月26日，上海高院黄祥青副院长召集命案、盗窃案件、非法吸收公众存款（集资诈骗）案件三个证据标准制定工作小组进行专题研究，初步完成相关案件证据标准制定和证据模型构建工作。

4月28日，上海市人大常委会副主任**薛潮**，到上海高院调研指导"206工程"研发工作。

5月2日，崔亚东院长主持召开《上海刑事案件智能辅助办案系统试运行方案》讨论会。

5月3日，"上海刑事案件智能辅助办案系统"（以下简称"206系统"）上线试运行。

5月4日，上海高院召开"206工程"办案系统试运行培训会，上海高院黄祥青副院长就证据标准的适用对试点单位的公安、检察人员作培训。

5月11日，上海高院副院长黄祥青率队向中央司法办副主任**姜伟**、中央政法委副秘书长**景汉朝**汇报了软件研发进展情况。**姜伟副主任**对上海高院认真组织好软件专题片的拍摄工作等提出具体要求。

5月12日，崔亚东院长主持召开"206工程"领导小组会议。研究室汇报了中央司法办副主任**姜伟**、中央政法委副秘书长**景汉朝**

在专题研究上海司法体制改革经验视频片拍摄工作会议上的讲话精神，信息管理处汇报了软件系统的上线试运行情况。

5月16日，上海市公安局就"206系统"试运行召开动员部署会，上海高院黄祥青副院长参会，就系统研发的背景、意义以及试运行中应当注意的问题向参会试点公安机关负责同志作了讲解。

5月20日，上海高院副院长、政治部主任郭伟清主持召开专题会议，就拍摄研发"206工程"专题片相关事宜，与央视新闻中心导演李冰琦接洽沟通。

5月26日，新任市委常委、市委政法委书记**陈寅**到市高院调研指导"206系统"研发工作。

6月2日，崔亚东院长主持召开"206工程"领导小组会议，研究相关工作。

6月7日，**韩正同志到上海高院调研指导工作**，观看了上海法院工作情况介绍展板，**实地查看了上海高院"206工程"研发基地**，市高院大数据信息管理中心，听取观看了上海法院信息化建设、"206工程"建设进展情况的汇报和演示，听取了**崔亚东院长**关于上海法院工作情况的汇报。科大讯飞股份有限公司**刘庆峰董事长**作了简要汇报，韩正同志对项目建设进展给予了高度评价。他指出，从"206工程"可以看到将作为简单符号的数据，迅速转变为宝贵资源的能力，所以"206工程"意义重大。**这个系统如应用到全国，司法水平会显著提高。**决定**市委常委学习会**在市高院召开，以人工智能应用为主题，要求上海高院做好准备。上海市委常委、市委政法委书记陈寅，市委常委、市委秘书长诸葛宇杰参加调研。

6月9日，上海市委常委、市委政法委书记**陈寅**主持召开专题会议，研究"206工程"项目经费保障工作，上海高院副院长盛勇强、郭伟清和相关部门负责同志参加。

6月12日，中央司改办副主任**姜伟**，在上海市委常委、市委政法委书记**陈寅**、崔亚东的陪同下，到上海高院调研指导"206工程"研发工作，实地察看了"206工程"研发基地，听取了"206工程"建设进展情况的汇报和演示，并召开调研座谈会，提出工作要求。

6月12日，上海高院副院长、政治部主任郭伟清主持召开专题会议，就拍摄研发"206工程"专题片具体相关事宜与王猛、央视新闻中心导演李冰琦会谈。

6月20日，中共上海市委以"国际国内人工智能的发展和应用"为主题的常委学习会在市高院召开，重点围绕国际国内人工智能的发展和应用开展学习讨论。时任中共中央政治局委员、上海市委书记韩正主持会议并讲话，研究部署人工智能产业发展战略。上海高院党组书记、院长崔亚东以《实施大数据战略 推动"数据法院"建设实现审判体系和审判能力现代化》为题，汇报演示了上海法院人工智能与司法改革深度融合的应用成果，科大讯飞股份有限公司董事长刘庆峰就《人工智能最新进展及典型应用》作了演讲。**韩正同志作了讲话，他对"206工程"给予了高度评价，并提出"上海要努力打造国家的人工智能发展高地"**。市委副书记、市长应勇，市委副书记尹弘，上海市委常委，市人大常委会、市政府、市政协班子全体成员，市委、市人大、市政府、市政协各部门，市直各委办局负责同志，各区委书记、区长，各大口党委书记，市警备区、市高院、市检察院，市工、青、妇等人民团体主要负责同志；部分高校、企事业单位主要负责同志 200 余人出席会议。

6 月 21 日，**孟建柱同志**在中央政法委主持召开专题会议，研究以审判为中心的刑事诉讼制度改革等司法体制改革工作。崔亚东院长出席会议，汇报了上海关于"推进以审判为中心的诉讼制度改革软件"研发工作及进展情况。会议对上海研发的刑事案件智能辅助办案系统给予了高度评价，并决定在 7 月 10 日召开的全国司法改革推进会上作介绍。中央政法委领导，中央政法各部门的负责人，有关专家学者，上海高院负责同志参会。

6 月 21 日，在中央政法委会议之后，崔亚东院长率上海高院副院长郭伟清等相关同志赴最高人民法院，向最高人民法院院长周强汇报了"206 系统"研发情况及中央政法委的要求。周强院长对研发工作及进展情况给予充分肯定。他认为，经济学之所以能够快速发展，是由于将数学的模型、算法引入，相比较而言，法学之所以落后，就是因为没有把现代科学技术，包括智能的算法引入。把机器深度学习、证据模型、算法等引入司法领域，使得司法活动更加科学、精准，可以为司法办案发挥更好的作用。并就下步工作作出指示。

6 月 22 日，崔亚东院长召开"206 工程"领导小组会议，传达、学习、贯彻**孟建柱同志、周强院长**的指示精神，部署下一步工作。

6 月 27 日下午，最高人民法院党组副书记、常务副院长沈德咏专程到上海高院，调研指导"206 工程"研发工作，实地察看了"206 工程"研发基地，听取了"206 工程"建设进展情况的汇报和演示，召开了调研座谈会，发表了讲话。沈德咏同志对"206工程"研发进展情况和上海法院的信息化建设给予充分肯定和高度评价，并希望上海高院继续认真贯彻落实中央政法委的决策部署，确保相关改革任务的顺利完成。

6月28日，上海市委常委、市委政法委书记**陈寅**主持召开专题会议，研究拟在全国司法体制改革推进会议上介绍"206工程"研发情况的相关汇报材料。

7月1日，上海高院副院长、政治部主任郭伟清主持召开"206工程"联席会议，研究"206工程"专题片拍摄事宜，并落实中央政法委相关决策部署。

7月10日，中央政法委在贵阳召开全国司法体制改革推进会。会上，崔亚东院长作了题为《人工智能在司法领域中的深度应用——上海高院开发"推进以审判为中心的诉讼制度改革软件"情况的汇报》的汇报演示，**得到了与会者的充分肯定和高度赞扬**。

会上，**孟建柱同志**在会议讲话中给予了高度评价：上海运用现代科技推进以审判为中心的刑事诉讼制度改革，具有**启示意义，已显现出广阔的发展前景**。

7月10日晚，**孟建柱同志**会见了参会的上海市委常委、市委政法委书记**陈寅**，市高院院长崔亚东，市检察院检察长张本才，市公安局局长龚道安，上海高院副院长郭伟清等。对"206系统"再次给予高度评价和充分肯定，他指出，**"这是向全国政法干警交了一份合格的答卷"**，**"为各地创造了可复制、可推广的经验"**。

7月20日，上海高院副院长、政治部主任郭伟清主持召开

"206 工程"宣传工作阶段小结座谈会。《解放日报》总编辑陈颂清,上海电视台副台长、融媒体中心主任宋炯明,以及《人民日报》《法制日报》《中国日报》等媒体记者在实地参观了"206 工程"研发基地,听取上海法院信息化建设情况介绍,就"206 工程"相关宣传工作进行座谈交流。

7 月 28 日,上海市人大内司委组织部分市人大代表来上海高院视察工作,观摩"上海刑事案件智能辅助办案系统"研发运行情况并听取相关工作汇报。

7 月 31 日,上海市委常委、政法委书记陈寅主持召开会议,研究推进"206 系统"建设工作。崔亚东院长出席会议,会议听取了上海高院关于《"206 工程"二期建设的工作方案》汇报,协调解决建设中涉及的相关问题。

7 月 31 日,崔亚东院长主持召开"206 工程"领导小组会议,落实市委政法委专题会议精神,并部署下步工作。

8 月 1 日,崔亚东院长主持召开专题会议,与会人员围绕着证据标准的制定、网络平台的搭建、软件系统的应用等内容和二期工作方案进行了深入讨论。会议还进一步听取了检察机关、公安机关、司法局对"206 工程"二期工作方案的意见建议。

8 月 22 日,崔亚东院长主持召开会议,专题听取"206 工程"办公室《关于研发"上海民事、行政案件智能辅助办案系统"工作方案》的汇报,并就相关工作进行部署。

8 月 24 日,根据《"206 工程"二期的工作方案》,上海高院黄祥青副院长召集市一中院、市三中院、虹口法院、嘉定法院、闵行法院、上海铁路运输法院相关人员，成立了六个刑事案件证据标准制定工作小组。

9月15日，市委政法委下发了《关于同意开发"以审判为中心的刑事诉讼制度改革软件（二期）"方案的批复》（沪委政法〔2017〕98号，以下简称《批复》），要求："请按项目建设程序要求向市相关部门报批，并会同市检察院、市公安局、市司法局抓好项目开发建设工作，取得实效。"

9月17日，崔亚东院长召开专题会议，就"206工程"近期重点工作进行部署。

9月30日，崔亚东院长主持召开会议，专题听取了信息处关于"206工程"立项及预算审批相关情况的汇报。

9月30日，上海高院印发《上海市高级人民法院关于研发"推进以审判为中心的刑事诉讼制度改革软件"（二期）的工作方案》

10月9日，上海市高院黄祥青副院长签发《上海法院刑事案件证据标准（一）》，命案案件、盗窃案件等四类案件的证据标准正式在全市试行。

10月11日，上海高院副院长黄祥青主持召开"206工程"联席会议，就上海高院制定的"206工程"（二期）工作方案、有关罪名证据标准的文件等进行了说明，并通报了"206工程"近期工作推进情况。会议还听取了检察机关、公安机关、司法局对"206工程"（二期）相关工作的意见建议。

10月25日，上海市委常委、市委政法委书记陈寅主持召开会议，专题听取市高院《关于研发"上海民事、行政案件智能辅助办案系统"（一期）的工作方案》的情况汇报，并表示赞同。

11月4日，**上海市委政法委批复同意上海高院9月30日报送的《上海市高级人民法院关于研发"上海民事、行政案件智能辅助办案系统"的工作方案》。**

11月16日，崔亚东院长主持召开专题会议，听取信息处处长曹红星关于"研发民事、行政案件智能辅助办案系统"相关工作的情况汇报，观看了道交类案件的演示。

11月29日，上海市委常委、市委政法委书记陈寅同志在崔亚东院长陪同下到市高院调研，听取了民事、行政案件智能辅助办案系统建设情况汇报，对研发工作给予了充分肯定，并同意机动车交通事故责任纠纷案**上线试运行**。

12月4日，上海高院副院长黄祥青主持召开"206工程"第九次联席会议，会上传达了11月29日陈寅书记在上海高院调研时的讲话精神，通报了"206工程"近期工作推进情况。会议围绕刑事案件智能辅助办案系统运行情况、专网建设等展开讨论。

12月6日，上海市委政法委副书记李红到上海高院实地调研"206工程"建设运行情况，并与"206工程"开发建设小组成员开展座谈研讨。

12月18日上午，崔亚东院长主持召开专题会议，听取信息处处长曹红星关于"206系统"推广工作意见的情况汇报。

12月18日下午，上海市委常委、市委政法委书记陈寅同志主持召开专题会议，崔亚东院长出席会议，研究"206系统"开发建设推进工作。公检法司等各部门简要汇报了"206工程"推进情况以及存在的困难和问题。

12月21日，崔亚东院长主持召开专题会议，听取关于"206系统"推广工作的情况汇报。

12月22日，上海市委政法委召开"206系统"开发推进工作会议，商议讨论"206系统"工作流程规范和数据交互平台建设方案。

12月25日上午，上海市委常委、市委政法委书记陈寅同志主持召开专题会议，**研究了"206系统"产品化方案的相关工作**。上海高院院长崔亚东，市委政法委副书记李红、章华出席会议。

12月27日上午，上海市委政法委副书记李红主持召开会议，专题研究了"上海民事、行政案件智能辅助办案系统"网络平台建设工作、案件流转工作、《办案流程规则》和《系统使用管理办法》制定工作。

2018 年

1月10日下午，**中央政法委秘书长汪永清主持专题会议，听取上海关于"推进以审判为中心的刑事诉讼制度改革软件"建设及在全国推广应用方案的情况汇报**。中央政法委副秘书长景汉朝、白少康，上海市委常委、市委政法委书记陈寅，上海高院院长崔亚东，上海市委政法委副书记李红、上海高院副院长郭伟清以及上海市委政法委和上海高院有关部门负责人参加会议。

会上，汪永清同志在讲话中对系统研发工作给予了充分的肯

定，原则同意上海提出的推广方案，表示"206 系统"要在全国坚定不移地推广应用。

1 月 10 日下午，崔亚东院长率队向最高人民法院专职审委会委员胡云腾汇报了上海民事、行政智能辅助办案系统的研发情况。胡云腾专委对上海高院研发的"206 系统"给予充分肯定和高度评价。

1 月 11 日晚，崔亚东院长主持召开专题会议，听取 11 日上午"206 工程"联席会议关于贯彻落实中央政法委专题会议精神的情况报告和全国推广应用网络平台建设方案工作情况的汇报。

1 月 12 日，最高人民法院院长周强在听取胡云腾专委的汇报后批示："要认真总结上海在研发民事、行政案件智能辅助系统方面的经验。"

1 月 29 日上午，中央政法委专家组来上海考察 206 工程。中央政法委副秘书长景汉朝、最高人民法院审判委员会副部级专职委员裴显鼎率最高院、最高检、公安部以及内蒙古、云南、甘肃的公检法刑事方面的专家以及中央政法委有关同志一行 15 人，在上海市委政法委副书记李红的陪同下到上海高院考察"206 系统"工作。崔亚东同志（市委政法委要求崔亚东同志继续负责 206 项目的研发工作），上海高院副院长郭伟清、黄祥青，市检察院副检察长王光贤，市公安局副局长陆东以及市公检法有关部门负责人、科大讯飞公司有关人员参加。

1 月 30 日上午，景汉朝副秘书长主持召开专题会议，代表专家组对上海的"206 系统"反馈评审意见。景汉朝副秘书长充分肯定和高度评价了上海"206 系统"的研发工作以及取得的显著成效，并对进一步完善"206 系统",推进系统在全国推广应用等提出要求。上海市委常委、市委政法委书记陈寅同志、崔亚东同志分别作了讲话。

2 月 1 日下午,崔亚东同志主持召开"206 工程"专题会议,认真学习中央政法委副秘书长景汉朝,市委常委、政法委书记陈寅在专家评审"206 系统"会议上的讲话精神,并对"206 工程"近期推进情况进行小结,就落实中央政法委专家组对"206 系统"的评审意见进行研究部署。

2 月 8 日下午,崔亚东同志主持召开"206 工程"专题会议,研究关于"206 系统"自动标注功能研发的相关情况。

2 月 10 日上午,崔亚东同志率队向上海市副市长、市公安局局长龚道安通报有关研发"206 系统"的情况,就相关问题形成一致意见。

2 月 28 日上午,上海市委常委、市委政法委书记陈寅同志主持召开专题会议,研究"206 系统"**全市推广应用工作**。副市长、市公安局局长龚道安,市高院院长刘晓云,市检察院检察长张本才,崔亚东同志,市司法局局长陆卫东,市委政法委副书记李红、章华,市高院副院长郭伟清、市检察院副检察长徐燕平、市公安局副局长陆东以及各单位有关负责同志参加。科大讯飞重点汇报了"206 系统"的标注工作的重要意义、应用现状及下一步工作。公检法司等各部门对照《"206 系统"推广应用任务和时间节点明细表》的要求,汇报了系统推进情况、下一步工作打算及本系统全市推广的步骤安排。

3月8日下午，上海高院召开全市法院"上海刑事案件智能辅助办案系统"推广应用动员部署会，上海高院副院长郭伟清、黄祥青出席并作讲话。全市各级法院分管刑事、信息化工作的副院长，刑事审判庭庭长，上海高院相关职能部门负责人参加会议。

4月9日，根据中央政法委的部署要求，上海高院举办了"206系统"证据标准指引制定培训班，来自内蒙古自治区、辽宁省、山东省、广东省、广西壮族自治区、重庆市、四川省、贵州省、云南省、陕西省、新疆维吾尔自治区等11个省、自治区、直辖市高级人民法院分管刑事工作的院领导、刑庭领导、业务和技术骨干合计43人参加了培训。崔亚东同志出席开班仪式并作讲话，最高院司改办规划处何帆处长作开班动员，上海高院副院长郭伟清、黄祥青分别就"206系统"功能介绍及证据标准指引制定进行授课。

4月18日—20日、23日—25日，根据中央政法委的部署要求，在上海举办"206系统"先行应用试点培训班，该培训班分两期举办，第一期参加地区为山西省太原市，安徽省合肥市、芜湖市，福建省福州市，云南省昆明市。第二期参加地区为浙江省温州市、吉林省长春市、宁夏自治区银川市。来自浙江、宁夏、吉林等7个省、自治区的政法委、高级人民法院、检察院、公安厅的分管领导及试点地区对应的单位负责人、部门负责同志合计390余人参加了培训。

崔亚东同志在培训班授课，重点就"206工程"的重大意义、研发情况、系统在全国推广应用中应注意等问题进行讲解；市高院副院长郭伟清、黄祥青分别就"206系统"功能介绍及证据标准指引制定进行授课；市高院信息处处长曹红星就"206 系统"全过程应用技术进行介绍和演示；检察、公安机关分别就"206 系统"在本系统应用技术进行演示讲解；培训还专门安排了实地考察和问题解答环节。

4 月 28 日，周强院长在《关于举办上海刑事案件智能辅助办案系统证据标准指引制定培训班的情况报告》(沪高法〔2018〕113 号)上批示：上海高院举办专题培训班效果明显，要认真总结经验，深入推进刑事案件智能辅助办案系统的应用。

5 月 17 日上午，崔亚东同志主持召开专题会议，研究"206 系统"推广应用专项工作。

6 月 15 日下午，上海市委政法委副书记李红主持召开专题会议，研究"上海刑事案件智能辅助办案系统"专题片拍摄专项工作。

6 月 19 日下午，最高人民法院院长周强主持召开最高院司法改革领导小组 2018 年第二次全体会议，会议第二项议题，听取上海高院刘晓云院长、崔亚东同志关于"推进以审判为中心的诉讼制度改革：上海刑事案件智能辅助办案系统"研发及推广应用情况的汇报，并对"206 系统"在全国的推广应用要求。会议认为：上海高院刑事案件智能辅助办案系统将证据指引、程序规范等嵌入办案系统，实现了司法改革与现代信息科技的深度融合，取得重大阶段性成效，对于推进以审判为中心的刑事诉讼制度改革具有深远意义。会议要求：进一步加强对"206 系统"全国推广应用的组织领导工作，并审议通过了《**最高人民法院关于"206 系统"在全国推广应用的分工方案**》，明确该项工作由李少平副院长牵头负责，司改办落实与全国法院以及中央政法委相关单位的联络沟通工作。

7月3日，崔亚东同志、郭伟清同志率"206工程"办公室及科大讯飞公司相关同志赴安徽省芜湖市实地考察指导试运行情况。

7月8日，中央政法委副秘书长景汉朝同志在来沪参加第十三届中国法学青年论坛活动期间，分别听取了崔亚东同志、市委政法委副书记李红同志关于"206系统"近期研发和推广应用的情况汇报及建议，并到公安派出所进行了实地调研考察，对上海认真贯彻中央政法委的工作部署，切实抓好"206系统"相关工作的推进落实并取得新的成效给予充分肯定。

8月6日上午，崔亚东同志主持召开专题会议，分别听取了"206工程"办公室技术组、业务组关于"206系统"在全市及全国推广应用的进展情况、存在的问题及下步工作的汇报，并对进一步做好"206系统"推广应用工作进行研究部署。会上，上海市委政法委办公室还通报了"206系统"研发工作务虚会情况，并就其起草的下半年重点工作征求上海高院意见。

8月17日上午，上海市委常委、市委政法委书记陈寅同志主持召开"刑事案件智能辅助办案系统"专题会议，听取市委政法委办公室关于"206系统"前期工作情况及下一步工作打算的汇报，市高院、市检察院、市公安局、市司法局关于本系统研发建设、推广应用"206系统"情况及下一步工作打算的汇报。副市长、市公安局局长龚道安，市高院院长刘晓云，市检察院检察长张本才，市法学会党组书记崔亚东，市委政法委副书记李红、章华，市司法局局长陆卫东，市二中院院长郭伟清，市一中院院长黄祥青，市三分检检察长徐燕平，市公安局副局长陆东以及各单位有关部门负责人参加会议。

会议确定了坚持以审判为中心的刑事诉讼制度改革的指导思想为指引，在抓紧完成前阶段确定的研发任务基础上，围绕实行电子卷宗"单轨制"，构建数据实时交互的政法办案平台，年内达到"三个100%"的工作目标：一是证据标准指引制定覆盖常涉罪名达到100%；二是上海市常涉罪名案件录入系统达到100%；三是一线办案民警检察官法官运用系统办案达到100%。

8月17日上午，上海市委政法委召开"206系统"专题会议之后，崔亚东同志主持召开"206工程"办公室会议，就贯彻落实市委政法委专题会议精神进行研究部署。市高院党组书记、院长刘晓云同志对切实做好"206系统"的研发和推广应用工作提出要求。崔亚东同志就市委政法委确定的年内达到"三个100%"的工作目标作出部署。

9月28日下午，崔亚东同志主持召开"206工程"办公室会议，专题研究"上海刑事案件智能辅助办案系统"研发应用推进工作。会议分别听取了市高院、市检察院、市公安局在市委政法委"8·17"专题会议之后的系统研发应用进展情况、存在的问题及下步工作打算。市委政法委办公室通报了全市开展司法体制综合配套改革督察中公检法三机关对应用"206系统"的评价情况以及意见建议。科大讯飞公司汇报了有关系统研发技术骨干力量的充实加强情况。与会人员就"206系统"研发应用涉及的相关问题进行了讨论交流。

11月2日下午，崔亚东同志主持召开"206工程"办公室会议，专题研究"206 系统"研发应用推进工作。会议分别听取了上海市高院、市检察院、市公安局、市司法局系统研发应用进展情况、存在的问题及下步工作打算。市委政法委办公室通报了准备近期赴中政委汇报等相关筹备事项。与会人员就"206 系统"研发应用涉及的相关问题进行了讨论交流。

11 月 6 日下午 3 时，中央政法委副秘书长景汉朝同志主持召开上海"206 系统"试点应用情况座谈会，中央政法委法治局相关领导和上海、安徽、山西、宁夏、浙江、云南等试点地区政法委及法院、检察院、公安机关相关负责同志参加。上海由崔亚东同志、市委政法委副书记李红带队，上海高院"206 工程"办公室相关同志：市高院党组成员、二中院院长郭伟清，市高院金融庭庭长张新、信息处长曹红星、信息处副处长吴海崟以及科大讯飞公司副总裁刘江等同志参加会议。会上，景汉朝同志充分肯定了上海"206 系统"研发应用工作取得的阶段性成果，尤其是对上海完成本市 71 个常涉罪名证据标准和规则的制定、全市推广应用和已有 16000 多个案件上线流转的成果表示高度肯定。景汉朝同志对下一步工作提出了三点意见。要求上海继续承担试点省市的推广应用工作。

11 月 15 日下午，崔亚东同志主持召开"206 工程"办公室会议，专题研究"206 系统"在全国七个省八个市试点推广应用的方案。会上，市委政法委办公室传达了陈寅书记《关于中央政法委"206 系统"试点应用情况座谈会精神的报告》的批示精神，并听取了市高院信息处的专题汇报。与会人员就"206 系统"研发及推广应用涉及的相关问题进行了讨论交流。

"206 工程"重大媒体报道

1. 上海应用"人工智能"办案防范冤假错案 全国首个"智能辅助办案系统"问世

2017 年 7 月 11 日　人民网上海　记者余东明

记者近日从上海市高级人民法院获悉，"上海刑事案件智能辅助办案系统"（以下简称"智能办案系统"）研发成功，经过部分在办案件的试运行，初见成效。

据悉，今年 2 月 6 日，中共中央政治局委员、中央政法委书记孟建柱在上海调研时，将"推进以审判为中心的诉讼制度改革软件"的研发任务交给了上海。由上海高院牵头，上海政法机关经过为期 5 个月夜以继日的攻坚克难，成功研发全国首个"智能辅助办案系统"。

司法公正呼唤科技革命

俞昕是徐汇区公安分局漕河泾派出所的办案民警，他在形容智能办案系统时，用了"脑门洞开"四个字。他利用这个系统已经办了两起案件。

"以前办案有时靠经验，特别是勘查、取证、笔录、制作案卷等环节，凭个人的判断和取舍，难免有瑕疵或者遗漏，事后也较难发现，有的问题甚至到了法院审理阶段才被发现。"俞昕打开智能办案系统，找到一起在办的盗窃案件，"你看，证据标准和证据规则都有相应的指引，需要我干什么一目了然。"

记者注意到，智能办案系统自动提示：案件缺少一份扣押清单。"扣押清单我今天就能弄好。"俞昕显得有些不好意思，"智能办案系统除了让我们的办案活动数据化、智能化之外，还通过留痕的方式使之可视化，如果无视这些瑕疵选择通过，那么下次追责的时候就无处遁形了。"

让俞昕"脑门洞开"的还有今后做笔录时再不用伏案疾书了，通过语音转换系统，电脑将自动生成笔录文本。"我们只要在电脑上进行校对、修改和编辑就行了，这样也避免了笔录和犯罪嫌疑人口供之间语义差异的问题，提高了证据的客观性和真实性。"俞昕说。

公开资料显示，截至 2016 年，全国法院纠正重大冤假错案合计 34 件，受理国家赔偿案近 1.7 万件，赔偿总额近 7 亿元。纵观这些错案，其形成的主要原因有三个：一是非法证据的存在；二是对证据的审查不全面、不严谨；三是办案人员个人判断存在差异性、局限性和主观性。

为此，党的十八届四中全会将推进以审判为中心的诉讼制度改革确定为重要改革任务，以防范冤假错案的发生，确保无罪的人不受刑事追责，有罪的人受到公正惩罚。

"开发智能办案系统是中央政法委的重大决策部署，是推进以审判为中心的诉讼制度改革落地见效之举。"上海高院院长崔亚东说，在新一轮的科技革命中，互联网、大数据、人工智能与各领域的融合发展已经成为不可阻挡的时代潮流。这次我们把这些新技术融入到了刑事诉讼活动中，开启了人工智能在司法领域深度应用的先河，具有划时代意义。

智能办案实现由零到一

"这相当于给我配备了一个智能助理，它是我的'神助攻'"。徐汇区检察院公诉科办案检察官许磊如此评价智能办案系统。

"以前公安移交过来的都是冷冰冰的纸质卷宗，今后取而代之的将是可视化的数据卷宗。以前光阅卷就花去我很多时间，现在智能办案系统已经对单一证据、证据链和全案证据进行了校验、审查，给我节省了大量时间。"许磊点开系统，以一个在办的故意杀人案为例给记者作了演示。

"你看，它通过'实体关系分析技术'，实现了对案件人物关系、时间关系、地点行踪、作案工具的来源和去向，以及它们之间的逻辑关系，形成了完整的案发全景图，我要做的就是判断各个待证事项下的证据是否印证、不同证据之间的逻辑是否符合，以及证据之间是否存在矛盾。如果有问题，再进行进一步的查证和落实。"许磊打比方说，"经过它的'劳动'，一个上千页的案卷很大程度地被凝练和缩减为几页内容。"

记者了解到，智能办案系统的"神助攻"远远不止这些内容。除此之外，它还能实现对犯罪嫌疑人（被告人）的社会危害性评估、实现所有证据在庭审中的即时调取和当庭出示、为办案人员进行类案推送、形成同类案件量刑参考数据、自动生成各类文书、为办案人员推送知识索引，等等。

据悉，智能办案系统的研发可谓时间紧、任务重、科技含量极高、研发难度极大，因此从一开始，上海就以实战应用为目标，根据问题导向和需求导向，边调研、边研发、边办案、边整改。并在公、检、法系统分别确定了25家试点单位，选择55件在办案件并轨试运行。

崔亚东说："从目前试点验证的情况看，智能办案系统实现了刑事办案的网上运行和公检法三机关间的互联互通、信息共享；形成了一个新的办案流程，初步解决了证据适用不统一、办案行为不规范的问题；能及时发现证据中存在的瑕疵和证据之间存在的矛盾，有效防范'一步错、步步错、错到底'的情况发生；办案质量和效率得到有效提高，办案人员的证据意识、规范意识、责任意识和人权意识得到大大提升。"

司法领域应用前景无限

徐世亮是上海高院刑一庭副庭长，最近他忙于给数据库里的数字案卷批注，并打上标签。用他的话说，这是在给智能办案系统当"老师"。

据悉，在研发之初，上海高院就从公、检、法系统抽调了64名专家组成专家团队，在他们的努力下，先期制定了3类犯罪7个罪名的证据标准和证据规则指引，截至2017年年底，将完成剩余的4类犯罪10个罪名的证据标准和证据规则指引的制定。

上海高院信息管理处处长曹红星给记者打了个比方，科大讯飞的研发团队赋予"基础教育"，而专家们则赋予"专业教育"，两者缺一不可。

据了解，目前人工智能通用技术包括语音识别技术、图文识别技术、语义识别技术和实体识别技术。比如图文识别技术目前已经实现了对印刷体文字、部分手写体文字、签名、手印、签章、表格和图片的识别。大数据库则需要海量的信息，需要持之以恒的积累，截至 6 月底，累计已录入各类信息 16.55 万条。

"技术发展越先进、数据积累越翔实、经验传授越丰富，智能办案系统的能力自然也越强大，应用范畴也越宽广。我相信随着时间的推移，技术的发展，智能办案系统将不仅仅停留在刑事领域，它完全可以拓展到民商事和行政诉讼领域。"上海高院副院长郭伟清说。

"智能辅助办案系统是推进法治上海建设的重要举措，前景广阔，接下来，上海将在软硬件和制度建设上进一步推进人工智能新技术在司法领域的深度应用，通过给法官、检察官和侦查员配备高级智能助理，向科技要效能，从而构建一个区别于传统办案模式的全新司法办案生态，给全国其他地区积累可复制、可推广的工作经验。"上海市委常委、政法委书记陈寅表示。

2. 全国首个"刑事案件智能辅助办案系统"在沪诞生

2017 年 7 月 10 日　解放日报·上观新闻　记者陈琼珂

原标题：全国首个"刑事案件智能辅助办案系统"在沪诞生，通过不断升级和自我学习展现强大威力。智能"206"，能有效防范冤假错案吗？

"206"，大名"上海刑事案件智能辅助办案系统"。在对上海几万份刑事案件的卷宗、文书数据进行学习后，这个以大数据、云计算和人工智能为技术内核的"小婴儿"，已具备初步的证据信息抓取、校验和逻辑分析能力。

自 5 月 3 日在 25 个试点单位上线以来，"206"试运行已满两个月。随着不断升级和自我学习，它将更加聪明，威力也会更强大。

"206"真的能防范冤假错案吗？为了寻找答案，记者走进上海高院。

缘起：司法改革催生的新事物

"206 工程研发基地"，这块亮闪的铭牌挂在上海高院审判大楼第十二法庭门外。推开门，法庭被布置得如同卫星发射的控制大厅一般，几十名技术人员聚精会神地在电脑上进行操作。他们是来自科大讯飞公司的研发人员，产品部经理金泽蒙告诉记者，现场有 70 多个开发人员，在北京、合肥的后台还有一百多号人，全公司最精锐的力量都扑上来攻关了。

　　"206"的名字缘何而来？肩负着怎样的使命？时钟回拨到2017年2月6日，中央政法委书记孟建柱在上海调研指导工作，要求上海高院承担开发"推进以审判为中心的诉讼制度改革软件"的任务，把高科技的手段融入到大数据系统当中，有效地防范冤假错案，减少司法任意性，促进司法公正，提高司法效率。上海高院院长崔亚东说："这个软件最后定名为'上海刑事案件智能辅助办案系统'，因交办日期为2月6日，便有了'206'工程这一简称。"

　　这一工程上马，有着司法体制改革的深远背景。十八大以来，人民法院在中央的领导下依法纠正了34件重大冤假错案。发生这些冤假错案的一个很重要原因，就是事实不清、证据没有做到确实充分。以审判为中心的诉讼制度改革是党的十八届四中全会提出的重大改革任务之一，推进这项改革，就是要使侦查、审查起诉的案件事实证据经得起法律检验，保证庭审在查明事实、认定证据、保护诉权、公正裁判中发挥决定性作用，有效防范冤假错案产生，确保司法公正，提升司法公信力。

　　为确保完成任务，上海高院党组成立了以崔亚东为组长的研发领导小组及办公室，研究制定工作方案并报经中央政法委、最高法院、市委政法委同意实施。研发的指导思想非常明确，"坚持把现代科技创新与司法体制改革相融合，通过强化大数据在以审判为中心诉讼制度改革中的深度应用，把统一适用的证据标准嵌入数据化的办案程序中，减少司法任意性"。

　　"这个软件是为了服务公检法三机关执法办案，确保侦查终结、审查起诉阶段的办案证据标准符合法定定案标准。"业务组负责人之一、上海高院刑一庭副庭长徐世亮说，首先要深入调查研究，弄清楚"痛点"在哪里、需求是什么。他们广泛听取检察、公安、司法机关意见建议，历经34次专题调研，收集意见、建议78条，需求132条，收集公检法系统案件电子卷宗、裁判文书、庭审笔录、审理报告、退查退捕说明等资料16.55万份。通过认真梳理侦查、起诉、审判等阶段在收集、固定、检验、审查判断证据中存在的问题，为破解刑事案件证据标准适用不统一和办案程序不规范等难题，提供机器学习样例。

诞生：贯通公检法的办案系统

与之齐头并进的是夜以继日奋战的技术组。从2月下旬形成思路、调集力量，到5月3日上线试运行，只有短短两个半月。

为确保研发任务顺利完成，根据工作方案，由上海高院牵头，与科大讯飞公司合作，会同检察院、公安局，建立联席会议制度，建立研发基地，组建了一支专业研发队伍。抽调精兵强将，其中，科大讯飞公司的研发技术人员215人；本市公安、检察、法院抽调的业务专家64人也汇集于此，总人数近300人。

"按照法律规定，移送审查起诉、提起公诉、审判的证据标准都是事实清楚、证据确实充分。但由于工作角度不同，公检法在实际办案中对这个标准的理解会存在差异。因此首先要解决按照法律规定证据标准适用统一问题。"

据介绍，证据标准是指在诉讼中据以认定案件事实的证据要求和证明程度，事实清楚、证据确实充分是一个总的标准，具体到每个罪名，还需要进行细化。为此，他们聚焦常见多发、重大、新类型等案件，特别是针对当前社会的公共安全以及人民群众迫切需要解决的问题，选择了 7 类 18 个具体罪名，逐项制定证据标准，目前已初步完成故意杀人罪、盗窃罪等 7 个罪名的证据标准制定工作。

比如，在制定命案的证据标准时，上海高院通过数据分析，将命案分成四种类型：第一种是现场目击型，就是现场有目击证人或有监控录像，能够完整反映案件情况的命案类型；第二种是认罪供述得到印证型，就是定案主要依靠犯罪嫌疑人的供述与现场情况进行印证的命案类型；第三种是现场留痕型，比如现场有血指纹、血脚印等能够证实犯罪嫌疑人作案的客观性证据的命案类型；第四种是拒不认罪型。以上四种类型虽然都属于命案，但证据审查判断的标准存在巨大差异，有必要针对不同类型的案件制定个性化的证明标准。

有了证据标准，还要制定证据规则，证据规则是指规范证据收集、运用和证据判断的法律准则。上海高院对刑事诉讼法规定的八类证据，分别详细规定了收集程序、规格标准、审查判断要点，同时对量刑证据、程序证据的收集、固定做了明确。

接下来是构建证据模型，它是为软件系统审查判断证据链条完整性专门设计的模板。在已制定证据标准和证据规则的基础上，研发团队于 4 月底初步完成故意杀人罪、盗窃罪、诈骗罪（电信网络诈骗）、非法吸收公众存款罪 4 个罪名的证据模型构建工作。5 月 3 日，系统上线试运行，在 25 个试点单位试行。试点单位 5 月 1 日起立案的故意杀人罪、盗窃罪、非法吸收公众存款罪、诈骗罪（电信网络诈骗）4个罪名案件，均进入该系统试运行。研发团队还推出手机 APP 版本，随时随地可以查阅指引。某试点派出所的基层民警小俞反馈：以前凭经验，现在有了统一的规范指导，心里更有底了。

验证："206" 能防范冤案吗

"206" 绝不仅仅只是个规则指引器。它引入了人工智能技术，不仅能发觉单一证据的瑕疵，还能发现证据之间的逻辑冲突之处。比如，如果一份证据证明被害人是被刀捅死的，而尸检报告说是钝器致死，那么 "206" 就会发现这里有矛盾，提醒办案者注意。在用一些办结的案件来验证时发现，系统提示的证据瑕疵与逻辑冲突，与当时办案者的感受有相当的重合度。

又比如，犯罪嫌疑人交代他曾杀死一人，而且在他交代的地点，确实挖出了尸骨，按照常理，此人应是他杀的，但 "206" 提示：案件多个证据之间存在矛盾。因为经过系统审查，提取汇总了犯罪嫌疑人有关供述，办案人员经比对发现：犯罪嫌疑人交代是 "用榔头敲他的头，用匕首捅刺胸部数刀"，但尸检报告显示对方 "头颅完好、胸骨也没有刺戳的痕迹"。这显然无法排除凶手是他人的合理怀疑。

"以前公安移交过来的大部分是纸质卷宗，光阅卷就要用好多时间，现在 '206系统' 可以对单一证据、证据链和全案证据进行校验、审查，变成可视化的数据卷宗，节省了大量时间。"徐汇检察院公诉科的办案检察官许磊点开系统进行演示。"你看，它通过 '实体关系分析技术'，实现对案件人物社会关系、时间关系、地点、行踪、作案工具的来源和去向、它们之间逻辑关系等，形成完整的案情全景图，我要做的就是判断证据是否印证、不同证据之间的逻辑是否符合，还有就是证据之间是否存在矛盾。如果有问题，我们就进一步查证和落实。"

"206"能否帮助避免冤假错案？上海高院副院长黄祥青对此表示谨慎："这个系统的定位主要是辅助办案，在证据审查上起到把关作用，防止人工的遗漏。"

未来："人脑 + 电脑"效率更高

"人脑 + 电脑"，如何各司其职？上海高院信息管理处处长曹红星打了个比方，好比一个医生，有了一个聪明的机器帮手，可以帮他拍 X 光片、判断片子、生成解读报告，但最终开药与否、如何治疗，还是医生说了算。

作为一名资深刑事法官，徐世亮直言："审判是一门艺术，有些事情机器干不了。"他举例说，同样是盗窃 3000 元钱，一种是为生活所迫，另一种是游手好闲，那主观恶性能一样吗？判决结果也会不一样。"做了这么多年刑事法官，越发觉得法律绝对不是硬邦邦的，这恰恰体现了司法的价值。'206'会提高办案效率，成为一个越来越合格的法官助理，但不可能取代法官"。黄祥青说："我们对'206'的角色有一个清晰合理的设定，就是让它来识别浩繁的卷宗，防止人工遗漏，提取呈现有用的信息，然后由法官来判断。"

记者了解到，"206"还具有类案推送、文书自动生成、办案人员知识索引等多项功能。截至 6 月 30 日，系统共录入案件 60 件，包括故意杀人案件 12 件，盗窃案件 39 件，电信网络诈骗案件 9

件；录入证据 19316 份；提供证据指引 2622 次；发现证据瑕疵点 48 个，提供知识索引查询 348 次，总点击量达 5.6 万次。

产品部经理小金又接到厚厚一沓纸质材料，"一线办案人员又发过来这么多改进需求，我们要尽快把这些加入系统中。"这几个月，研发团队对"206"投入大量心血，"它还不完美，但它就像一个两三个月大的婴儿，他有手有脚，会吃喝拉撒睡，基本的功能有了，还需要成长。下一步，我们将进一步修改完善有关证据标准和模型等工作，让它更强大。"

"在历史性机遇面前，探索还仅仅是个开始。"上海高院副院长郭伟清认为，随着不断完善和提升，人工智能在证据指引、提示、检验、把关、监督上的作用将会越来越明显。"我们相信，'206'软件系统完全开发成熟后，它在民商事审判等其他司法领域的应用前景也将是非常广阔的，并可以为满足人民群众不断增长的司法需求注入新的动力，带来新的革命性的变化。"

3. 上海刑事案件智能辅助办案系统实现信息共享

2017 年 7 月 10 日　民主与法制时报　记者汤瑜

7 月 10 日，全国司法体制改革推进会在贵阳举行，记者从会上获悉，针对当前司法实践中一些难题，上海吸收借鉴司法文明成果，从规范权力运行、深化科技应用、完善分类管理、维护司法权威等方面提出了改革举措。

2017 年 5 月 3 日，"上海刑事案件智能辅助办案系统"上线试运行。在公检法三机关之间建立了统一的刑事办案平台，消除了长期以来存在的"信息壁垒"，初步实现了刑事办案网上运行、互联互通、信息共享。

上海市高级人民法院党组书记、院长崔亚东表示，上海围绕证据这条主线，以大数据、人工智能等新技术为支撑，制定了证据标准、规则指引，并将其嵌入数据化的办案程序中，为办案人员提供统一适用、方便快捷、可数据化的办案指引，减少了司法任意性。

比如，为办案人员提供了证据的收集、固定、审查判断指引。

"特别是，按照立案、逮捕、侦查终结、审查起诉、审判等不同办案阶段，制定了不同的证据标准指引，为公检法三机关在不同阶段提供办案指引。"他说。

该系统还具有证据校验、审查判断等功能，及时发现、提示证据中的瑕疵和证据之间的矛盾，防止"一步错、步步错、错到底"。

崔亚东指出，根据侦查终结、审查起诉的案件要达到"犯罪事实清楚，证据确实、充分"的法定要求，运用人工智能技术，研发了证据校验、审查判断等功能，及时发现、提示证据中的瑕疵和证据之间的矛盾，克服了办案人员个人判断的差异性、局限性、主观性，提高了证据审查判断的科学性、准确性。

此外，上海市委常委、政法委书记陈寅在会上介绍，上海利用司法大数据资源推送、分析，引导当事人自愿选择非诉讼纠纷解决方式；推广智能辅助系统和移动终端办案系统应用，还建立电子卷宗随案同步生成技术保障和运行管理机制。

4. 揭秘"206"：法院未来的人工智能图景——上海刑事案件智能辅助办案系统 154 天研发实录

2017 年 7 月 11 日　人民法院报　记者严剑漪

"206"，一个独特的研发系统；人工智能，一个数据时代的新命题。

上海肇嘉浜路 308 号，一场如火如荼的研发已经悄然进行了整整 154 天。64 位来自上海法院、检察院、公安机关的业务骨干，215 位科大讯飞公司的高精尖技术人员，夜以继日地埋头研发，这一切，都是为了实现一个未来法院人工智能系统的横空出世——"上海刑事案件智能辅助办案系统"，又名"206"。

司改目标 + 智能革命

2017 年 2 月 6 日，中共中央政治局委员、中央政法委书记孟建柱来到上海高院调研，也就在这一天，中政委明确要求，由上海高院研发一套"推进以审判为中心的诉讼制度改革软件"，该软件后被定名为"上海刑事案件智能辅助办案系统"。

"党的十八大以来，人民法院依法纠正了 34 件重大冤假错案，这些冤假错案之所以发生的一个很重要的原因，就是事实不清、证据没有做到确实充分。"上海高院党组书记、院长崔亚东告诉记者，"现在我们研发这套系统，一是要解决刑事案件办案中存在的证据标准适用不统一、办案程序不规范等问题；二是系统具有校验、把关、监督功能，可以及时发现证据中的瑕疵与矛盾，及时提示办案人补正或作出说明，确保提请逮捕、移送审查起诉的案件符合法律规定的标准，提升办案质量和效率，实现防止冤假错案，减少司法任意性，推进以审判为中心的刑事诉讼制度改革的目标。"

那为什么叫"206 工程"呢？崔亚东笑着说："因为交办日期是2 月 6 日，所以简称为'206'！"

大数据、云计算、移动网络、人工智能，这些耳熟能详的现代科技如何与司法体制改革融合？如何把统一适用的证据标准嵌入数据化程序？上海，面临了一场前所未有的历史机遇和挑战。

2 月中旬，上海高院成立了以崔亚东为组长的"206 工程"领导小组及办公室，办公室下设业务组、技术组、综合组和专家咨询组。同时，经上海市委政法委同意，"推进以审判为中心的诉讼制度改革软件"工作联席会议制度建立，上海市委政法委、市高院、市检察院、市公安局、市司法局等政法部门各派出一名负责同志，专门负责政法部门之间的日常联络和沟通协调。

紧接着，上海确定了 33 家法院、检察院、公安机关作为试点单位，8 个区级司法局和上海市律协作为调研单位，同步推进专题调研、数据整理与制定证据标准工作。上海高院先后组织了专题调研 34 批，收集意见、建议 78 条，需求 132 条，收集公检法系统案件电子卷宗、裁判文书、庭审笔录、审理报告、退查退捕说明等资料 16.55 万份。

专家经验 + 模型算法 + 海量数据

"人工智能最重要的三个环节，是专家经验、模型算法和海量数据。"科大讯飞法院产品线产品部经理金泽蒙所带领的软件研发技术组，常常在上海高院"206 工程研发基地"开会讨论到凌晨。据介绍，科大讯飞为"206"配备了 215 名技术人员，其中，在上海高院现场办公 79 人，在公司本部后台提供技术支撑 136 人。

那么，如何让机器来学习人类的法律思维呢？

"我们预定了机器学习的规则，从统一证据标准、制定证据规则、构建证据模型三方面入手。"上海高院副院长、全国审判业务专家、"206 工程"业务组负责人黄祥青介绍。

黄祥青所说的"证据标准"，是指针对不同类型的案件，按照构建完整证据链条的要求所必须收集的证据。它与法律所要求的事实清楚、证据确实、充分的"证明标准"有所不同，前者侧重于说明应当收集哪些证据，后者侧重于表述所收集证据的证明程度。对于"206"研发团队来说，建立统一的刑事案件证据标准是推进以审判为中心的诉讼制度改革和开发系统的关键。

华东政法大学校长叶青很认同这样的做法："'206 系统'是第一次将法定的统一证据标准嵌入到公检法三机关的数据化刑事办案系统中去，并且连通了公检法三机关的办案平台，这将极大地促进公检法三机关办案人员执行统一的证据标准，同时倒逼侦查、审查起诉、审判各个诉讼环节，严格按照法律的规定办理刑事案件。"

2 月中旬，上海高院结合司法实践，聚焦常见多发、重大、新类型等案件，选择了 7 类 18 个具体罪名，计划到 2017 年底前分三批完成，逐项制定证据标准。

"证据规则，主要是针对单一证据而言，按照证据'三性'的要求，在收集、固定、保存中所应遵循的规范。"黄祥青进一步解释，为了配合系统研发，上海高院制定了《上海刑事案件证据收集、固定、审查、判断规则》，对刑事诉讼法中的八类证据，详细规定了收集程序、规格标准、审查判断要点，对量刑证据、程序证据的收集、固定作了明确。

2月下旬，第一批证据模型构建小组也随之建立。上海高院从高院，浦东、徐汇、虹口、长宁等区法院抽取精兵强将，分别组成了命案组、盗窃罪组、电信网络诈骗类案件组以及非法吸收公众存款罪组4个组。

命案组是最早成立的，上海高院刑庭副庭长徐世亮和6位小组成员几乎天天加班。他们从每个案件的审理报告和案卷中提取具体证据，然后按照法定的八大证据种类进行归类，接着分类整理法律、司法解释及各地审判经验中的证据规范，最后明确各种证据的收集程序、形式要件、内容要素和不可采情形。

"我们收集了上海近5年来的591件命案进行分析，包括故意杀人罪、故意伤害罪、抢劫罪、绑架罪，最后归纳出7个环节、13项查证事项、30种证据材料、235项证据校验标准。"徐世亮说。

上海浦东法院刑庭庭长、全国模范法官马超杰是一位有着26年刑事审判经验的学者型法官，他负责电信网络诈骗和非法吸收公众存款罪两个证据模型小组的工作："这两种犯罪不同于传统犯罪，牵涉面广、关联犯罪多、证据庞杂、被害人众多，尤其是电信网络诈骗，犯罪手段时时翻新，建立证据模型的难度非常大。"

马超杰递给记者一份模型构建材料，记者看到，在密密麻麻的表格里，仅仅一个"电子数据"，就被细分为电话、电子文件、计算机日志、电子邮件、聊天记录、网页、IP 地址、手机录音、短信、第三方网络支付平台交易记录等多种形式。

徐汇法院刑庭庭长朱以珍负责的是盗窃罪组："为了力求模型构建的精准和实用，我们收集并分析了 2012 年至 2016 年间上海各基层法院审理的部分盗窃案 36779 件，最后几经调整，把盗窃模型按照证据数量和种类的不同，分为当场抓获型、重要线索型和网络犯罪型三种类型。根据高院的初步设想，证据模型不仅要有证据指引功能，还要有单个证据合法性校验功能，证据和证据间互相印证的功能，以及证据之间逻辑判断的功能，这是一个巨大的挑战。"

除了法院的专家团队外，公安和检察院的业务骨干同样发挥了重要作用。

上海市检察院侦查监督处的陈漫卿已经工作 8 年，对软件开发很有兴趣。今年 3 月，她正式加入"206 工程"，随时与业务组、技术组沟通检察院汇总的需求，其中文书导出、证据相似情况案件推送、办案程序监督、社会危险性审查、检察监督、量刑建议参考等需求功能被"206 系统"采纳。

"'206 工程'是'互联网+'办案的实验，刑事办案实践与人工智能每天都有化学反应，非常有趣。"陈漫卿笑着说。

未来法院人工智能图景

"目前，'206 系统'主要由上海刑事案件大数据资源库、上海刑事案件智能辅助办案应用软件、上海刑事案件智能辅助办案系统网络平台三部分组成。"上海高院副院长、"206 工程"技术组负责人郭伟清对人工智能技术已经非常熟悉。

截至 6 月底，上海刑事案件大数据资源库汇集了 1695 万条数据，其中案例库案例 9012 个、裁判文书库文书 1600 万篇、法律法规司法解释库条文 948384 条、办案业务文件库各类规范性文件 638 件。与此同时，证据标准库、电子卷宗库将随证据标准的制定及开发的案由同步更新。

"系统通过运用深度神经网络模型和图文识别（OCR）技术，基于对 1.5 万余份卷宗材料的学习，初步实现了对各种证据的印刷体文字、部分手写体文字、签名、手印、签章、表格、图片等职能识别、定位和信息提取，对单一证据实现了自动校验。"郭伟清说。

记者了解到，随着技术的不断完善，未来的"206 系统"将具备证据标准指引、单一证据校验、逮捕条件审查、社会危险性评估、证据链和全案证据审查判断、非法言词证据排除等 20 项功能，其中 13 项已经完成，还有 7 项功能正在开发中。

5 月 3 日，"上海刑事案件智能辅助办案系统"正式试运行，6 家法院、6 家检察院、13 家公安机关试点单位上线。

"我输入一个卷宗后，系统马上提示我没有附物品勘察清单。"徐汇公安分局漕河泾派出所民警俞昕体验了一把"智能辅助"，"那个案子的犯罪嫌疑人是被群众扭送到公安的，作案工具同时被送到派出所，我是后到现场进行勘察，所以没有关于作案工具的清单。我在备注栏里写明了情况，整个案子提交到了检察院。"

俞昕很赞赏"206 系统"能区分批捕标准和定罪标准。"机器不能只是机械地指引，一个案件的证据收集会随着侦查、起诉、审判的阶段不同而要求不同，到审判阶段应该是最完备的，你不能要求在侦查之初或者在批准逮捕阶段的证据就跟审判阶段一样，这是不符合逻辑的，现在这样设计符合我们的办案实际。"

徐汇检察院公诉科检察官许磊也有自己的用户体验："过去我们拿到的是冷冰冰的卷宗，现在通过系统，可以对侦查人员的办案活动一目了然，系统罗列出来的瑕疵可以帮助承办人快速理清思路，找出办案的关键点，这极大地提高了办案效率，而且全程留痕，对落实司法责任制也有好处。"

据统计，截至 6 月底，206 系统共录入案件 60 件，录入证据 19316 份，提供证据指引 2622 次，发现证据瑕疵点 48 个，提供知识索引查询 348 次，总点击量达 5.6 万次。

"人工智能不是人的智能，当前人工智能的主流算法模型是深度神经网络模型，这个模型优势在于可以自学习，可以对学习过的知识联想学习，但是训练这个模型需要大量数据。目前，我们构建了一个'206'的初始模型，还得有专家知识供机器学习，随着系统不断被应用，提供的数据越来越多，我相信机器表现会越来越好。"金泽蒙说。

据悉，为了让"206"这个初生"婴儿"慢慢学习，研发团队已进入小规模数据的人工标注阶段，公检法三家的业务骨干们对扫入系统的卷宗内容进行精细化标注。

"坦率地讲，'打标注'是需要花费一定工作量的，但这是一个过渡阶段，人工智能的学习有一个过程，我们前期所打的标注是为机器学习提供样例，当积累到一定程度后，机器就可以进行自动识别，从而大大减轻办案人员的工作量。而且目前看来，前一道办案人员的标注也为后一道办案人员对证据的审查判断提供了参考，同时提高了工作效率。"上海高院信息管理处处长曹红星说。

"我们也在考虑公安是否可以使用'格式化笔录'，"徐汇法院刑庭法官助理、盗窃罪组成员之一林哲骏告诉记者，"盗窃类案件与其他案件不同，它的作案动机并不复杂，各事实要素又相对清晰，因此如果公安使用格式化笔录，也就是让系统将作案时间、地点、手段经过、赃物去向等具体案件要素予以事先分类并提示，这样机器就可以直接提取，而不需要民警再贴标注，既省去重复工作量，又可以提示民警以免证据缺失。"

法院的人工智能时代已经到来，未来的"206"会替代法官吗？

"创造性思维是电脑永远无法模拟的，'206'只是辅助办案，法官可以借助它的技术手段来帮助判断，但不可能被替代。"马超杰说。

"审判是一种艺术，世界上没有两片相同的树叶，世界上也不存在两个完全相同的案子，机器可以给办案人员做提示、指引，但最终的决定权在法官手里。"徐世亮说。

"系统的定位是'智能辅助办案系统'，实际上是为法官、检察官、侦查人员配备了一名'智能办案助手'，不能理解为'机器办案'，更不能理解为'机器定案量刑'。"崔亚东说。

5."206"将成为越来越优秀的办案助理——研发 "刑事案件智能辅助办案系统"避免冤错案

2017 年 10 月 13 日　法制日报　记者余东明　仇飞

"现在，通过证据标准和证据规则的指引，在刑事立案、勘查、取证、制作笔录以及案卷时，需要做什么、怎么做，一目了然。"上海市公安局徐汇分局漕河泾派出所民警俞昕对"206"的功能赞不绝口。

"206"，即"上海刑事案件智能辅助办案系统"，因中央政法委交办上海研发的日期是今年的 2 月 6 日而得名。

彼时，中共中央政治局委员、中央政法委书记孟建柱来到上海市高级人民法院调研时给上海高院下达任务，要求研发"推进以审判为中心的诉讼制度改革的软件"，这一软件后被命名为"上海刑事案件智能辅助办案系统"。

上海高院数据显示，"206"于 5 月 3 日上线试运行，截至 7 月 31 日，该系统录入案件共计 65 件，包括故意杀人案件 13 件，盗窃案件 41 件，电信网络诈骗案件 11 件；录入证据 20715 份；提供证据指引 3712 次；发现证据瑕疵点 48 个，其中证据收集程序瑕疵 8 个、证据形式瑕疵 8 个、证据内容瑕疵 32 个；提供知识索引查询 450 次；总点击量达 6.6 万余次。

"开发智能辅助办案系统是中央政法委的重大决策部署，是推进以审判为中心的诉讼制度改革落地见效之举。"上海高院院长崔亚东接受《法制日报》记者采访时指出，在新一轮的科技革命中，互联网、大数据、人工智能与各领域的融合发展已经成为不可阻挡的时代潮流。这次我们把这些新技术融入到了刑事诉讼活动中，开启了人工智能在司法领域深度应用的先河，具有划时代意义。

司法改革催生出新事物

这究竟是一套怎样的系统？据介绍，这套系统"要解决刑事案件办案中存在的证据标准适用不统一、办案程序不规范等问题"，要"具有校验、把关、监督功能，可以及时发现证据中的瑕疵与矛盾，及时提示办案人补正或作出说明，确保提请逮捕、移送审查起诉的案件符合法律规定的标准"，从而提升办案质量和效率，实现防止冤假错案，减少司法任意性，推进以审判为中心的刑事诉讼制度改革落地见效的目标。

"206"的出现，有着司法体制改革的深远背景。党的十八大以来，人民法院在中央的领导下依法纠正了34件重大冤假错案。发生这些重大冤假错案的一个很重要的原因，就是证据出现了问题。以审判为中心的诉讼制度改革是党的十八届四中全会提出的重大改革任务之一，推进这项改革，就是要使侦查、审查起诉的案件事实证据经得起法律的检验，保证庭审在查明事实、认定证据、保护诉权、公正裁判中发挥决定性作用，有效防范冤假错案产生，确保司法公正，提升司法公信力。

"这个软件是为了服务公检法三机关执法办案，确保侦查终结、审查起诉阶段的办案证据标准符合法定定案标准，切实防止冤假错案的发生。我们花了一个月时间做调研，最终形成了这个开发思路。"业务组负责人之一、上海高院刑一庭副庭长徐世亮说，首先要深入调查研究，弄清楚"痛点"在哪里、需求是什么。

记者了解到，在系统开发的过程中，业务组广泛听取检察、公安、司法机关意见建议，历经34次专题调研，收集意见、建议78条，需求132条，收集公检法系统案件电子卷宗、裁判文书、庭审笔录、审理报告、退查退捕说明等资料16.55万份。通过认真梳理侦查、起诉、审判等阶段在收集、固定、检验、审查判断证据中存在的问题，为破解刑事案件证据标准适用不统一和办案程序不规范等难题，提供机器学习样例。

解决证据标准统一问题

"按照法律规定，移送审查起诉、提起公诉、审判的证据标准都是事实清楚、证据确实充分。但是由于工作角度不同，公检法在实际办案中对这个标准的理解往往会存在差异。因此首先要解决的问题就是，如何按照法律规定解决证据标准适用统一问题。"上海高院副院长郭伟清介绍道。

记者注意到，刑事案件的证据标准是指在刑事诉讼活动中据以认定案件事实的证据要求和证明程度，事实清楚、证据确实充分是一个总的标准，具体到每个罪名，还需要进行细化。

"我们聚焦常见多发、重大、新类型等案件，特别是针对当前社会的公共安全以及人民群众迫切需要解决的问题，选择了7类18个具体罪名，逐项制定证据标准，目前已初步完成故意杀人罪、盗窃罪等7个罪名的证据标准制定工作。"郭伟清说。

据上海高院副院长黄祥青介绍，在制定命案的证据标准时，上海高院通过数据分析，将命案分成四种类型：第一种是现场目击型，也就是现场有目击证人或者有监控录像，能够完整反映案件情况的命案类型；第二种是现场留痕型，比如现场有血指纹、血脚印等能够证实犯罪嫌疑人作案的客观性证据的命案类型；第三种是认罪供述得到印证型，也就是主要依靠犯罪嫌疑人的供述与其他证据印证从而定案的命案类型；第四种是拒不认罪型。

以上四种类型虽然都属于命案，但是证据审查判断的标准存在巨大差异，有必要针对不同类型的案件制定个性化的证据标准。

有了证据标准，还要制定证据规则。证据规则是指规范证据收集、运用和证据判断的法律准则。上海高院对刑事诉讼法规定的八类证据，分别详细规定了收集程序、规格标准、审查判断要点，同时对量刑证据、程序证据的收集、固定作了明确。郭伟清解释："以前散落在不同规定中的规则，现在我们进行统一化、系统化。"

"案件线索来源；查找被害人，确认死者身份；锁定嫌疑人及到案经过；查证犯罪事实；证据充实性及排他性说明；罪前罪后表现及其他量刑情节；涉嫌罪名。"徐世亮告诉记者，这是"206"对现场目击型命案"做出"的证据标准模型。

在这套模型中，相应案件需要构建的证据链条一目了然，为办案人员提供了统一适用、简便易行、数据化、清单式的办案指引。

"证据模型是为软件系统审查判断证据链条完整性专门设计的模板，在已制定证据标准和证据规则的基础上，研发团队于4月底初步完成故意杀人罪、盗窃罪、诈骗罪（电信网络诈骗）、非法吸收公众存款罪 4 个罪名的证据模型构建工作。"上海高院信息管理处处长曹红星告诉记者。

人工智能帮助防范冤案

除了规则指引外，"206"还引入了人工智能技术，不仅能发现单一证据的瑕疵，还能发现证据之间的逻辑冲突之处。

比如，在一起故意杀人案中，系统对有关作案动机的证据进行了审查，提取、汇总了犯罪嫌疑人的七次供述，经办案人员、人机结合比对发现：七次供述的作案动机前后不一致，存在矛盾，这需要办案人员进一步查证。

在另一起案件中，《法庭科学 DNA 检验报告》显示，公安机关共送检了 14 处血迹，但是《现场勘查笔录》显示，从案发现场仅提取了 11 处血迹，送检材料中多出来的 3 处血迹从何而来，需要办案人员进一步说明。

"以前公安移交过来的大部分是纸质卷宗，仅阅卷就要用好长时间，现在'206'系统可以对单一证据、证据链和全案证据进行校验、审查，都变成可视化的数据卷宗了，节省了大量的时间。"徐汇检察院公诉科的办案检察官许磊点开系统进行演示。

"软件的开发与应用，克服了办案人员个人判断的差异性、局限性、主观性，提高了对证据审查判断的科学性、精准性、全面性，防止了'起点错、跟着错、错到底'，防止了司法的任意性，但'206'并不能帮助完全避免冤假错案，因为这个系统的定位主要是辅助办案，在证据审查上起到把关的作用，防止人工的遗漏。"郭伟清指出。

郭伟清向记者介绍："软件系统能够提示办案人员证据存在的瑕疵；能够通过'人脑＋电脑'相结合的方式综合审查证据链与全案证据，指出各待证事项是否得到证据印证、证据之间是否存在矛盾、是否符合逻辑等；在报捕、移送审查、提起公诉程序节点，系统会根据相应的证据标准综合提示证据是否缺失、是否存在证据瑕疵，不过案件是否进入下一个诉讼阶段，最后还得办案人员做决定。"

"这相当于给我配备了一个智能助理"。检察官许磊表示。

记者了解到，"206"还具有类案推送、文书自动生成、办案人员知识索引等多项功能，提升办案质量和效率。

"在历史性机遇面前，探索还仅仅是个开始，'206'会成为一个越来越合格的办案助理，"上海高院副院长郭伟清认为，随着不断的完善和提升，人工智能在证据指引、提示、检验、把关、监督上的作用将会越来越明显。"我们相信，'206'软件系统完全开发成熟以后，它在民商事审判等其他司法领域中的应用前景也将是非常广阔的，并可以为满足人民群众不断增长的司法需求注入新的动力，带来新的革命性的变化。"

6. 上海民事、行政案件智能辅助办案系统运行情况的系列报道上海民行案智能辅助系统试运行

2017 年 11 月 30 日 法制网上海 记者余东明 通讯员高远

今天下午，上海民商事、行政案件智能辅助办案系统研发成型，进入试运行阶段。记者了解到，系统研发历时 3 个多月，共开发出六大类八个案由，覆盖民事、商事、海商、金融、知识产权、行政全领域，44 名法官作为专业组成员参与其中。上海市高级人民法院信息管理处处长曹红星介绍说，该系统建立了办案要件库、证据规则库等 12 个大数据资源库，搭建了以神经网络、机器学习等技术为基础、结合一线法官审判经验的人工智能支撑平台，启动了案件电子卷宗随案同步生成的基础支撑平台运行，开发了包含 27 项系统功能的智能辅助办案系统软件。根据办案要件指引和证据规则指引，只要录入案件相关证据和案由，人工智能辅助系统就可以测算出原被告的胜诉率，从而给当事人提供具象的诉讼风险提示。

7. 从 10% 到 80%：人工智能辅助办案升级——民商事及行政案件智能辅助办案系统首批开发六大类八个案由

2017 年 12 月 1 日　文汇报　沈竹士

在刑事案件智能辅助办案系统的基础上，民商事及行政案件智能辅助办案系统不是简单复制，而是重大升级。日前，记者就该系统的新技术、新理念采访了上海市高级人民法院相关负责人士。

到明年一季度八类案件率先试行

上海高院的智能辅助办案系统开发遵循由易到难、由基础到复杂的原则。从上海法院的收案情况来看，刑事案件收案数占全部收案数的比例不足 10%，而民商事案件收案数占比超过 80%，且案情与证据更为复杂。民商事常设案由共 467 个，其中率先试点的道路交通事故人身损害赔偿纠纷和信用卡纠纷合计占据 30%。此次系统首批开发了六大类八个案由，覆盖民事、商事、海商、金融、知产、行政全领域。其中既有案件量较大的案由，如道路交通事故人身损害赔偿纠纷、信用卡纠纷，也有体现上海特色的案由，如融资租赁合同纠纷等。

上海高院信息管理处处长曹红星说："根据八个案由开发的先后顺序，将分三批进行试运行：11 月 30 日，道路交通事故人身损害赔偿纠纷案由试运行；12 月底，信用卡纠纷、政府信息公开两个案由试运行；其余五个案由将在明年一季度起试运行。"

人工智能的"大脑""眼睛"从哪儿来

更加复杂的智能辅助办案系统，采用了更具效率的新技术。研发团队搭建了以神经网络、机器学习等技术为基础、结合一线法官审判经验的人工智能支撑平台，并启动了案件电子卷宗随案同步生成的基础支撑平台运行。

一是给人工智能"大脑"。开发人员建立了一张脑图（思维导图）。这张脑图画的路线，是从案件中的法律要件出发，以案件争议的法律要点为归结，引申出"需要哪些证据""依据哪些法条""适用何种判决"三个指引性问题。

二是给人工智能"眼睛"。即利用光学字符识别（OCR）、字段识别（EVS）、自然语言识别处理（NLP）三项技术，提取卷宗文牍中的有效信息。目前，该系统对打印体的识别率达95%。人工智能提取归纳的信息，呈现可修改的状态。对于识别有误的，法官可手动纠正。

智能办案："人工智能法官"如何批阅案卷

有了"大脑"和"眼睛"，"人工智能法官"可以干活了。该系统以案件诉讼流程为横轴展开，根据案件进入法院的先后顺序分为诉前立案、诉前调解、庭前、庭审、评议、裁判共计六个阶段，软件包含27项功能。开发团队以如下几项功能进行了演示：

立案审查功能。系统将立案审查的标准拆为四项，包括利害关系回避、明确当事人状态、受案范围和管辖。任意一项审查不通过即不予立案。

证据校验功能。系统提取归纳出待证明的事实后，根据脑图中的逻辑，调用证据指引，从而罗列出证明某一情节所需的证据清单，与案卷中现有的证据进行比对。

争议焦点归纳。系统提前对起诉状、答辩状进行比对，生成争议焦点预归纳文本。

此外，本次研发的系统首次探索开发了裁判偏离度提示功能，以人工智能规束法官的自由裁量权，体现了追求适用法律统一性的司法理念。系统根据预归纳的争议焦点和关键词检索，找到案子中对应的法律要点，从而找到校验判决结果的关键点。

8. "上海民商事、行政案件智能辅助办案系统"试运行上线

2017 年 12 月 1 日　人民网上海　王文娟　高远

记者获悉，继"上海刑事案件智能辅助办案系统"（简称"206工程"）之后，11 月 30 日，"上海民商事、行政案件智能辅助办案系统"（简称"206"工程民、商事版）又在上海高院试运行上线。

"此次上海民商事、行政智能辅助办案系统研发工作，以'努力让人民群众在每一个司法案件中感受到公平正义'为总目标，以确保司法公正、提高司法公信力为根本尺度，找准大数据、互联网、人工智能等现代科技和民商事、行政案件审判实践的融合点，研发出符合民商事、行政案件审判规律，契合一线审判需求，智能化程度较高的民商事、行政案件辅助办案系统，切实发挥其在推进案件繁简分流，提高审判效率，辅助法官归纳争议焦点、采信证据、认定事实、适用法律、公正裁判等方面的重要作用，提高司法能力和水平，增强人民群众对公平正义的获得感。"上海高院党组书记、院长崔亚东介绍。

据悉，"上海民商事、行政案件智能辅助办案系统"研发任务从今年 8 月 18 日开始启动，分为调研准备阶段、系统开发阶段、试运行阶段，目前已进入试运行阶段。为保障系统的顺利开发，"206 工程"办公室专门下设了民商事行政业务组、技术组、综合组等，并建立相关研发会议联络制度。经过三个多月的工作，研发团

队已完成三大任务，分别是建立民商事、行政案件办案要件指引，制定首批民商事、行政案件证据规则指引，研发"上海民商事、行政案件智能辅助办案系统"。

记者了解到，此次系统首批开发了六大类八个案由，覆盖了民事、商事、海商、金融、知产、行政全领域，其中既有案件量较大的案由，如道路交通事故人身损害赔偿纠纷、信用卡纠纷，也有体现上海特色的案由，如融资租赁合同纠纷、信息网络传播权纠纷等，共有 44 名法官作为专业组成员参与了八个案由的开发。

"根据八个案由开发的先后顺序，现在我们将分三批进行试运行：11 月 30 日，道路交通事故人身损害赔偿纠纷案由试运行；12 月底，信用卡纠纷、政府信息公开两个案由试运行；其余五个案由将在明年一季度开始试运行。"上海高院信息管理处处长曹红星告诉记者。

据介绍，此次研发的上海民商事、行政案件智能辅助办案系统建立了办案要件库、证据规则库等 12 个大数据资源库，搭建了以神经网络、机器学习等技术为基础、结合一线法官审判经验的人工智能支撑平台，启动了案件电子卷宗随案同步生成的基础支撑平台运行，并开发了包含 27 项系统功能的智能辅助办案系统软件。该系统功能设计以案件诉讼流程为横轴展开，根据案件进入法院的先后顺序分为诉前立案阶段、诉前调解阶段、庭前阶段、庭审阶段、评议阶段、裁判阶段共计六个阶段。纵向则是系统在每个阶段的具体功能，总计 27 项功能。

9. 上海智能辅助办案覆盖民商行政全领域"206"工程民商事版试运行上线

2017 年 12 月 3 日　人民法院报　严剑漪　张硕洋

继"上海刑事案件智能辅助办案系统"（简称"206 工程"）之后，11 月 30 日，"上海民商事、行政案件智能辅助办案系统"（简称"206"工程民、商事版）在上海市高级人民法院试运行上线。

"上海民商事、行政案件智能辅助办案系统的研发工作，找准大数据、互联网、人工智能等现代科技和民商事、行政案件审判实践的融合点，切实发挥其在推进案件繁简分流，提高审判效率，辅助法官归纳争议焦点、采信证据、认定事实、适用法律、公正裁判等方面的重要作用。"上海高院院长崔亚东介绍道。

据悉，"206"工程民、商事版的研发任务从今年 8 月 18 日开始启动。为保障系统的顺利开发，"206 工程"办公室专门下设了民商事行政业务组、技术组、综合组等，并建立相关研发会议联络制度。此次系统首批开发了六大类八个案由，覆盖了民事、商事、海商、金融、知产、行政全领域，其中既有案件量较大的案由，如道路交通事故人身损害赔偿纠纷、信用卡纠纷，也有体现上海特色的案由，如融资租赁合同纠纷、信息网络传播权纠纷等，共有 44 名法官作为专业组成员参与了八个案由的开发。

"根据八个案由开发的先后顺序，现在我们将分三批进行试运行：11 月 30 日，道路交通事故人身损害赔偿纠纷案由试运行；12

月底，信用卡纠纷、政府信息公开两个案由试运行；其余五个案由将在明年一季度开始试运行。"上海高院信息管理处处长曹红星告诉记者。

此次研发的"206"工程民、商事版建立了办案要件库、证据规则库等12个大数据资源库，搭建了以神经网络、机器学习等技术为基础、结合一线法官审判经验的人工智能支撑平台，启动了案件电子卷宗随案同步生成的基础支撑平台运行，并开发了包含27项系统功能的智能辅助办案系统软件。该系统功能设计以案件诉讼流程为横轴展开，根据案件进入法院的先后顺序分为诉前立案阶段、诉前调解阶段、庭前阶段、庭审阶段、评议阶段、裁判阶段共计六个阶段。纵向则是系统在每个阶段的具体功能，总计27项功能。

"习近平总书记强调要'遵循司法规律，把深化司法体制改革和现代科技应用结合起来，不断完善和发展中国特色社会主义司法制度'。当前，上海正深入推进司法体制综合配套改革试点，全市法院将把握深化改革的良机，加快对系统研发应用，不断提升司法质量、效率和公信力。"崔亚东表示。

10. 人工智能时代的机遇和挑战 华政校长解码"206"辅助办案系统

2017 年 7 月 17 日 东方网 记者毛丽君

当司法改革"遇见"人工智能,一场技术革命正在以迅雷不及掩耳之速在上海司法界进行着。代号"206"——上海刑事案件智能辅助办案系统,日前正式揭开神秘的面纱,而这一突破性的举措引起了业内的广泛关注。"机器的客观精准性和人的主观能动性要很好地结合起来,技术的理性与司法的理性要结合起来,人工和智能要结合起来,但智能不能代替人工。"华东政法大学校长、教授、博士生导师叶青这样说。

统一证据标准 技术支撑大幅提升办案质效

证据是诉讼的灵魂、是裁判的基石,但对证据的收集、认识、认定却因人水平、能力、司法经验而异。叶青认为,智能辅助办案系统从制定证据的标准、规格、适用法律标准着手,为证据的稳定性、统一性、同质性提供了技术支撑,避免因为人的差异对证据认定偏差,继而影响事实的认定。

证据标准怎么制定?叶青透露,这些标准的背后,是成千上万个同类案件经验的分析、总结,而从现在运行的情况看,该模式运作下的成效明显。

同时,系统对于减少司法资源浪费、提高办案效率提供了强有力的技术支持。智能辅助办案系统为办案人员自动推送同类案例,提供量刑参考、信息文献索引等全方位的智能化办案辅助，优化司法资源配置；语音识别系统的运用，极大简化人工记录程序，提高了询问、讯问的效率，辅以同步录音、录像，方便验证与监督，对提升司法公信力有很好的帮助。

"系统对办案质量的保证也起了很大的作用。"叶青说，进入庭审的证据符合定案证据要求，才能保证判决经得起检验，系统打通了公检法办案平台，从公安侦查取证环节开始，取证程序是否合法，司法动作全程监控、留痕，通过大数据纠错可实时监控办案质量，"这是人工督查做不到的。"

事实证明，经过两个多月的试运行，在"206系统"的辅助下，办案人员的办案效率有了很大的提升。除此之外，系统对于入额法官、检察官的管理也有很大的帮助。据叶青介绍，上海法院刑事案件每个法官每年的办案数量在250至260件左右，系统可以对所有的案件进行全面的评查、评估，为办案人员的评优、晋级、考核提供客观依据。"案件复查的全覆盖能有效地防止冤假错案的发生，而且这种评查、预警是全程、实时的，这也是人工督查做不到的。"

系统推进需同步　信息共享应给律师留空间

叶青表示对上海刑事案件智能辅助办案系统的认可和支持，在他看来，这是一款推进以审判为中心的诉讼制度改革软件，系统的出台，对于上海法院，甚至对推动整个上海的司法制度改革意义非凡。然而，对于系统哪些方面需要完善，他也给出了自己的建议。

"系统通过证据标准指引、单一证据审查、逮捕条件审查、社会危险性评估、证据链和全案证据审查判断等13项具体功能，第一次将法定的统一证据标准嵌入到公检法三机关的数据化刑事办案系统中，并且连通了公检法三机关的办案平台。"叶青说，平台的建设和推进，需要覆盖三方，公检法三家要同步推进，才能发挥更好的作用。

而从目前的运行情况看，检法系统信息共享配合得较好，作为审前程序侦查阶段的公安部门更为重要。"从技术层面来说，在设备接口、规范、编码标准衔接方面，要制定统一的技术规范，尤其是公安环节，可以多做些工作。"

同时，叶青认为，目前的系统仅覆盖了刑事案件的部分类罪名，在后续的开发上，案件的覆盖范围可以进一步扩大，涉及的类罪名可以进一步拓宽、拓展。

"信息共享要给律师留有一定的空间，系统应该考虑把律师纳入有关信息办案平台，这点对于刑事案件特别重要。"叶青说，只有控辩双方获取的信息一致，律师才能进行有效辩护，体现控辩平等和审判的公平正义。"目前，律师在预约立案、预约会见、查看已生效的裁判文书等方面可以有效获取信息，智能辅助办案系统在如何让律师更好地获取办案信息、如何让律师的意见可以更好地沟通方面，应该多作考虑。"

人工和智能结合　但智能绝不能代替人工

人工智能究竟会给司法体制改革带来怎样的未来？叶青特别强调"定位一定要准确"，而他所说的定位，有明确的主辅之分。"系统还是以人为主，定位是审判、办案辅助的工具，不能代替办案人员行使检察权、审判权的主系统。"

叶青说，平台建设是技术理性和司法理性的融合，不能代替办案主体——"人"的亲历性、经验理性和法律理性以及对案件主观能动性的判断，他说，司法人员的人性、职业道德和品行，这是机器反映不出来的。"法官要扮演好裁判员的角色，要通过充分的聆听、严谨的论证方能做出公正的裁决，充分的聆听、严谨的论证可以借由系统、大数据提高效率，更为深入，但最终的裁决，必定是综合各方面因素的人的主观能动性的判断，这绝不是机器可以代替的。"

"机器的客观精准性和人的主观能动性要很好地结合起来，技术的理性与司法的理性要结合起来，人工和智能要结合起来，但智能不能替代人工。"话虽如此，但人工智能的迅猛发展势头确实给"人"带来了更大的挑战。叶青说，司法办案人员要养成运用科技办案手段的能力，要熟练掌握人工智能的办案手段，特别是一些对计算机运用、智能化不熟悉的办案人员，必须要加强这方面的能力培养，提高运用新技术的意识。

作为政法大学，也必须直面这一改革并正面迎击。"学校要有意识地开一些相关的选修课，帮助在校法科学生及未来有意从事司法实务工作的学生更多地接触新的技术，让他们掌握运用智能辅助办案系统的基本技能。"叶青坦言，目前在这方面，教育上还有很大的差距，但这件事"势在必行"。

人工智能与未来法治构建上海倡议

我们正站在人类历史的新起点上。人工智能等新技术的快速发展和广泛应用，给人们的生产方式和生活方式带来了革命性的变化，人类社会在人工智能持续发展中迎来新的机遇，同时也迎来新的挑战。人工智能作为一项影响面极广的颠覆性技术，其发展的不确定性带来的风险与挑战，对法律、安全、就业、道德伦理、政府治理、经济发展、社会稳定乃至全球治理将会产生深远影响。如何趋利避害，共享成果，成为人们共同关心的问题。

2018 世界人工智能大会"人工智能与法治"高端研讨会，围绕如何应对人工智能可能带来的风险挑战，构建人工智能未来法治体系，促进、规范、保障人工智能健康持续发展，服务人工智能国家战略实施，促进人类社会福祉的主题进行了深入的讨论，形成共识，共同发起"人工智能与未来法治构建上海倡议"。

一、人工智能与未来法治构建的理念框架

1. 坚持面向全球、面向未来、面向和平，坚持以人为本、向善安全、创新发展、共享成果、可靠可控、规范有序，构建人工智能未来法治体系，将人工智能发展应用纳入法治的轨道。

2. 加强对人工智能创新发展及风险挑战的前瞻性研究预判

和约束性引导，开展人工智能与法治的基础理论研究，为人工智能的安全、可靠、可控发展提供支撑。

二、促进规范保障人工智能发展的法治路径

3. 探索在国家层面建立人工智能规范发展与风险防控研究体系，规划布局、统筹指导研究的方向、重点，提升针对性、系统性、权威性。

4. 建立与人工智能创新发展相适应的立法规范、法律体系、政策体系和伦理规范，形成人工智能安全评估、风险防控法律机制，提升技术规则、应用规则的管控能力。

5. 制定技术设计阶段的法律规范，通过规则设定促进人工智能算法的公正、透明、安全，避免算法歧视，杜绝有悖伦理价值及公序良俗的技术应用。

6. 构建数据权益体系，形成数据分享的安全机制、利益机制、追责机制，保证数据合法、安全流通使用。

7. 加强人工智能知识产权研究，健全人工智能领域技术创新、知识产权保护与标准化互动支撑机制。

8. 开展对人工智能应用场景的法律研究，建立人工智能复杂场景下风险防范与应对机制。

9. 开展预防和惩治涉人工智能违法犯罪的相关研究，避免人工智能被应用于违法犯罪活动。

三、加强人工智能法律领域的教育研究与实践

10. 倡导在法学学科基础上拓宽人工智能等专业教学内容，

重视人工智能与法学教育的交叉融合，培育一批具备法学素养并熟悉人工智能技术原理的复合型高峰人才。

11. 推进"政产学研用"合作，整合高等院校、科研机构、党政机关、企事业单位研究资源，共享智慧与经验，合力推动人工智能与未来法治构建。

12. 加强人工智能与法治领域的深度融合，推动人工智能在执法、司法领域的深度应用，加快智慧法治建设，促进法治实践智能化。

四、推动人工智能未来法治的国际交流与合作

13. 推动人工智能发展应用的国际交流与合作，汇集各方智慧，共同探讨、共推发展、共护安全、共享成果。

14. 搭建人工智能与法治的国际合作框架，缔结国际公约，建立国际组织，反对与防止智能霸权，促进人工智能的和平、充分、有效利用，共创人类社会美好未来。

图书在版编目(CIP)数据

人工智能与司法现代化:"以审判为中心的诉讼制
度改革:上海刑事案件智能辅助办案系统"的实践与思考/
崔亚东著. —上海:上海人民出版社,2019
ISBN 978-7-208-15700-2

Ⅰ.①人… Ⅱ.①崔… Ⅲ.①人工智能-应用-刑事
诉讼-研究-中国 Ⅳ.①D925.204-39

中国版本图书馆 CIP 数据核字(2019)第 008263 号

责任编辑 张晓玲 秦 堃
封面设计 高高国际

人工智能与司法现代化

—— "以审判为中心的诉讼制度改革:上海刑事案件智能辅助办案系统"的实践与思考
崔亚东 著

出 版	上海人民出版社	
	(200001 上海福建中路 193 号)	
发 行	上海人民出版社发行中心	
印 刷	上海中华印刷有限公司	
开 本	720×1000 1/16	
印 张	26	
插 页	4	
字 数	278,000	
版 次	2019 年 1 月第 1 版	
印 次	2019 年 3 月第 2 次印刷	
ISBN 978-7-208-15700-2/D·3372		
定 价	206.00 元	